제2판

# 기업사례 중심의 회계학

구정호

신영사

# 머리말 (제2판)

이번 제2판에서는 그동안 학부 수업에서 본서를 사용하면서 아쉬웠던 점과 보완이 필요했던 점들을 수정했습니다. 각종 자격시험을 공부하는 회계 수험생 입장보다는 타 전공 학생이나 회계를 처음 접하는 사람, 사회인의 입장에서 다양한 사례 제시를 통해 보다 쉽게 이해할 수 있도록 하였고 일상에서 발생할 수 있는 회계적 사건을 토대로 서술하였습니다. 제1판 이후 시간이 많이 흘렀기 때문에 가능한 최신 기업 재무자료 및 언론기사를 반영하여 수정하였습니다. 무엇보다 본서의 가장 큰 변화는 학습자들이 스스로 학습한 내용을 점검할 수 있도록 단답형, 진위형, 객관식 형태로 기초다지기 문제를 제공하였습니다. 주요 수정사항은 다음과 같습니다.

제1장부터 제10장까지 각각의 마지막 페이지에 기초다지기 문제를 추가하였습니다. 제2장에서는 어려워하는 발생주의 개념을 사례를 적용해서 보강하였습니다. 제3장에서는 T계정을 이용한 회계등식, 손익계산서와 재무상태표의 관계를 보충 설명하였고, 금융자산 회계처리에 대한 국제회계기준이 확정되어 관련 용어를 수정하였습니다. 그 밖에 유형자산의 취득원가 사례와 충당부채 사례를 추가로 제시하였습니다. 제4장에서는 손익계산서를 구성하고 있는 각각의 이익 항목에 대한 설명을 보충하였고, 매출원가를 계산하는 과정 사례를 추가하였습니다. 그 밖에 발생주의에 따른 비용인식의 이해를 높이기 위해 사례를 추가하여 비용인식 부분을 수정하였습니다. 제5장에는 재무제표분석 예제를 포함하였습니다. 제6장에서는 원가개념에 대한 이해를 높이기 위해 보충하였고, 제조원가명세서 작성과정 사례를 추가하였습니다. 제7장에서는 '1.4 원가배부'를, 제8장에서는 '2.6 CVP 분

석과 의사결정'을 새롭게 추가하였습니다. 제10장에서는 NPV를 도출하여 의사결정에 활용하는 사례를 추가하여 수정하였습니다.

강의 PPT 수정작업에 도움을 주신 조유근 박사님을 비롯해서 기초다지기에 도움을 준 금오공과대학교 경영학과 이대현 학생, 강도현 학생에게 감사드립니다. 그리고 제2판이 나오기까지 도움을 준 신영사 권영섭 사장님을 비롯해서 임직원 분들께 감사드립니다.

부족하지만 이 책이 회계를 이해하는 데 많은 도움이 되길 바랍니다.

2020년 2월

저자 씀

# 차 례


## Chapter 1 회계학의 기초개념

제 1 절 회계의 의의 —— 13
제 2 절 회계의 목적 —— 14
제 3 절 기업활동과 회계정보 —— 16
제 4 절 회계정보이용자와 회계의 분류 —— 18
제 5 절 보드게임을 이용한 회계 맛보기 —— 20
- 보드게임 적용 사례 / 25

## Chapter 2 회계학의 기본원칙

제 1 절 회계의 기본가정 —— 39
제 2 절 회계정보의 질적특성 —— 41
2.1 근본적 질적특성 / 42 2.2 보강적 질적특성 / 43
제 3 절 재무제표 표시의 일반원칙 —— 44
제 4 절 국제 회계기준 —— 46
4.1 국제회계기준 특징 / 47
4.2 한국회계기준원과 국제회계기준 / 49
4.3 연결재무제표 사례 / 50

## Chapter 3 재무상태표의 주요 내용


제 1 절 재무상태표 — 59

1.1 재무상태표 의의 / 59
1.2 재무상태표 등식 / 60
1.3 재무상태표 양식 / 61
1.4 재무상태표와 손익계산서의 관계 / 63

제 2 절 자 산 — 64

2.1 자산의 기본개념 / 64
2.2 자산의 분류 / 65
2.3 주요 유동자산 항목 / 67
2.4 주요 비유동자산 항목 / 70
2.5 주요 자산항목 회계처리 사항 / 72

제 3 절 부 채 — 99

3.1 부채의 기본개념 / 99
3.2 부채의 분류 / 99
3.3 주요 부채항목 / 101
3.4 주요 부채항목 회계처리 사항 / 104

제 4 절 자 본 — 108

4.1 자본의 기본개념 / 108
4.2 자본의 분류 / 108
4.3 자본변동표 / 112

제 5 절 기업사례 살펴보기 — 116


## Chapter 4 손익계산서의 주요 내용


제 1 절 손익계산서 — 121

1.1 손익계산서 의의 / 121
1.2 포괄손익계산서 의의 / 121
1.3 손익계산서 구성요소 / 122
1.4 손익계산서와 포괄손익계산서 양식 / 124

제 2 절 수익과 비용의 인식 — 127

2.1 발생주의 / 127
2.2 현금주의 / 128

제 3 절 수 익 — 129

3.1 수익의 기본개념과 분류 / 129
3.2 수익의 인식 / 130
3.3 이자, 배당, 로열티 수익 인식기준 / 131

제 4 절 비 용 — 132
4.1 비용의 기본개념 / 132　4.2 비용의 분류 / 133
4.3 비용의 인식 / 135

제 5 절 수익, 비용 항목 주요 회계처리 사항 — 141
5.1 수익항목 주요 회계처리 / 141
5.2 비용항목 주요 회계처리 / 146

제 6 절 기업사례 살펴보기 — 154

Chapter 5 재무상태표와 포괄손익계산서 분석

제 1 절 재무제표 분석 — 159

제 2 절 유동성 분석 — 160
2.1 유동비율 / 160　2.2 당좌비율 / 161
2.3 현금비율 / 161

제 3 절 레버리지 분석 — 162
3.1 부채비율 / 162　3.2 차입금의존도 / 163
3.3 이자보상비율 / 164

제 4 절 활동성 분석 — 166
4.1 총자산회전율과 총자산회전기간 / 166
4.2 재고자산회전율과 재고자산회전기간 / 167
4.3 매출채권회전율과 매출채권회전기간 / 168

제 5 절 수익성 분석 — 169
5.1 매출액총이익률 / 170　5.2 매출액영업이익률 / 170
5.3 매출액이익률 / 171　5.4 자기자본이익률 / 172
5.5 총자산이익률 / 172

제 6 절 기업사례 분석 — 175
6.1 유동성 분석 사례 / 177　6.2 레버리지 분석 사례 / 179
6.3 활동성 분석 사례 / 181　6.4 수익성 분석 사례 / 182

## Chapter 6 원가관리회계의 기초개념


제 1 절 관리회계 기본개념 — 191

1.1 관리회계의 의미 / 191

1.2 관리회계와 원가회계 / 192

제 2 절 원가의 개념 — 192

2.1 원가의 의의 / 193

2.2 원가계산 목적 / 194

제 3 절 원가의 분류 — 195

3.1 직접원가와 간접원가 / 195

3.2 제조원가와 비제조원가 / 197

3.3 기초원가와 가공원가 / 198

3.4 변동원가와 고정원가 / 199

3.5 관련원가와 비관련원가 / 201

제 4 절 제 조원가의 흐름 — 202

4.1 제조원가의 흐름 / 202

4.2 제조원가명세서 / 204


## Chapter 7 개별원가계산


제 1 절 개별원가계산 — 213

1.1 개별원가계산 의의 / 213

1.2 개별원가계산 개요 / 213

1.3 개별원가계산 절차 / 214

1.4 원가배부 / 216

제 2 절 실제 원가계산과 정상원가계산 — 218

2.1 실제원가계산 / 218 2.2 정상원가계산 / 222

제 3 절 배부차이 — 223

3.1 배부차이 / 223 3.2 배부차이 조정 / 225

## Chapter 8 원가-조업도-이익 분석


제 1 절 CVP 분석의 기초개념 — 233
1.1 공헌이익 / 233
1.2 공헌이익계산서 / 235

제 2 절 손익분기점 분석 — 237
2.1 손익분기점 / 237
2.2 손익분기점 도출 / 238
2.3 목표이익과 손익분기점 / 240
2.4 세후 목표이익과 손익분기점 / 242
2.5 안전여유 / 243
2.6 CVP 분석과 의사결정 / 244
2.7 CVP 분석의 가정 및 유용성 / 246

제 3 절 민감도 분석 — 248
3.1 판매량의 변동 / 249
3.2 판매가격의 변동 / 250
3.3 변동원가의 변동 / 252
3.4 고정원가의 변동 / 253

제 4 절 CVP 분석 체크 리스트 — 259


## Chapter 9 표준원가계산과 차이분석


제 1 절 표준원가 — 267
1.1 표준원가 / 267
1.2 표준원가계산 / 268

제 2 절 표준원가계산 — 269
2.1 표준원가계산제도 도입 및 운영 / 271
2.2 표준원가계산제도와 실제원가계산제도 차이 / 273

제 3 절 표준원가계산 절차 — 274
3.1 표준직접재료원가 / 274
3.2 표준직접노무원가 / 275
3.3 표준제조간접원가 / 275

제 4 절 차이분석 — 278
4.1 직접재료원가 차이분석 / 279
4.2 직접노무원가 차이분석 / 282
4.3 제조간접원가 차이분석 / 284
4.4 차이분석에 따른 통제활동과 조정 / 287

## Chapter 10 수익성 분석과 성과평가


제 1 절 ROI 분석 — 295

1.1 ROI 기본개념 / 295　　1.2 ROI 도표 / 298
1.3 ROI 역기능 / 299　　1.4 ROI 개선방안 / 300
1.5 ROI 유용성과 한계점 / 302

제 2 절 잔여이익 — 304

제 3 절 순현재가치 — 307

3.1 현재가치 / 307　　3.2 순현재가치 분석 / 311

제 4 절 내부수익률 — 314

제 5 절 수익성 분석시 고려사항 — 316

5.1 수익성 분석 체크 리스트 / 318
5.2 수익성 분석을 위한 제조원가 체크 리스트 / 319
5.3 수익성 분석을 위한 수익예측 체크 리스트 / 321

〈부 록〉 현재가치표 — 327


## Chapter 11 관리회계 사례분석


제 1 절 손익분기점을 이용한 사례분석 — 333

1.1 가격정보 / 334　　1.2 기본가정 / 335
1.3 원가정보 / 335　　1.4 단위당 공헌이익 / 337
1.5 고정원가 / 339　　1.6 손익분기점 분석 / 340
1.7 공헌이익계산서 / 340

제 2 절 무한도전 '쩐의 전쟁' 사례분석 — 341

2.1 쩐의 전쟁 당일 사업원가 추정 / 342
2.2 쩐의 전쟁 변동원가계산 손익계산서 / 344
2.3 쩐의 전쟁 사업별 손익분기점 / 345
2.4 쩐의 전쟁 사업평가 / 348

제 3 절 기회원가 사례분석 — 349

찾아보기 — 353

CHAPTER

# 1

# 회계학의 기초개념

제1장에서는 회계학을 처음으로 학습하거나 회계학이 어렵다고 느끼거나 들어온 사람들에게 회계가 무엇인지, 회계의 본질을 설명한다. 우리 주변과 생활에서 회계정보가 어떻게 활용되는지, 회계의 목적과 사회적 기능에 관해서 설명한다. 또한 회계학이 어떻게 크게 구분되는지 회계의 분야를 설명한다. 그리고 보드게임을 이용하여 쉽게 전체적인 회계순환과정을 살펴본다.

제 1 절 회계의 의의
제 2 절 회계의 목적
제 3 절 기업활동과 회계정보
제 4 절 회계정보이용자와 회계의 분류
제 5 절 보드게임을 이용한 회계 맛보기

## 제 1 절 회계의 의의

회계를 처음 접하거나 회계에 대해서 잘 모르는 사람들은 회계가 매우 어렵고 복잡한 것으로 편견을 가질 수 있다. 그러나 우리 주변 생활에서 인식하지 못할 뿐, 사실상 회계활동은 가계부나 용돈기입장 등을 작성하는 일상생활에서도 발생하고 있다. 일반적으로 경제적 활동을 위해서는 의식주와 같은 물질이 필요하며 우리는 이러한 물질이나 재산을 화폐로 측정해왔다. 즉, 화폐로 측정된 물질이나 재산의 변동사항을 장부에 기록했다가 이해관계자에게 보고한 것이 바로 회계이다. 많은 사람들이 회계를 돈 관리로 생각하는 것은 바로 돈의 흐름이 존재하는 곳에 회계활동이 있기 때문이다.

그렇다면 회계란 무엇인가? 회계에 대한 정의는 다양하나 미국 회계학회(American Accounting Association)에서는 회계를 '정보이용자가 합리적인 의사결정을 할 수 있도록 경제적 정보를 식별, 측정, 전달하는 과정'이라고 정의하고 있다. 식별(identification)이란 경제활동 주체에서 발생한 경제적 사건을 판단하고 기록하는 것이며, 측정(measurement)이란 식별한 경제적 사건을 계량화하여 화폐액으로 수치화하는 과정이다. 전달(communication)이란 식별되고 측정된 회계정보를 정보이용자들에게 제공하는 것이며, 이를 회계에서 보고(reporting)라 한다.

기업에서 발생하는 거래, 사건, 활동들을 경제적 사건이라 칭한다. 예를 들면, 중화요리 대박집에서 경제적 정보를 식별하는 것은 오늘 몇 그릇의 짬뽕을 주문받아서 손님들에게 제공을 했는지를 기록하는 것이고, 짬뽕 한 그릇당 얼마인지 돈으로 표시하여 판매금액을 계산하는 것이 측정이다. 대박집에서 오늘 하루 만원짜리 해물짬뽕 100그릇을 판매하였다면, 주문서에 짬뽕 100그릇을 기록하고, 짬뽕을 판매한 금액이 100만원임을 확인하는 작업을 수행할 것이다. 이러한 작업은 발생할 때 마다 수행하기 때문에 일련의 시스템으로 구현하게 되고 이를 최종적으로 정보이용자에게 손익계산서나 재무상태표와 같은 재무제표 양식으로 보고된다.

회계는 단순하게 경제적 사건을 식별, 측정, 전달하는 과정만을 의미하는 것이 아니라 의사결정에 유용한 정보를 제공하는 것이다. 앞의 예에서 제시한 대박집 하루 매출액 100만원은 대박집 이해관계자에게 많은 정보를 제공한다. 만약 대박집 사장님의 하루 목표 매출액이 70만원이라면 대박집은 30만원의 매출을 초과달성하게 되고, 120만원이라면 20만원 부족하게 된다. 대박집 경영자는 이를 성과평가에 활용할 수도 있고 짬뽕 이외의 신규 메뉴 개발이나 짬뽕을 9천원에 할인하는 행사를 할 수도 있다.

요약하면 회계는 경제적 정보의 식별에서 전달까지의 시스템으로서 다양한 이해관계자들에게 경제적 의사결정에 유용한 정보(useful information)를 제공하는 것이다.

[그림 1-1] 회계시스템

## 제 2 절 회계의 목적

경영자는 기업의 소유주인 주주로부터 기업의 운영을 위탁받아 기업의 경영성과와 재무상태를 주주에게 보고하게 된다. 이를 수탁책임(stewardship responsibility) 이라 한다. 전통적인 관점에서 회계의 목적은 위탁받은 자산의 운영에 따른 경영성과와 재무상태를 주주에게 보고하고 평가하는 데 유용한 정보를 제공하는 것이다.

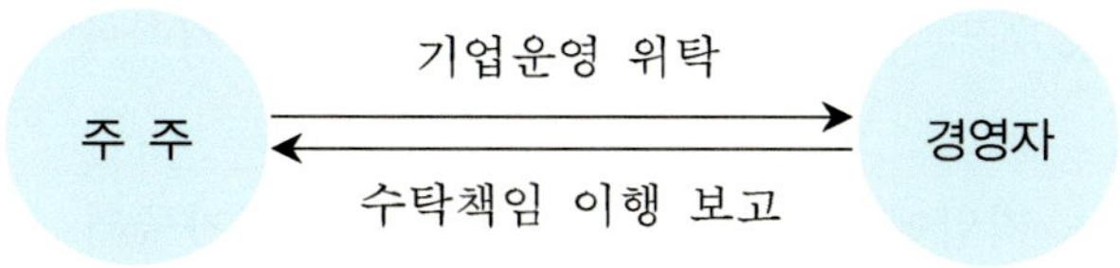


[그림 1-2] 전통적인 관점에서 회계 목적

그러나 소유주인 주주 이외에 기업을 둘러싼 많은 이해관계자들이 기업의 경영활동에 대한 정보를 원하기 때문에 현대적인 관점에서는 더 넓은 개념으로 회계정보의 유용성을 강조하고 있다. 기업을 둘러싼 이해관계자들은 경영자를 포함하여, 주주, 투자자, 채권자, 정부기관, 종업원 등이 있으며 이들은 다양한 이해관계에 따라 회계정보를 의사결정에 이용한다.

경영자는 장단기 계획을 수립하거나 투자의사결정을 위해 회계정보를 사용할 수 있다. 예를 들어, 한정된 자원을 가지고 효율적으로 운영하기 위해 신규설비를 도입하는 것이 바람직한지 것인지, 영업지점을 개설하면 얼마만큼의 수익을 창출할 수 있는지를 평가하기 위해 회계정보를 사용한다.

종업원은 회계정보를 통해 현재 일하고 있는 기업이 지속적으로 성장가능성이 높은지, 존속할 수 있는지, 수익성이 개선되었는지 악화되었는지를 평가할 수 있다. 이뿐 아니라 노동조합과 유대관계를 통해 임금협상이나 근로조건 등을 협상하고 노동계약을 체결할 때 중요한 자료로 회계정보를 활용한다.

채권자들은 빌려준 자금에 대해 기업이 적시에 이자를 지급할 능력이 있는지, 만기에 대여한 자금을 회수할 수 있는지를 평가하기 위해 기업의 회계정보를 필요로 한다.

투자자는 현재 보유하고 있는 주식이나 채권을 계속 보유할 것인지, 추가로 매입할 것인지, 아니면 처분할 것인지를 판단하기 위해 회계정보에 관심을 갖는다. 또한 신규 투자에 대해 원금을 회수하고 투자수익을 창출할 수 있는지를 평가하기 위해 회계정보를 분석하거나 이용한다.

공공기관이나 정부는 새로운 정책을 입안하거나 조정하기 위해 회계정보를 이용한다. 예를 들어, 가스, 전기, 수도, 버스, 지하철 등의 공공요금 인상안을 검토하거나 성장률을 조정한다든지, 금리를 결정할 때 회계정보가 중요한 요인으로 작용한다. 그 밖의 세무당국은 기업이 제대로 세금을 납부했는지 등을 확인하기 위해 회계정보를 이용하며 때로는 세무조사를 통해 회계기록에 관한 세부사항들을 점검한다.

이처럼 회계는 기업에 자원을 제공하는 이해관계자들의 의사결정에 영향을 미치는 유용한 정보를 제공한다. 즉, 회계정보는 기업이 생성하여 제공하지만 이들에게 회계정보이용자인 종업원은 인력을 제공하고, 투자자와 채권자는 자금을 제공하며, 정부기관은 인프라를 제공한다. 따라서 회계는 자원을 제공하는 회계정보이용자들에게 유용한 정보를 제공함으로써 자본시장의 효율성 제고에 기여하고 한정된 자원을 최적으로 배분하는 역할을 수행하게 된다.

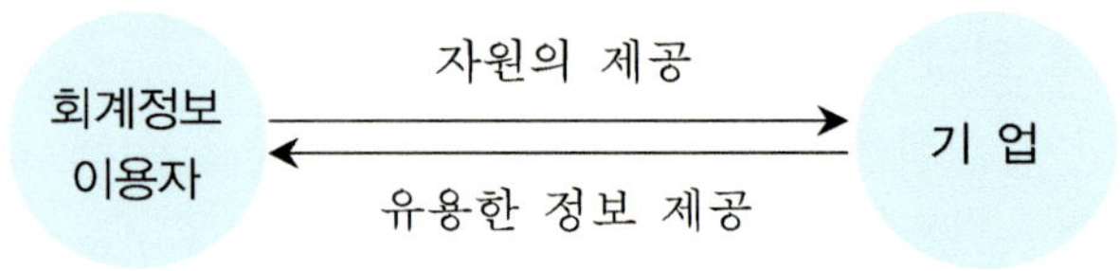


[그림 1-3] 현대적인 관점의 회계 목적

수탁책임 이행을 보고하는 전통적인 관점의 회계 목적을 넘어 현대적인 관점에서 회계는 기업에 자원을 제공한 회계정보이용자들에게 일반적인 목적의 경제적 의사결정을 하는 데 도움이 되는 유용한 정보(useful information)를 제공함으로써 자본시장의 효율성에 기여하고 궁극적으로는 자원의 효율적 배분을 목적으로 하고 있다.

## 제 3 절 기업활동과 회계정보

앞에서 회계란 기업의 이해관계자들에게 의사결정에 유용한 정보를 제공하는 것이라 정의하였다. 회계정보는 기업의 경제적 활동으로부터 생성되는 것이기 때문에 기업의 활동에 대해 살펴보도록 한다. 기업의 활동은 여러 가지로 구성되어 있으나 기업 본연의 사업목적을 수행하는 영업활동과 자금조달과 운영에 관한 재무활동 그리고 투자활동으로 다음과 같이 구분할 수 있다.

첫째, 영업활동(operating activities)은 기업 본연의 사업목적을 달성하기 위한 활동을 말한다. 예를 들어, 삼성전자의 기본 사업영역은 스마트폰, 반도체, 가전을 생산하여 판매하는 것이고, SK텔레콤은 전화나 인터넷 등 통신서비스를 제공하는 것이다. 백화점의 경우 외부에서 상품을 매입하여 판매하는 것을 기본목적으로 하므로, 상품의 매입과 판매가 영업활동이 된다. 이와 같은 영업활동을 통해 기업은 수익을 창출하게 되고 기업의 경쟁력과 생존을 좌우하는 가장 핵심적인 활동이 바로 영업활동이라 할 수 있다.

둘째, 재무활동(financing activities)은 기업을 운영하기 위해 필요한 자금의 조달과 상환을 나타낸다. 예를 들어, 주주를 대상으로 주식을 발행하여 자금을 조달하거나, 금융기관을 대상으로 외부로부터 자금을 차입하는 차입금이나 사채발행 등이 대표적인 재무활동이다. 이뿐 아니라 만기가 된 차입금과 사채의 상환도 재무활동에 해당된다.

셋째, 투자활동(investing activities)은 영업활동에 필요한 토지, 건물, 시설 등과 같은 경제적 자원을 취득하거나 처분하는 활동이다. 기업 외부에 현금을 대여하거나 회수하는 활동, 투자목적으로 유가증권이나 채권을 매입하거나 처분하는 활동 등이 투자활동에 포함된다.

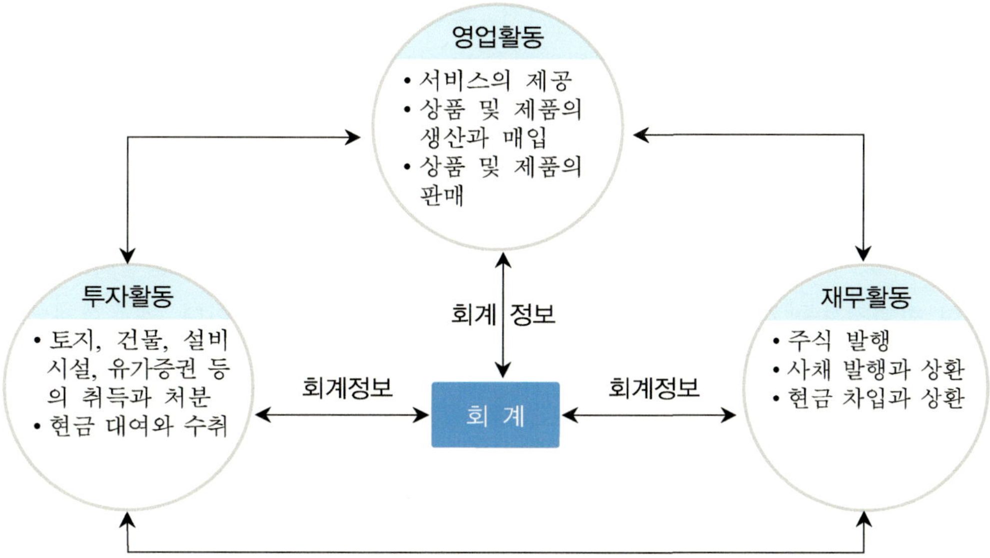


[그림 1-4] 기업의 활동과 회계정보

이처럼 기업은 영업활동, 재무활동, 투자활동을 통하여 경제적 가치를 창출하게 되고, 이러한 활동들이 식별되고 화폐액으로 측정되어 회계정보인 손익계산서와 재무상태표 같은 재무제표로 전달되는 것이다. 예를 들어, 우리는 회계정보를 통해 삼성전자나 SK텔레콤 등의 기업이 영업활동을 잘하고 있는지, 얼마나 많은 돈을 벌었는지, 자금은 충분한지, 투자는 잘하고 있는지를 파악할 수 있다. 왜냐하면 이와 같은 경제적 활동들은 약속된 기준(rule)과 원칙(principle)에 따라서 식별되고 화폐로 측정하여 재무제표라는 회계정보로 보고해주기 때문이다. 그래서 회계를 '기업의 언어(language of business)'라 한다.

## 제 4 절 회계정보이용자와 회계의 분류

회계정보이용자들은 크게 기업 안에 존재하는 내부이해관계자와 기업 밖에 존재하는 외부이해관계자로 구분할 수 있다. 예를 들면, 내부이해관계자는 기업의 경영자, 종업원 등 기업 내부에 존재하는 이해관계자이며, 외부이해관계자는 기업 외부에 존재하는 주주, 채권자, 정부기관, 노동조합, 소비자, 일반대중 등이다.

회계정보는 기업의 내부이해관계자뿐만 아니라 외부이해관계자 모두에게 필요한 정보를 제공하여 합리적인 의사결정을 할 수 있도록 도움을 준다. 회계의 분야는 정보이용자 중심으로 크게 재무회계와 관리회계로 나누어지고, 그 밖에 세무회계, 회계감사, 비영리회계로 구분된다.

재무회계(financial accounting)란 기업의 경제적 사건과 거래 등을 측정하고 기록하여 회계정보를 생산하여 외부정보이용자에게 제공하는 회계이다. 재무회계에서 가장 중요한 것은 일반적으로 인정된 회계원칙(GAAP : Generally Accepted Accounting Principles)에 따라 회계처리를 하고 보고해야 한다. 회계원칙이 존재하는 이유는 각 기업마다 동일한 기준을 적용하면 정보이용자가 여러 회사의 회계정보를 비교할 수 있기 때문이며, 이와 같은 이유로 회계를 기업의 언어라고 부르는 것이다. 경영자가 본인의 개인적인 이익에 따라서 자의적으로 회계원칙을 적용하는 것을 방지한다. 재무회계는 기업을 둘러싸고 있는 외부정보이용자와 연관되어 있기 때문에 회계원칙을 준수하여 기업이 의도를 가지고 재무보고를 조작하는 것을 사전에 방지하여 회계정보의 투명성과 신뢰성, 일관성을 높이는 것이 무엇보다 중요하다. 우리나라에서 일반적으로 인정된 회계원칙은 크게 세 가지로 구분된다.

첫째, 상장법인과 금융기관을 적용대상으로 하는 한국채택국제회계기준(K-IFRS : Korean-International Financial Reporting Standards)이다. 둘째, 외부감사대상기업을 대상으로 하는 일반기업회계기준(K-GAAP : Korean-Generally Accepted Accounting Principles)이다. 셋째, 외부감사대상 이외의 중소기업을 대상으로 하는 중소기업회계기준이다. 우리나라는 원칙상 모든 회사가 외부감사대상이나 자산규모 120억 미만, 부채 70억 미만, 종업원 수 100명 미만, 매출액 100억 미만 중 3가지 요건이 충족되면 중소기업회계기준을 준용한다.

관리회계(managerial accounting)는 경영자, 관리자 등과 같이 기업 내부정보이용자에게 의사결정에 필요한 정보를 제공하는 회계이다. 관리회계에서는 주로 기업 내부의 다양한 의사결정문제들을 다룬다. 예를 들어, 원가추정, 원가계산, 예산편성이나 가격결정, 시설 및 설비 투자 여부, 사업확장 여부, 수익성분석, 손익분기점분석, 성과평가 등에 회계정보가 사용된다. 넓은 의미에서 제품의 생산과정에서 발생하는 원가와 원가계산을 다루는 원가회계(cost accounting)는 관리회계에 포함된다.

그 밖의 재무회계와 관리회계의 차이점을 살펴보면, 재무회계는 사회적으로 회계기준 준수를 요구하지만, 관리회계는 의무적으로 준수해야 할 사회적 규정이 없다. 보고시기의 경우 재무회계는 1년, 6개월, 분기별, 월별 등 정기적으로 보고하지만, 관리회계는 내부정보이용자의 필요에 따라 수시로 보고하게 된다. 또한 재무회계는 외부정보이용자의 의사결정을 위한 회계정보를 제공하는 것이기 때문에 회계기준에 의해 작성된 재무제표에 의해 보고하여 과거지향적이고 객관적인 정보를 제공하게 된다. 반면에 관리회계는 재무제표와 같이 통일된 보고양식이 없고 기업의 규모나 사업내용 등을 고려한 미래지향적이고 경제성 있는 회계정보를 중시하게 된다.

〈표 1-1〉 재무회계와 관리회계의 차이

| | 재무회계 | 관리회계 |
|---|---|---|
| 보고대상 | 외부정보이용자(주주, 채권자 등) | 내부정보이용자(경영자, 관리자) |
| 보고기준 | 회계기준 적용 | 없음 |
| 보고시기 | 정기적으로 보고 | 필요에 따라 수시로 보고 |
| 보고형식 | 재무제표 | 일정한 보고형식이 없음 |
| 정보특징 | 과거정보, 객관성 | 미래정보, 경제성 |
| 주요 내용 | 재무제표 작성과 분석 | 기획, 예산, 원가, 의사결정 기법 |

## 제 5 절 보드게임을 이용한 회계 맛보기

회계의 기본목적은 정보이용자의 의사결정에 유용한 정보를 제공하는 것이다. 회계정보는 일반적으로 기업의 재무상태를 나타내주는 정보와 경영성과를 보여주는 정보로 구분된다. 기업의 재무상태란 기업이 미래의 경제적 효익을 창출하기 위해 보유하고 있는 자원인 자산(assets)과 기업의 운영을 위해 조달한 자본의 상태를 나타내는 것이다. 소유주인 주주로부터 조달한 자기자본을 자본(equity)이라 하고, 채권자인 타인으로부터 조달한 자본을 부채(liabilities)라 한다.

즉, 자산은 기업이 보유한 자원을 나타내므로 현금, 토지, 건물, 대여금, 매출채권, 재고, 유가증권과 같은 금융상품 등으로 구성되어 있다. 부채는 채권자의 몫이므로 기업이 부담하고 있는 현재 상태에서 지급해야 할 의무로 대출금, 차입금, 선수금, 사채 등이 부채에 포함된다. 자본은 주주의 몫으로 기업 자산에 대한 소유주의 청구권을 의미한다. 자본은 자산 중 채권자의 지분인 부채를 청구하고 남은 부분에 대해 청구할 수 있으므로 순자산이라 한다. 자본은 주주가 출자한 출자금인 자본금과 기업의 경영활동을 통해서 창출한 이익을 누적시킨 이익잉여금 등으로 구성되어 있다.

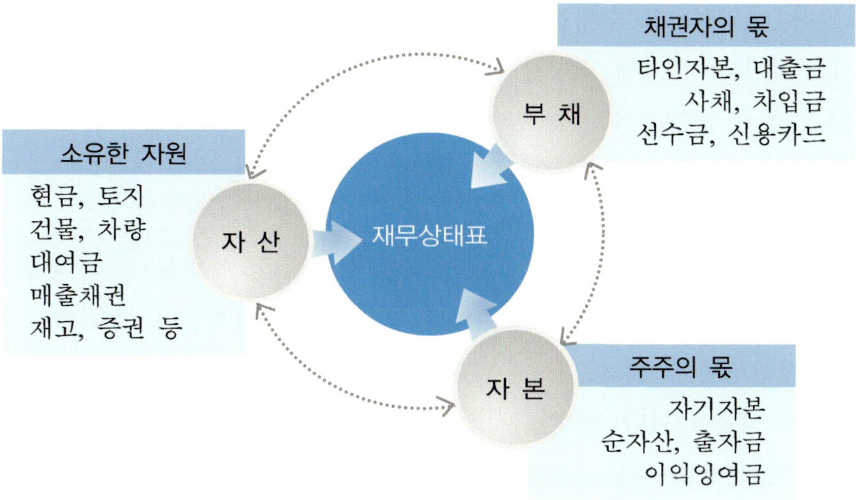


이처럼 재무상태표는 기업의 재무상태를 나타내는 것으로 일정시점의 자산, 부채, 자본의 현황을 제시한 보고서이다. 부채와 자본은 조달한 총자본을 나타내고 자산은 조달한 총자본의 운영내역을 보여준다. 따라서 자산은 항상 부채와 자본의 합과 같게 된다. 이를 회계등식(accounting equation)이라 하며 재무상태표 등식 또는 대차대조표 등식이라 한다.

〈회계등식〉

자산＝부채＋자본

〈재무상태표〉

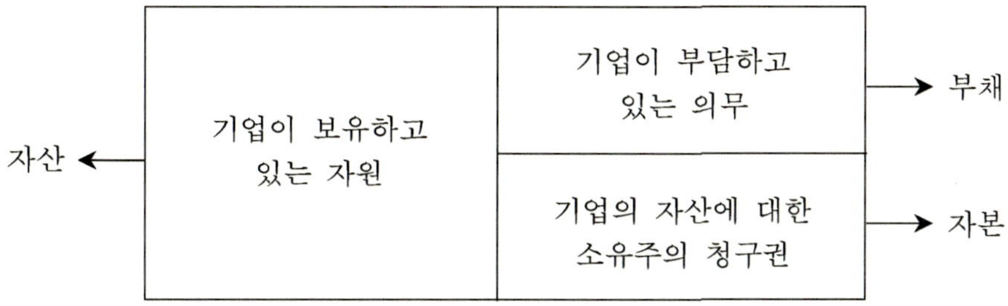


손익계산서는 일정기간 동안 기업이 창출한 경영성과인 손익정보를 나타내는

보고서이다. 개념적으로 수익은 기업이 경영활동을 하면서 벌어들인 돈이며, 비용은 수익을 창출하기 위해 소비한 돈이다. 삼성전자의 수익은 가전제품이나 반도체, 휴대폰 등을 판매하여 돈을 벌어들이고 이러한 제품을 제조하고 판매하기 위해 지불한 돈이 비용이 된다. 기업의 손익은 수익이 비용보다 더 크게 되면 이익이 발생하게 되고 수익이 비용보다 작으면 손실이 발생하게 된다. 수익과 이익을 같은 것으로 간주하는 사람은 회계를 모르는 사람이다. 회계를 알면 돈이 보인다는 의미가 바로 수익과 이익을 구분하는 것에서부터 시작한다. 회계에서 수익과 이익은 엄연하게 다른 개념으로, 수익은 일정기간 동안 벌어들인 돈이라면 이익은 벌어서 쓰고 남은 돈이다. 대박집 사장님이 손님은 많은데 남는 것이 없다면 수익은 높으나 이익이 없다는 것을 의미한다.

기업에서 경영성과는 수익, 비용, 이익을 의미한다. 수익에서 비용을 차감한 손익은 궁극적으로 주주의 몫을 증가시키거나 감소시키는 것이므로 재무상태표의 자본에 반영된다. 예를 들어, 삼성전자가 이익을 창출했다면 채권자인 타인의 지분이 증가하는 것이 아니라 삼성전자의 소유주인 주주의 지분이 증가하는 것이고, 손실이 발생하였다면 채권자의 지분이 감소하는 것이 아니라 주주의 지분이 감소하게 되는 것이다. 왜냐하면 타인자본인 채권자의 몫은 일정하게 정해져 있으나 주주의 몫은 자산에서 채권자의 지분을 차감한 잔여부분이기 때문에 경영손익에 따라서 크기가 변화한다. 다시 말하면 이익이 발생하면 궁극적으로 기업의 소유주인 주주의 몫이 증가하는 것이기 때문에 이익은 재무상태표의 자본항목 중 이익잉여금에 반영된다. 즉, 수익은 자본을 증가시키는 것이고 비용은 자본을 감소시키게 된다.

〈손익계산서〉
수익－비용＝이익

본절에서는 부루마블이라는 보드게임을 이용하여 회계의 기본개념과 회계정보를 생성하는 과정을 학습한다. 부루마블 게임은 전 세계 주요 도시의 토지를 구입하고 여기에 호텔과 빌딩을 짓고 통행료를 징수하는 게임이다. 어려서부터 우리가 쉽게 접한 게임이기 때문에 이를 이용하여 손익계산서와 재무상태표가 어떻게 작성되는지를 살펴본다.

부루마블 게임을 하기 위해 2인 1팀이나 1인 1팀으로 1개의 팀을 구성하여 팀별로 부루마블 게임을 진행한다. 팀 내에서 1명은 게임을 진행하는 최고경영자(CEO)의 역할을 수행하고 다른 1명은 게임의 내용을 기록하는 최고재무책임자(CFO)의 역할을 수행한다. CFO가 게임의 내용을 자산, 부채, 자본, 수익, 비용 항목을 가지고 회계등식에 따라 기록한다. 건물이나 토지를 구입하거나 통행료를 징수하고 지급할 때마다 회계등식에 따라 기록한다. 게임 종료 후 학습자들은 손익계산서와 재무상태표를 작성한다. 즉, 기업에서 회계담당자가 경제적 사건인 거래내용을 회계등식 원리에 따라 기록하고 작성하는 과정이 바로 회계정보가 처리되어 산출되는 과정이다.

부루마블 게임을 진행하면서 CFO는 자산은 부채와 자본의 합과 같다는 회계등식을 이용하여 거래가 발생할 때마다 다음의 부루마블 워크시트를 작성한다. 워크시트가 회계거래를 기록하는 일종에 장부가 되는 것이다.

회계거래 기록양식(부루마블 Work Sheet)

| | | 자 산 | | | − | 부 채 | | + 자 본 | | | |
|---|---|---|---|---|---|---|---|---|---|---|---|
| NO | 내 용 | 현 금 | 매출채권 | 유형자산 | − | 미지급비용 | 차입금 | 자본금 | 이익잉여금 | [수익 | −비용] |
| | | | | | | | | | | | |
| | | | | | | | | | | | |
| | | | | | − | | | | | | |
| | | | | | − | | | | | | |
| | | | | | − | | | | | | |
| | | | | | − | | | | | | |

부루마블 워크시트의 가로줄은 자산, 부채, 자본으로 구성된다. 세로줄은 각각 자산, 부채, 자본의 세부항목을 나타낸다. 워크시트에서 자산항목은 현금, 매출채권, 유형자산 등이며 이것은 각각의 원장에 해당하고 자산의 세부항목을 나타내는 계정이다. 본 교재에서 제시한 워크시트의 부채 항목은 미지급비용과 차입금으로 구성되어 있고, 자본은 자본금, 이익잉여금, 수익, 비용으로 되어 있다. 앞에서

설명한 것처럼 기업이 수익을 창출하는 활동은 궁극적으로 주주의 몫을 증가시키기 위한 것이고, 수익을 창출하기 위해 소비된 비용은 주주의 몫을 감소시키는 것이기 때문에 자본항목의 구성요소로 제시하였다. 게임을 끝낸 후 이익잉여금을 제외한 모든 항목(현금, 매출채권, 유형자산, 미지급비용, 차입금, 자본금, 수익, 비용)에 대해서 합계를 계산한다. 이것이 각각의 계정의 잔액(balance)으로 회계정보를 산출하는 데 이용된다.

이익잉여금의 잔액은 수익과 비용 항목을 이용하여 계산한다. 즉, 수익의 합계에서 비용의 합계를 차감한 것이 바로 이익이나 손실이 된다. 계산된 이익이나 손실을 부루마블 워크시트 이익잉여금 잔액에 옮겨 적는다. 왜냐하면 수익과 비용은 궁극적으로 주주의 지분을 증가시키기 위한 활동이기 때문이다. 이렇게 하면 자산, 부채, 자본의 모든 세부항목에 대해서 잔액을 구하는 것이 완료된다.

세부항목의 잔액이 구해지면 다음으로 자산, 부채, 자본의 총액을 계산한다. 자산의 총액은 자산항목의 계정인 현금, 매출채권, 유형자산의 합으로 구하고, 부채의 총액은 부채항목인 미지급비용과 차입금을 합하여 계산한다. 자본의 총액은 자본금과 이익잉여금을 합한 값이다.

모든 항목의 잔액이 구해지면 손익계산서와 재무상태표를 작성한다. 손익계산서는 수익의 합계와 비용의 합계를 이용하여 작성하고, 재무상태표는 자산, 부채, 자본 항목의 합계를 이용하여 작성한다.

먼저 손익계산서에 수익의 합계와 비용의 합계를 각각 해당 칸에 옮겨 적고 수익에서 비용을 차감한 값을 이익이나 손실로 표시한다. 손익계산서에서 수익이 비용보다 크면 이익이 발생하고 수익이 비용보다 작으면 손실이 발생한다.

손익계산서

제1기 (단위 : 원)

| 내 용 | 세부금액 | 소 계 |
|---|---|---|
| 수익 | | |
| | | |
| 비용 | | |
| | | |
| 이익(손실) | | |

손익계산서 작성이 완료되면 재무상태표를 작성한다. 재무상태표에 자산의 총액 및 세부항목의 금액을 해당 칸에 옮겨 적는다. 그리고 부채의 총액과 부채 세부항목의 잔액을 해당 칸에 옮겨 적고, 자본의 총액, 자본금, 이익잉여금의 잔액을 재무상태표의 해당 칸에 적는다. 회계등식에 따라 자산총액은 부채총액과 자본총액을 더한 금액과 일치하게 된다. 마지막으로 이익잉여금의 잔액과 손익계산서에서 보고한 이익(손실)금액이 동일한지 다시 한 번 확인한다.

재무상태표

제1기 말 (단위 : 원)

| 내 용 | 세부금액 | 소 계 |
|---|---|---|
| 자산 | | |
| 유동자산 | | |
| 현 금 | | |
| 매 출 채 권 | | |
| 비유동자산 | | |
| 유 형 자 산 | | |
| **자산총계** | | |
| 부채 | | |
| 미지급비용 | | |
| 차 입 금 | | |
| 부채총계 | | |
| 자본 | | |
| 자 본 금 | | |
| 이익잉여금 | | |
| 자본총계 | | |
| **부채와 자본 총계** | | |

* 자산총계＝부채와 자본 총계

## ■ 보드게임 적용 사례

부루마블 게임을 통해 발생가능한 회계거래의 예를 제시하면 다음과 같다. 첫째, 게임을 시작할 때 팀별로 동일하게 지폐를 나누어 갖는데, 이는 회사에 주주로 현금을 출자한 것으로 볼 수 있다. 이것은 현금을 증가시키기 때문에 부루마블 워크시트 자산항목 중 현금에 양의 값으로 기입하고, 동시에 주주로 출자한 것이기 때문에 자본 중 자본금란에 양의 값으로 기입한다.

둘째, 주사위를 던져서 말판에서 특정지역의 토지를 현금으로 구입하면, 자산항목 중 유형자산이 증가하기 때문에 양의 값으로 기록하나 동시에 현금이 감소하였기 때문에 현금항목을 감소시키기 위해 음의 값으로 표시한다.

셋째, 주사위를 던져 상대팀이 우리 팀의 토지를 지나갈 경우 통행료를 지급하게 된다. 통행료를 지급하는 팀 입장에서는 현금이 지출되고 비용이 발생하였기 때문에 현금항목에 음의 값으로 기록(감소 표시)하고, 자본을 감소시키므로 자본 중 비용란에 음의 값으로 표시하며 이는 비용이 발생하였다는 의미이다. 반대로 통행료를 받는 팀은 현금이 증가하고 수익이 발생하였기 때문에 현금란에 양의 값으로 기록하고, 자본항목 중 수익란에 양의 값으로 기록한다.

이처럼 보드게임에서 발생하는 모든 회계거래는 부루마블 워크시트에 작성하고 반드시 회계등식이 성립하는지를 확인한다. 아래의 내용은 부루마블 게임 중 나타나는 회계거래와 워크시트 작성방법의 사례를 제시한 것이다. 게임에서 기본으로 제공하는 내용뿐 아니라 게임의 규칙을 확대하여 적용할 수 있다.

부루마블 게임에서는 신용거래가 없으나 실제적인 기업 거래에서는 외상으로 주고받는 신용거래가 보편적이다. 또한 자금을 주주로부터만 조달하는 것이 아니라 은행과 같은 금융기관으로부터 조달한다. 이러한 내용을 규칙으로 정하여 실시할 수 있다. 예를 들어, 은행으로부터 현금을 차입할 경우 은행에 돈을 갚아야 할 의무가 생기므로 부채가 발생한다. 이러한 거래내용을 부루마블 워크시트에 기록하면 은행으로부터 현금을 차입할 경우 현금이 증가하기 때문에 자산항목 중 현금증가로 플러스로 표시하고, 동시에 부채항목 중 차입금이 증가한 것이므로 양의 값으로 기록한다.

〈부루마블 게임 회계거래와 워크시트 작성〉

| No | 보드게임 | 회계 적용 | 부루마블 워크시트 작성 |
|---|---|---|---|
| **보드게임 규칙 기본내용** | | | |
| 1 | 지폐를 똑같이 나누어 갖는다. | 회사에 주주로 현금 출자한다. | 자산 : (+)현금, 자본 : (+)자본금 |

| | | | |
|---|---|---|---|
| 2 | 말판에 의해 현금을 지급하고 특정지역의 토지를 취득한다. | 토지를 현금으로 취득한다. | 자산 : (+)토지, 자산 : (−)현금 |
| 3 | 자기가 갖고 있는 증서에 적힌 금액대로 돈을 은행에 지불하고 별장, 빌딩 또는 호텔을 짓는다. | 건물을 현금으로 취득한다. | 자산 : (+)건물, 자산 : (−)현금 |
| 4 | 상대방이 자기가 소유하고 있는 지역에 들어오면 통행료를 받는다. | 통행수익이 현금으로 발생한다. | 자산 : (+)현금,<br>수익 : (+)통행료수익 |
| 5 | 통행료로 지급할 현금이 부족할 때에는 자기가 갖고 있는 건물을 은행에 팔거나 건물과 증서를 상대방에게 인계할 수 있다. | 1. 건물을 처분하여 현금을 확보한다.<br>2. 통행료를 현금으로 지급한다. | 1. 자산 : (+)현금, 자산 : (−)건물<br>2. 자산 : (−)현금,<br>비용 : (−)통행료비용 |
| 6 | 방범비를 은행에 낸다. | 방범비를 현금으로 지급한다. | 자산 : (−)현금, 비용 : (−)방범비 |
| 7 | 건물수리비를 은행에 낸다. | 건물수리비를 현금으로 지급한다. | 자산 : (−)현금, 비용 : (−)수선비 |
| 8 | 정기종합소득세를 은행에 낸다. | 기업의 법인세를 현금으로 지급한다. | 자산 : (−)현금, 비용 : (−)법인세 |
| 9 | 콜럼비아호(우주왕복선) 증서를 소유하고 있고 통행자로부터 통행료를 받는다. | 통행수익이 현금으로 발생한다. | 자산 : (+)현금,<br>수익 : (+)통행료수익 |
| 10 | 사회복지기금을 지급한다. | 복지기금을 현금으로 지급한다. | 자산 : (−)현금,<br>비용 : (−)복지기금 |
| 11 | 소유하고 있던 건물이나 토지를 처분한다. | 건물이나 토지를 현금으로 처분한다. | 자산 : (+)현금,<br>자산 : (−)건물/토지 |
| 12 | 건물이나 토지를 사온 가격보다 싼 가격으로 처분한다. | 건물이나 토지를 취득가격(장부가액)보다 낮은 가격으로 현금 처분하여 손실이 발생한다. | 자산 : (+)현금,<br>자산 : (−)건물/토지<br>비용 : (−)유형자산처분손실 |
| 13 | 유람선여행으로 객실료를 지불한다. | 임직원의 여행경비를 현금으로 지급한다. | 자산 : (−)현금,<br>비용 : (−)복리후생비 |
| 14 | 다른 팀의 생일축하금을 지급한다. | 거래회사에 접대비를 현금으로 지급한다. | 자산 : (−)현금, 비용 : (−)접대비 |

| | | | |
|---|---|---|---|
| 15 | 객실에 묵고 객실료를 지급한다. | 여비교통비를 현금으로 지급한다. | 자산 : (−)현금,<br>비용 : (−)여비교통비 |
| 16 | 학교등록금을 낸다. | 교육훈련비를 현금으로 지급한다. | 자산 : (−)현금,<br>비용 : (−)교육훈련비 |
| 17 | 건강검진으로 병원비를 지급한다. | 임직원 병원비를 현금으로 지급한다. | 자산 : (−)현금,<br>비용 : (−)복리후생비(병원비) |
| 18 | 객실을 빌려주고 객실료를 받는다. | 객실 임대수익이 현금으로 발생한다. | 자산 : (+)현금,<br>수익 : (+)임대수익 |
| **보드게임 규칙 확장내용** | | | |
| 19 | 은행으로부터 돈을 빌린다. | 은행으로부터 현금을 차입한다. | 자산 : (+)현금, 부채 : (+)차입금 |
| 20 | 은행으로부터 빌린 돈에 대한 이자를 지급한다. | 은행에 이자를 현금으로 지급한다. | 자산 : (−)현금,<br>비용 : (−)이자비용 |
| 21 | 이자를 지급하지 못했다. | 은행에 발생한 이자를 지급하지 못했다. | 자산 : (+)현금,<br>부채 : (+)미지급이자비용 |
| 22 | 건물이나 토지를 사온 가격보다 비싼 가격으로 처분한다. | 건물이나 토지를 취득가격(장부가액)보다 높은 가격으로 현금 처분하여 이익이 발생한다. | 자산 : (+)현금,<br>자산 : (−)건물/토지<br>수익 : (+)유형자산처분이익 |
| 23 | 신용거래(외상거래)로 통행료를 아직 받지 못했다. | 수익이 외상으로 발생한다. | 자산 : (+)매출채권,<br>수익 : (+)통행료 수익 |
| 24 | 신용거래로 통행료를 나중에 지급하기로 한다. | 비용을 외상으로 미지급하였다. | 부채 : (+)미지급비용,<br>비용 : (−)통행료 |
| 25 | 외상통행료를 나중에 받았다. | 외상수익을 현금으로 받는다. | 자산 : (+)현금,<br>자산 : (−)매출채권 |
| 26 | 미지급한 통행료를 나중에 지급했다. | 미지급한 비용을 현금으로 지급하였다. | 자산 : (−)현금,<br>부채 : (−)미지급비용 |
| 27 | 상대팀 파산으로 신용거래(외상거래)로 발생한 통행료를 받지 못했다. | 파산으로 인해 매출채권을 대손처리한다. | 자산 : (−)매출채권,<br>비용 : (−)대손상각비 |
| 28 | 장부에 기록한 현금잔액이 실제로 소지한 현금잔액보다 많다. | 현금과부족이 발생하여 잡손실이 발생한다. | 자산 : (−)현금, 비용 : (−)잡손실 |
| 29 | 장부에 기록한 현금잔액이 실제로 소지한 현금잔액보다 적다. | 현금과부족이 발생하여 잡이익이 발생한다. | 자산 : (+)현금, 수익 : (+)잡이익 |

(출처 : 보드게임을 활용한 회계원리 교육(박연희, 구정호, 백태영 저))

다음은 실제로 부루마블 게임을 적용하여 팀 구성부터 손익계산서와 재무상태표가 작성되는 전체 과정에 대한 사례를 제시한 것이다. 부루마블 게임의 기본적인 사항을 포함하고 차입거래나 신용거래 등을 사전에 규칙으로 정하여 실시한 경우이며 이를 요약하면 다음과 같다.

- 팀 구성
  - 2인 1조로 1개의 팀을 이루어 4개 팀이 부루마블 게임을 수행
  - 팀 내에서 1명은 CEO(게임진행), 1명은 CFO(회계처리)
- 회계처리
  - 자산, 부채, 자본, 수익, 비용 계정을 이용하여 회계등식에 의해 회계처리
  - 건물, 토지 구입, 통행료 징수/지급 등의 거래마다 복식부기에 따라 2개 이상의 계정을 사용하여 기록
  - 수익은 자본을 증가시키고 비용은 자본을 감소시키므로 자본항목에 포함되는 것임
- 게임 종료 후 손익계산서와 재무상태표 작성
- 기본조건
  1. 금오 꿈 개발(주)는 자본금 200만원을 가지고 회사를 설립
  2. 설립 후 바로 은행에서 자금을 100만원 차입
  3. 은행에서 차입시 이자율은 연 10% 가정
  4. 말판을 한 바퀴 돌아 출발점을 지나가면 1년으로 보아 차입금에 대한 이자비용을 지급
  5. 말판의 출발점을 지나가면 은행으로부터 지급받는 월급 20만원은 은행에 투자한 이자수익이라 가정
  6. 통행료를 외상으로 지급한 경우에는 한 바퀴를 돌면 반드시 현금으로 지급
  7. 팀은 자율적으로 의사결정을 함. 예를 들어 현금이 부족하다고 판단하면 은행으로부터 추가차입이 가능하며, 통행료 지급을 위해 토지, 건물 등을 은행에 매각할 수 있음

부루마블 게임 중 총 13개의 회계거래가 발생한 경우 부루마블 워크시트에 표시한 내용과 이를 토대로 손익계산서와 재무상태표를 작성한 사례를 살펴보자. 다음의 내용은 거래번호 1부터 거래번호 5까지의 내용을 부루마블 워크시트에 표시한 예이다. 모든 거래항목에서 회계등식이 성립함을 볼 수 있다.

거래번호 1 : 자기자금 200만원으로 회사를 설립
거래번호 2 : 은행으로부터 100만원을 차입
거래번호 3 : 부산 토지를 50만원에 구입
거래번호 4 : 부산 토지 사용료로 통행료 수입 20만원을 받음
거래번호 5 : 부산 토지 통행료 20만원을 지급

| | | 자 산 | | | = | 부 채 | | + 자 본 | | | |
|---|---|---|---|---|---|---|---|---|---|---|---|
| NO | 내 용 | 현 금 | 매출채권 | 유형자산 | = | 미지급비용 | 차입금 | 자본금 | 이익잉여금 | [수익 | −비용] |
| 1 | 현금출자 | 200 | | | = | | | 200 | | | |
| 2 | 차입 | 100 | | | = | | 100 | | | | |
| 3 | 부산 토지 구입 | −50 | | 50 | = | | | | | | |
| 4 | 통행료 수입 | 20 | | | = | | | | | 20 | |
| 5 | 통행료 지급 | −20 | | | = | | | | | | −20 |

다음의 내용은 거래번호 6부터 거래번호 13까지의 내용을 부루마블 워크시트에 표시한 예이다.

거래번호 6 : 부산 토지 50만원짜리를 25만원에 처분하여 현금 25만원을 받음, 토지매각손실 25만원 발생(비용)
거래번호 7 : 한 바퀴 돌아 출발점을 지나 은행으로부터 20만원을 받음
거래번호 8 : 한 바퀴를 돌아 차입금에 대한 이자 10만원 지급
거래번호 9 : 로마 통행료 3만원을 다음 달에 지급하기로 함
거래번호 10 : 미지급한 로마 통행료 3만원을 지급
거래번호 11 : 파리 토지와 건물을 50만원에 현금으로 구입
거래번호 12 : 파리의 건물사용료 30만원을 외상으로 기록
거래번호 13 : 파리의 미지급 건물사용료 30만원을 받음

| | | 자 산 | | | = | 부 채 | | + 자 본 | | | |
|---|---|---|---|---|---|---|---|---|---|---|---|
| NO | 내 용 | 현 금 | 매출채권 | 유형자산 | = | 미지급비용 | 차입금 | 자본금 | 이익잉여금 | [수익 | −비용] |
| 6 | 토지 매각 | 25 | | −50 | = | | | | | | −25 |
| 7 | 은행이자수익 | 20 | | | = | | | | | 20 | |
| 8 | 은행이자비용 | −10 | | | = | | | | | | −10 |
| 9 | 미지급통행료 | | | | = | 3 | | | | | −3 |
| 10 | 미지급통행료 지급 | −3 | | | = | −3 | | | | | |
| 11 | 파리 토지 건물 구입 | −50 | | 50 | = | | | | | | |
| 12 | 외상 통행료 수입 | | 30 | | = | | | | | 30 | |
| 13 | 매출채권 회수 | 30 | −30 | | = | | | | | | |

거래번호 1부터 거래번호 13까지 발생한 모든 내용을 부루마블 워크시트에 기록한 후 자산, 부채, 자본 및 각각의 세부항목들을 합산하여 잔액을 표시하면 다음과 같다. 자산항목 중 현금의 잔액은 262만원, 매출채권 0원, 유형자산 50만원이고, 부채항목 중 미지급비용의 잔액은 0원, 차입금의 잔액은 100만원이며, 자본항목 중 자본금의 잔액은 200만원이고, 수익의 합계는 70만원, 비용의 합계는 58만원이다. 수익 70만원에서 비용 58만원을 차감한 값은 12만원이 이익이며 이것이 바로 이익잉여금 합계에 표시된다. 각각의 세부항목의 합계가 완료되면 자산, 부채, 자본의 합계를 구하여 표시한다. 자산의 총계는 현금, 매출채권, 유형자산의 합계를 더한 312만원이다. 부채의 총계는 미지급비용과 차입금의 잔액을 더한 100만원이며, 자본의 총계는 자본금 200만원, 이익잉여금 12만원을 더한 212만원이다. 따라서 자산의 총계 312만원은 부채총계와 자본총계를 더한 312만원과 동일하여 회계등식이 성립한다.

| | | 자 산 | | | = | 부 채 | | + 자 본 | | | |
|---|---|---|---|---|---|---|---|---|---|---|---|
| NO | 내 용 | 현 금 | 매출채권 | 유형자산 | = | 미지급비용 | 차입금 | 자본금 | 이익잉여금 | [수익 | −비용] |
| 1 | 현금출자 | 200 | | | = | | | 200 | | | |
| 2 | 차입 | 100 | | | = | | 100 | | | | |
| 3 | 부산 토지 구입 | −50 | | 50 | = | | | | | | |
| 4 | 통행료 수입 | 20 | | | = | | | | | 20 | |
| 5 | 통행료 지금 | −20 | | | = | | | | | | −20 |
| 6 | 토지 매각 | 25 | | −50 | = | | | | | | −25 |
| 7 | 은행이자수익 | 20 | | | = | | | | | 20 | |
| 8 | 은행이자비용 | −10 | | | = | | | | | | −10 |
| 9 | 미지급통행료 | | | | = | 3 | | | | | −3 |
| 10 | 미지급통행료 지급 | −3 | | | = | −3 | | | | | |
| 11 | 파리 토지 건물 구입 | −50 | | 50 | = | | | | | | |
| 12 | 외상 통행료 수입 | | 30 | | = | | | | | 30 | |
| 13 | 매출채권 회수 | 30 | −30 | | = | | | | | | |
| | 합계 | 262 | 0 | 50 | = | 0 | 100 | 200 | 12 | (70 | 58) |
| | 총계 | 312 | | | = | 100 | | 212 | | | |

부루마블 워크시트 내용 중 수익과 비용 거래에 해당하는 내용을 손익계산서에 옮겨 적는다. 아래는 금오 꿈 개발(주)의 13개의 회계거래를 통해서 발생한 수익과 비용 항목을 요약하여 정리한 손익계산서이다. 총수익은 70만원이며, 총비용은 58만원으로 이익이 12만원 발생하였다.

### 손익계산서

금오 꿈 개발(주) 1기 (단위 : 만원)

| 내 용 | 세부금액 | 소 계 |
|---|---|---|
| **수익** | | 70 |
| 통행료 수익 | 70 | |
| **비용** | | 58 |
| 통행료 비용 | 23 | |
| 토지 처분손실 | 25 | |
| 이자비용 | 10 | |
| **이익(손실)** | | 12 |

손익계산서 작성이 완료되면 부루마블 워크시트의 합계와 총계를 이용하여 재무상태표를 작성한다. 아래는 금오 꿈 개발(주)의 13개의 회계거래를 통해서 발생한 자산, 부채, 자본 총계와 각각 항목의 잔액을 재무상태표에 표시한 것이다. 자산항목 중 현금의 잔액은 유동자산 세부항목에 옮겨 적고, 유형자산인 토지와 건물의 잔액은 비유동자산항목에 옮겨 기록한다. 따라서 자산총계는 현금, 토지와 건물을 합한 312만원이다. 부채총계는 100만원이며 차입금 100만원과 동일하다. 자본 총계는 워크시트에서 자본금 잔액 200만원과 이익잉여금 12만원을 각각 옮겨 적어 표시한다. 따라서 자본총계는 212만원이 되고, 부채총계는 100만원이므로 자산은 부채와 자본을 더한 값과 동일함을 알 수 있다.

재무상태표

금오 꿈 개발(주) 1기말 (단위 : 만원)

| 내 용 | 세부금액 | 소 계 |
|---|---|---|
| **자산** | | |
| 유동자산 | | 262 |
| 현금 | 262 | |
| 비유동자산 | | 50 |
| 토지와 건물 | 50 | |
| **자산총계** | | 312 |
| **부채** | | |
| 차입금 | 100 | |
| 부채총계 | | 100 |
| **자본** | | |
| 자본금 | 200 | |
| 이익잉여금 | 12 | |
| 자본총계 | | 212 |
| **부채와 자본총계** | | 312 |

**기초 다지기 1**

1. 회계란 정보이용자가 합리적인 의사결정을 할 수 있도록 경제적 사건을 (　　　), (　　　), (　　　)하는 과정이다.
2. 기업의 활동은 (　　　), (　　　), (　　　)으로 구분할 수 있다.
3. 재무회계는 (　　　)에 따라 회계처리를 하고 재무제표를 작성해야 한다.

**기초 다지기 2**

4. 가계부나 용돈기입장을 작성하는 활동은 회계 범주에 포함된다. (○, ×)
5. 회계 관점에서 수익과 이익은 같은 개념이다. (○, ×)
6. 일정기간 동안의 경영성과는 손익계산서에 나타난다. (○, ×)
7. 화폐로 측정할 수 없는 회계거래는 기록되지 않는다. (○, ×)

**기초 다지기 3**

8. 다음 중 설명 중 옳지 않은 것은?
   ① 회계는 정보이용자가 합리적인 의사결정에 유용한 정보를 제공하는 것을 목적으로 한다.
   ② 회계정보이용자 중 채권자는 빌려준 자금에 대해 기업이 적시에 이자를 지급할 능력이 있는지, 만기에 대여한 자금을 회수할 수 있는지를 평가하기 위해 회계정보를 요구한다.
   ③ 관리회계는 신뢰성, 투명성, 일관성을 중요시한다.
   ④ 우리나라의 회계원칙은 한국채택국제회계기준, 일반회계기준, 중소기업회계기준으로 되어 있다.

9. 다음 중 기업의 활동과 내역이 올바르게 짝지어지지 않은 것은?
   ① 회사의 주식을 발행하여 자금을 조달하였다. – 재무활동
   ② 전자회사가 투자목적으로 채권을 매입하였다. – 재무활동
   ③ 건설회사가 아파트를 신축하여 아파트를 분양하였다. – 영업활동
   ④ 공장을 신축하기 위해 공장 부지를 매입하였다. – 투자활동

10. 다음 설명 중 옳지 않은 것은?
① 자산은 기업이 보유한 자원으로 기업이 조달한 자본의 운영 내역을 나타낸다.
② 자산은 부채에서 자본을 차감한 것이며 이를 회계등식이라 한다.
③ 자본은 소유주의 청구권으로 이를 주주지분, 순자산이라 한다.
④ 부채는 기업이 현재 부담하고 있는 의무이다.

**정답**

**1.** 식별, 측정, 전달 **2.** 영업활동, 투자활동, 재무활동 **3.** 일반적으로 인정된 회계원칙 (GAAP) **4.** ○ **5.** × **6.** ○ **7.** ○ **8.** ③ **9.** ② **10.** ②

## 사례조사 및 함께 생각해 보기

1. 노동조합이 회계정보를 활용한 사례를 조사해 봅시다.
2. 투자자들이 구체적으로 회계정보를 언제 요구하고 이용하는지 사례를 조사해 봅시다.
3. 채권자들이 회계정보를 이용한 사례를 조사해 봅시다.
4. 정부가 회계정보를 이용한 사례를 조사해 봅시다.
5. 부루마블 보드게임을 수행한 후 워크시트를 이용하여 재무상태표와 손익계산서를 작성해 봅시다.

CHAPTER

# 2

# 회계학의 기본원칙

제2장에서는 회계이론의 기본원칙이 되는 사항들을 학습한다. 정보이용자에게 회계정보가 유용하기 위해서는 가장 기초적인 몇몇의 가정이 필요하다. 본장에서는 회계의 기본가정과 회계정보가 갖추어야 할 기본적인 특성에 대해 파악한다. 또한 재무제표를 표시하는 일반원칙과 국제회계기준에 대해 살펴본다.

제 1 절　회계의 기본가정

제 2 절　회계정보의 질적특성

제 3 절　재무제표 표시의 일반원칙

제 4 절　국제회계기준

# 제 1 절 회계의 기본가정

회계의 일반목적은 정보이용자들의 의사결정에 유용한 정보를 제공하는 것이다. 이러한 기본 목적에 부합하기 위해서는 몇 가지 기본가정을 도입할 필요가 있다. 이러한 가정들을 회계공준(accounting postulates) 또는 회계의 기본가정(underlying assumptions)이라 부른다. IFRS에서 제정한 '재무보고를 위한 개념체계(conceptual framework for financial reporting)'에서는 이러한 가정들 중 가장 기초적인 가정으로 발생주의와 계속기업의 가정을 명시하고 있다.

발생주의(accrual basis)는 경제적 사건이나 거래를 인식할 때 현금의 수취나 지급 시점이 아닌 경제적 사건이나 회계거래가 발생한 시점에 수익과 비용을 인식하는 것이다. 발생주의는 현금주의(cash basis)와 상반되는 개념이다. 삼성전자가 스마트폰을 신용으로 판매하고 아직 대금을 현금으로 수취하지 않았다면, 언제 매출로 인식해야 하는가? 발생주의는 삼성전자가 스마트폰을 판매한 날에 돈을 벌어들인 것으로 보아 수익으로 인식하는 것이고, 현금주의는 실제로 판매대금이 현금으로 입금되는 날에 수익으로 인식하는 것이다. 만약 현금주의로 수익을 인식한다면 신용으로 판매한 상품이나 서비스는 대금회수가 이루어지기 전까지는 매출로 인정이 되지 않는다. 이뿐만 아니라 계약금으로 미리 돈을 받은 경우에는 오히려 매출로 인식하게 된다. 다른 예로 삼성전자가 스마트폰을 광고하고 광고비를 아직 지급하지 않았다면 언제 비용을 인식해야 하는가? 발생주의에서는 일정기간 동안 광고를 했다면 이 기간에 광고비를 비용으로 인식하나, 현금주의에서는 광고비를 현금으로 지급했을 때 광고비를 인식한다. 현금주의로 수익과 비용을 인식한다면 현금 수취와 지급을 쉽게 파악할 수 있지만 일정기간 동안의 경영성과를 제대로 반영할 수 없기 때문에 합리적이지 않은 결과가 발생할 수 있다. 가령 토익학원 수강료 30만원을 선불로 지급했다면, 30만원을 지급한 달에 모두 비용으로 인식하는 것이 합리적인 것인지? 아니면 매달 토익을 수강하니 3개월 동안 나누어 매달 10만원씩 비용으로 인식하는 것이 합리적인지 생각해보자. 직관적으로 30만원을 모두 지급한 달에 비용으로 인식하기보다는 3개월 동안 토익학원을 다니기 때문에 실질을 반영해서 매달 10만원씩 비용으로 인식하는 것이 보다 논리적이고 합리적인 것이라 보인다. 토익학원 입장에서도 수강료 30만원을 수령했을 때 일괄적으로 수익이라 인식하기보다는 3개월 동안 토익강의를 제공하기 때문에 매월 10만원씩 수익으로 인식하는 것이 보다 논리적으로 바람직할 것이다. 이와 같이 발생주의는 거래의 실질을 반영하여 현금의 유입 및 유출과 상관없이 거래한 발생한 기간에 해당 거래를 인식하여 기록하는 것이다.

발생주의는 현금주의와 비교했을 때 일정기간 동안의 수익과 비용을 적정하게 평가할 수 있어 경영성과를 보고하는 회계정보의 기본속성에 보다 부합한다고 볼 수 있다. 즉, 발생주의가 회계에서 기본 원칙이 되는 이유는 일정 기간 동안 발생한 수익과 비용을 적절하게 인식해야 합리적으로 경영성과를 측정할 수 있기 있기 때문이다. 1장에서 설명한 전통적인 관점에서의 회계 목적에 의하면 주주로부터 기업 경영을 수탁 받은 경영자는 기업의 자원을 효율적이고 효과적으로 사용해야 하는 책임이행을 기업이 창출한 손익에 관한 정보로 보여준다. 발생주의에 근거한 회계이익과 그 구성요소에 대한 정보는 기업 실체의 과거 및 미래의 성과를 평가하는 데 보다 유용한 근거를 제공하기 때문에 가장 기본적인 회계가정으로 명시하는 것이다. 그러나 발생주의는 발생시점에 대한 객관적인 확인이 어려운 경우 경영자의 주관적인 판단을 요하여 수익과 비용을 발생한 기간에 적당하게 배분하도록 처리하고 있다. 회계원칙에 의해서 적정하게 생성된 회계정보를 신뢰할 수 있는가를 평가하지 정확한지 여부를 판단하는 것이 아니다.

혹자들이 손익계산서에 보고되는 이익이 모두 현금이라고 생각하는 이유는 회계가 발생주의에 근거해서 재무제표가 작성된다는 것을 모르기 때문이다. 재무상태표에 표시되어 있는 현금과 손익계산서에 보고되는 이익이 다른 이유는 발생주의에 따라 회계거래가 식별(인식), 측정, 보고되기 때문이다.

계속기업(going concern)의 가정은 기업실체가 만들어지면 청산하여 없어지지 않는 이상 계속 존속한다는 가정이다. 즉, 회계정보로 제공되는 재무제표는 기업이 영업활동을 지속적으로 수행한다는 가정하에 작성되는 것이다.

계속기업의 가정은 재무제표 항목인 자산, 부채, 자본, 수익, 비용을 역사적 원가주의(historical cost principle)로 측정하는 것을 가능하게 한다. 예를 들어, 건물이나 설비 등을 취득하였을 때 가격으로 장부에 표시하고 이를 예상기간 동안 영업활동에 사용할 것이라 기대하여 사용기간 동안 일정금액을 비용으로 배분하는 감가상각회계의 정당성을 제공한다. 만약 기업이 청산할 것이라고 가정을 한다면, 취득원가보다는 청산시 회수할 수 있는 금액을 장부에 기록하는 것이 더 합리적일 것이기 때문이다.

그 밖에 계속기업의 가정은 회계기간을 주기적으로 설정하여 기간별로 재무제표를 보고하도록 하는 것의 토대가 된다. 만약 계속기업의 가정이 없다면 삼성전자의 이익은 총수익과 총비용을 기업의 설립된 시점부터 청산시점까지를 대상으로 합하여 계산하여 산출하는 것이 가장 정확할 것이다. 그러면 기업은 청산시까지 회계정보 제공을 미루어야 하고 정보이용자는 원하는 시점에 회계정보를 의사결정에 사용할 수 없게 되어 궁극적으로 합리적인 의사결정을 할 수 없게 된다. 이와 같은 이유로 기업은 인위적으로 회계기간을 구분하여 기간별로 경영성과를 측정하고 이를 정보이용자에게 보고하는 것이다.

## 제 2 절 회계정보의 질적특성

회계정보가 유용한 정보가 되기 위해서 갖추어야 할 속성을 회계정보의 질적특성(qualitative characteristic)이라 한다. 회계정보는 화폐로 측정되어 계량화된 정보로 존재하게 되는데, 이러한 회계정보가 정보이용자들에게 유용하기 위해서는 몇 가지 비계량적인 속성인 질적특성을 가져야 한다. 목적적합성과 충실한 표현은 회계정보가 반드시 가져야 할 특성이므로 근본적 질적특성이라 한다. 근본적 질적특성을 보강하는 비교가능성, 검증가능성, 적시성, 이해가능성 등은 보강적 질적특성이라 한다.

## 2.1 근본적 질적특성

### (1) 목적적합성

회계정보는 정보이용자의 의사결정 목적에 적합한 속성을 가져야 한다는 것이 목적적합성(relevance)이다. 목적적합하다는 것은 의사결정시 고려되는 여러 가지 대안을 비교함에 있어 회계정보를 의사결정에 이용했을 때 그렇지 않았을 때보다 유리한 차이를 가져다주는 정보를 의미한다. 즉, 목적적합성은 회계정보이용자의 의사결정에 차이가 나도록 하는 속성이다. 회계정보가 목적적합하기 위해서는 다음과 같은 특성을 가져야 한다.

첫째, 예측가치(predictive value)와 확인가치(feedback value)를 가져야 한다. 예측가치는 회계정보가 기업의 재무상태, 성과, 현금흐름 등 미래의 경제현상을 예측할 수 있는 능력을 의미한다. 확인가치는 회계정보이용자가 회계정보에 대한 당초의 기대치 또는 예측치를 확인함으로써 정보이용자의 의사결정에 영향을 미칠 수 있는 능력을 의미한다.

둘째, 의사결정에 영향을 줄 수 있을 만큼 중요성(materiality)을 가져야 한다.

### (2) 충실한 표현

충실한 표현(faithful representation)이란 회계정보에 대한 중대한 오류나 편의가 없고 표현하고자 하는 측정대상의 속성과 측정치가 일치하고 있는지를 나타낸다. 충실한 표현이 되기 위해서는 정보가 누락되지 않고 나타내고자 하는 현상을 서술하는 데 오류가 없어야 하며(무오류), 특정 이해관계자에게 유리하거나 불리하지 않도록 어느 한쪽으로 치우치지 않아야 한다(중립성). 또한 정보이용자가 의사결정을 하는 데 도움이 되는 모든 회계정보를 제공해야 한다(완전성). 즉, 회계정보가 충실하게 표현되기 위해서는 완전성, 중립성, 무오류의 속성을 가져야 한다. 재무제표의 주석이 충실한 표현의 속성을 제공하는 가장 대표적인 사례라 볼 수 있다.

## 2.2 보강적 질적특성

### (1) 비교가능성

회계정보의 유용성은 삼성전자와 애플을 상호 비교할 수 있을 때 유용성이 높아진다. 또한 삼성전자의 2019년의 재무정보와 2020년의 재무정보를 비교할 수 있을 때 회계정보이용자의 의사결정에 보다 유용하게 사용될 수 있다. 이처럼 비교가능성은 근본적인 질적특성을 보충하기 위해 필요한 보강적 질적특성 중 하나이다. 비교가능성은 크게 기업간의 비교가능성과 기간별 비교가능성으로 구분된다.

기업간의 비교가능성은 다수의 기업들이 동일한 회계처리방법을 이용하여 유사한 보고서를 작성할 때 비교가능성이 높아진다. 기간별 비교가능성은 동일기업이 동일한 회계처리방법을 계속하여 사용하여 일관성이 유지될 때 비교가능성은 높아지게 된다. 삼성전자와 애플을 비교할 수 있는 것은 기업간의 비교가능성, 삼성전자의 2019년의 재무정보와 2020년의 재무정보를 비교할 수 있는 것은 기간간의 비교가능성이 적용되기 때문이다.

### (2) 검증가능성

검증가능성은 동일한 거래나 사건이나 거래에 대하여 다수의 사람이 동일한 방법으로 측정하였을 때 동일한 결론에 도달하는 특성을 말한다. 즉, A라는 사람이 측정을 하든 B라는 사람이 측정을 하든 같은 방법으로 XX라는 사건을 측정하였을 때 같은 결론에 이르는 것을 말한다.

### (3) 적시성

적시성은 회계정보이용자가 어떤 정보를 필요로 할 때 적시에 제공되는 특성을 의미한다.

### (4) 이해가능성

기본적으로 회계정보가 회계정보이용자들의 의사결정에 유용하게 사용되기 위해서는 이해가능성(understandability)이 요구된다. 이해가능성을 갖추기 위해서는 회계정보를 제공하는 회계담당자는 정보이용자가 이해할 수 있도록 회계정보를 제공해야 하며, 회계정보이용자는 이를 이해하는 데 필요한 지식과 회계정보를 분석하기 위한 노력을 제공해야 할 필요가 있다.

## 제 3 절 재무제표 표시의 일반원칙

재무상태표, 포괄손익계산서, 자본변동표, 현금흐름표는 회계정보를 제공해주는 기본 재무제표이다. 재무상태표, 포괄손익계산서, 자본변동표, 현금흐름표는 "일반적으로 인정된 회계원칙"(GAAP)에 따라 작성되어야 한다. GAAP는 다수로부터 권위 있는 지지를 받는 회계원칙을 말한다. 2011년부터 우리나라의 모든 상장기업들은 한국채택국제회계기준(K-IFRS)에 따라 재무제표를 작성해야 한다. 국제회계기준(IFRS)에서는 재무제표의 작성과 표시의 일반원칙을 다음과 같이 규정하고 있다.

### (1) 공정한 표시

재무제표는 기업의 재무상태, 경영성과 및 현금흐름을 공정하게 표시해야 한다. 국제회계기준에 따라 작성된 재무제표는 공정하게 표시된 재무제표로 본다.

### (2) 계속기업의 가정

경영자는 재무제표를 작성할 때 계속기업(going concern)으로서의 존속가능성을 평가해야 한다. 기업이 경영활동을 중단할 의도가 있는 경우가 아니면 계속기업을 가정하여 재무제표를 작성한다.

### (3) 발생주의 회계

기업은 발생주의에 따라 재무제표를 작성한다. 발생주의(accrual basis)는 현금의 수입 및 지출과 관계없이 수익 및 비용이 실제 발생했느냐를 기준으로 인식하여 재무제표를 작성하는 방법이다.

### (4) 중요성에 따른 통합표시

재무제표를 작성할 때 유사한 항목은 중요성 분류에 따라 구분 표시하며, 상이한 성격이나 기능을 가진 항목은 구분하여 표시한다. 다만 중요하지 않은 항목은 성격이나 기능이 유사한 항목과 통합하여 표시할 수 있다.

### (5) 상계표시의 금지

국제회계기준에서 요구하거나 허용하지 않는 한 자산과 부채, 수익과 비용은 상계하지 아니한다.

### (6) 보고빈도

전체의 재무제표는 최소 1년마다 작성한다. 재무제표의 보고기간이 1년을 초과하거나 미달하면 그 이유와 재무제표 금액의 비교가능성이 결여되어 있다는 사실을 공시한다.

### (7) 비교정보의 공시

재무제표의 기간별 비교가능성을 제고하기 위하여 당기의 재무제표에 보고되는 모든 금액에 대해 전기의 금액을 함께 비교 공시한다.

### (8) 표시의 계속성

국제회계기준에서 변경을 요구하거나 다른 표시방법이 더 적절한 경우가 아니면, 재무제표의 기간별 비교가능성, 즉 일관성을 제고하기 위하여 재무제표 항목의 표시와 분류는 매기 동일해야 한다.

## 제 4 절 국제회계기준

높은 품질의 동일한 회계기준을 적용함으로써 회계정보의 신뢰성 확보와 회계투명성을 높이기 위하여 세계적으로 동일한 언어를 사용하여 동일 거래를 표현해야 한다는 국제적 합의가 이루어져 국제회계기준(International Financial Reporting Standards : IFRS)이 전 세계적으로 통용되고 있다.

특히 2002년 미국의 재무회계기준위원회(Financial Accounting Standards Board : FASB)와 국제회계기준위원회(International Accounting Standards Board : IASB)가 "세계적으로 통용되는 하나의 고품질 회계기준"을 만들기 위해 각자의 기준을 2009년까지 일정부분 상호 합치시키기로 하는 Norwalk 협약을 발표함에 따라 국제회계기준의 통합을 더욱 촉진시키는 계기를 만들었고, FASB와 IASB는 앞으로도 단기 및 장기 계획을 세워 통합노력을 계속할 것을 공약하고 있다.

국제회계기준을 제정하고 있는 국제회계기준위원회(IASB)는 그 전신이 1973년에 결성되어 16명의 상임기준위원으로 구성되어 있다. 2005년 EU 28개국은 자국의 기준을 폐기하고 국제회계기준을 전면 수용했으며, 호주, 뉴질랜드, 남아공, 홍콩, 중국도 이미 국제회계기준을 허용하였다. 또한 미국은 2008년부터 자국에 상장하고 있는 외국기업의 국제회계기준 사용을 조건 없이 허용하여 전 세계적으로 120개국 이상이 도입하였다. 우리나라는 상장기업을 대상으로 2011년부터 국제회계기준을 도입하였다.

국제회계기준(IFRS)은 전 세계 국가로부터 재정지원과 회계적 의견을 수렴하여 국제회계기준위원회가 기준서를 제정하고, 국제회계기준해석위원회(International Financial Reporting Interpretation Committee : IFRIC)가 해석서를 제정하여 발표한 단일의 재무회계기준이다. 국제회계기준이 전 세계적으로 허용됨에 따라 글로벌 기업들은 재무제표 작성에 대한 이중 부담이 줄어들어 자원을 보다 효율적으로 사용할 수 있게 되었다. 또한 전 세계적으로 공통 언어인 국제회계기준을 사용함으로써 회계정보에 대한 대내외적인 신뢰성을 높이는 효과를 가져왔다.

국제회계기준을 도입함으로써 회계의 신뢰도 개선뿐 아니라 기대되는 효과는 다음과 같다. 첫째, 국제회계기준이 전 세계적으로 수용되면 국적에 관계없이 기업간 재무제표의 비교가능성은 증가하게 된다.

둘째, 국제자본시장에서의 투자가 국경 없이 효율적으로 이루어지도록 유인하여 세계적 부는 전체적으로 늘어나면서 개별국가간 나타나는 빈부의 격차는 감소하게 된다.

셋째, 기업의 자본조달비용이 감소하여 기업가치 증가에 긍정적인 영향을 미친다.

넷째, 개별국가로 제정하는 회계기준 재정비용이 절감된다.

다섯째, 국가간 쉽게 자본이 이동할 수 있어 기업을 외국 자본시장에 상장하기가 용이하다.

여섯째, 회계전문가에 대한 자격인증이 상호 가능해진다.

## 4.1 국제회계기준 특징

### (1) 원칙중심의 기준체계

전 세계 국가들이 국제회계기준을 도입하여 적용할지라도 회계기준의 적용과 집행은 여전히 개별국가의 통제하에 놓여 있다. 국제회계기준이 "원칙중심의 회계(principles-based accounting)"를 표방하기 때문에 회계기준의 구체적인 적용과 집행의 강도는 국가별로 상이할 가능성이 존재한다.

원칙중심의 기준체계란 구체적인 회계처리방법을 제시하기보다는 회계담당자들이 경제적 실질에 기초하여 합리적으로 회계처리를 할 수 있도록 기본원칙과 방법론만을 제시한 것이다. 즉, 회계담당자들의 전문적인 의사판단이 무엇보다 중요하며, 개별기업에 맞는 회계정보의 생성이 가능한 것이다.

기존의 회계원칙은 회계처리방법에 대해서 구체적인 방법을 제시하는 규칙중심의 회계(rule-based accounting)였다. 국제회계기준(IFRS)은 원칙중심의 회계이기 때문에 회계담당자들의 판단과 역할이 무엇보다 중요하다.

### (2) 연결재무제표

국제회계기준은 형식적인 요건보다는 경제적 실질을 중요하게 보기 때문에 지배회사와 종속회사를 경제적 실질에 따라 하나의 동일한 실체로 보아 연결재무제표를 기본 재무제표로 정하고 있다.

기존의 원칙은 지배회사와 종속회사의 경제적 실질이 유사할지라도 법률적으로 독립된 실체이기 때문에 개별재무제표를 기본 재무제표로 보았다. 국제회계기준을 적용하여 연결재무제표를 작성할지라도 세법 등의 목적을 위해 개별재무제표를 작성해야 한다.

### (3) 공정가치평가

국제회계기준은 정보이용자의 의사결정에 유용한 정보를 제공하기 위해서는 기업의 재무상황 및 내재적 가치를 반영해야 한다. 즉, 경제적 실질을 보다 잘 대변하는 것은 기존의 신뢰성 기준에 따라 역사적 원가주의를 강조하는 것은 물론이고 자산과 부채를 공정가치로 평가하도록 하였다. 즉, 국제회계기준은 기업이 보유하고 있는 자산과 부채를 공정가치로 평가하는 것을 가능하게 함에 따라 기업의 실질을 보다 잘 반영하여 정보이용자의 의사결정에 보다 목적적합한 정보를 제공하게 되는 것이다.

## 4.2 한국회계기준원과 국제회계기준

우리나라에서 회계원칙과 기준을 제정하는 기관은 한국회계기준원(Korea Accounting Institute)이다. 한국회계기준원은 1999년에 기업회계기준의 제정, 개정, 해석 및 질의회신 업무를 수행하기 위하여 설립되었다. 국제회계기준을 도입함에 따라 한국회계기준원은 IASB에서 제정한 IFRS를 한글로 번역하여 한국채택국제회계기준(K-IFRS)을 제정하는 업무를 맡고 있다. 아울러 성공적으로 실무에 K-IFRS를 정착시키기 위해 회계담당자들에게 K-IFRS를 교육시키기 위한 중추적인 역할을 수행하고 있으며, 또한 국제회계기준 제정과정에서 우리나라의 입장을 대변하는 역할을 수행한다.

회계기준은 다양한 이해관계자 집단간에 정치적인 타협과정을 거쳐서 제정되는 경우가 대부분이므로 국제회계기준의 제정과 개정 과정에 우리나라의 이해관계를 반영하는 것이 무엇보다 필요하다. 특히 우리가 사용하는 회계기준을 우리나라가 직접 만들지 않고 국제회계기준위원회에서 만들고 있으므로 한국회계기준원의 역할이 매우 중요하다.

한국회계기준원은 국제회계기준과 관련된 업무 이외에도, K-IFRS를 사용하지 않는 우리나라 기업이 적용해야 하는 일반기업회계기준을 제정하고, 중소기업에 대하여 간편한 회계기준인 중소기업회계기준을 제정한다.

다음은 우리나라의 회계기준을 적용하는 적용대상기업들을 정리하여 요약한 것이다. 우리나라의 회계기준은 크게 3원화 체계로 구성되어 있다. 모든 상장기업은 의무적으로 국제회계기준(K-IFRS)을 적용해야 하고, 비상장기업은 일반회계기준을 적용할 수 있다. 끝으로 중소기업을 대상으로 연결재무제표나 현금흐름표의 작성 등을 의무화하지 않는 중소기업회계기준을 적용한다.

| 회계기준 | 제정주체 | 적용대상기업 |
|---|---|---|
| 한국채택국제회계기준<br>(K-IFRS) | 한국회계기준원<br>(번역과 제정) | 모든 상장기업<br>자발적 채택 비상장기업 |
| 일반기업회계기준 | 한국회계기준원 | 비상장기업 |
| 중소기업회계기준 | 한국회계기준원 | 중소기업 회계처리에 참조 |

회계에 관한 주요 사항이나 회계정보는 누구나 무료로 금융감독원, 한국거래소, 한국회계기준원을 통해 정보를 제공받을 수 있다. 특히, 누구나 금융감독원 전자공시시스템을 통해 관심 기업의 다양한 회계정보를 쉽게 접할 수 있다. 다음은 대표적으로 회계정보를 쉽게 접할 수 있는 웹 주소이다.

| 금융감독원 | www.fss.or.kr |
|---|---|
| 금융감독원 전자공시시스템 | www.dart.fss.or.kr |
| 한국거래소 | www.krx.co.kr |
| 한국회계기준원 | www.kasb.or.kr |
| 한국공인회계사회 | www.kicpa.or.kr |
| 한국회계학회 | www.kaa-edu.or.kr |

## 4.3 연결재무제표 사례

국제회계기준에서는 경제적 실질을 중시하여 연결재무제표를 기본 재무제표로 규정하고 있다. 연결재무제표란 지배, 종속 관계에 있는 2개 이상의 회사를 동일한 기업집단으로 보아 각각의 개별재무제표를 종합하여 작성하는 재무제표이다. 즉, 법률적으로 각각 개별적인 실체일지라도 경제적으로는 하나의 조직체로 보기 때문에 지배회사가 종속회사를 이용하여 분식할 수 있는 비리를 사전에 예방하는 데에도 유용하다. 연결재무제표를 작성하기 위해서는 기업 상호간의 채권이나 채무는 상계를 하고, 내부거래와 내부이익을 제거하여 지배회사와 종속회사의 재무제표를 합산한다. 따라서 경제적 실질로 동일한 하나의 기업집단의 재무상태와 경영성과를 파악할 수 있다.

재무제표 표시의 원칙에 따라 우리나라의 대표기업인 삼성전자의 연결재무상태표와 연결손익계산서, 개별재무상태표와 개별손익계산서를 제시하면 다음과 같다. 삼성전자의 주요 종속기업 여부 판단기준은 최근사업연도말 자산총액 750억원 이상이다. 2018년도말 기준 연결재무제표 작성에 포함되는 삼성전자의 종속기업은 252개사이다.

### 삼성전자 요약 연결재무상태표

2018.12.31. 현재
2017.12.31. 현재
2016.12.31. 현재

(단위 : 백만원)

| 구 분 | 2018년 12월 말 | 2017년 12월 말 | 2016년 12월 말 |
|---|---|---|---|
| 자산 | | | |
| 유동자산 | 174,697,424 | 146,982,464 | 141,429,704 |
| 비유동자산 | 164,659,820 | 154,769,626 | 120,744,620 |
| 자산총계 | 339,357,244 | 301,752,090 | 262,174,324 |
| 부채 | | | |
| 유동부채 | 69,081,510 | 67,175,114 | 54,704,095 |
| 비유동부채 | 22,522,557 | 20,085,548 | 14,507,196 |
| 부채총계 | 91,604,067 | 87,260,662 | 69,211,291 |
| 자본 | | | |
| 자본총계 | 247,753,177 | 214,491,428 | 192,963,033 |
| 자본과부채총계 | 339,357,244 | 301,752,090 | 262,174,324 |
| 연결에 포함된 회사수 | 252개 | 270개 | 169개 |

### 삼성전자 요약 개별재무상태표

2018.12.31. 현재
2017.12.31. 현재
2016.12.31. 현재

(단위 : 백만원)

| 구 분 | 2018년 12월 말 | 2017년 12월 말 | 2016년 12월 말 |
|---|---|---|---|
| 자산 | | | |
| 유동자산 | 80,039,455 | 70,155,189 | 69,981,128 |
| 비유동자산 | 138,981,902 | 128,086,171 | 104,821,831 |
| 자산총계 | 219,021,357 | 198,241,360 | 174,802,959 |
| 부채 | | | |
| 유동부채 | 43,145,053 | 44,495,084 | 34,076,122 |
| 비유동부채 | 2,888,179 | 2,176,501 | 3,180,075 |
| 부채총계 | 46,033,232 | 46,671,585 | 37,256,197 |
| 자본 | | | |
| 자본총계 | 172,988,125 | 151,569,775 | 137,546,762 |
| 자본과부채총계 | 219,021,357 | 198,241,360 | 174,802,959 |

본문에 제시된 2018년 삼성전자의 요약 연결재무상태표에는 총 252개 회사의 재무정보가 합산된 것이다. 2018년도 말 기준으로 볼 때 삼성전자의 자산 규모는 약 339조원이고, 이 중 채권자의 몫인 부채가 차지하는 비중은 약 26%, 91조원이며 주주의 몫인 자본은 약 74%, 247조원이다. 그러나 2018년 삼성전자의 개별재무상태표를 보면 자산 규모는 약 219조원으로 연결재무상태표의 자산총액보다 작으나 252개의 회사와 내부거래를 제거한 연결재무상태표와 비교했을 때 삼성전자가 차지하는 비중이 절대적으로 높음을 알 수 있다. 이와 같이 회계정보이용자는 연결재무상태표와 개별재무상태표를 비교하여 각각의 의사결정에 보다 유용성이 높게 활용될 수 있다.

2018년 삼성전자의 요약 연결손익계산서는 252개의 회사의 손익 현황이 합산된 금액이다. 2018년 1년 동안 삼성전자라는 집단이 벌어들인 수익은 약 243조원이고 당기순이익은 약 44조이며 기타포괄손익 비중이 높지 않아 총포괄이익도 약 44조원이다. 삼성전자 집단에 포함되어 252개사 함께 벌어들인 돈은 약 243조원이고 쓰고 남은 돈이 약 44조원이라는 의미이다. 반면에 삼성전자의 개별포괄손익계산서를 보면 매출액은 170조원, 총포괄이익은 32조원이다. 연결당기순이익 44조원과 비교해보았을 때 개별당기순이익은 연결당기순이익의 약 73% 비중을 차지한다.

요약하면 연결재무정보는 자회사를 포함해 삼성전자 집단의 전체적인 실적을 보여준다. 반면에 개별재무제표는 자회사를 제외한 삼성전자의 순수 영업실적이 얼마나 증가하고 감소하였는지를 나타낸다.

### 삼성전자 요약 연결포괄손익계산서

2018.1.1.부터 2018.12.31.까지
2017.1.1.부터 2017.12.31.까지
2016.1.1.부터 2016.12.31.까지 (단위 : 백만원)

| 구 분 | 2018년 1월~12월 | 2017년 1월~12월 | 2016년 1월~12월 |
|---|---|---|---|
| 매 출 액 | 243,771,415 | 239,575,376 | 201,866,745 |
| 매 출 원 가 | 132,394,411 | 129,290,661 | 120,277,715 |
| 매출총이익 | 111,377,004 | 110,284,715 | 81,589,030 |
| 판매비와 관리비 | 52,490,335 | 56,639,677 | 52,348,358 |
| 영 업 이 익 | 58,886,669 | 53,645,038 | 29,240,672 |
| 당기순이익 | 44,344,857 | 42,186,747 | 22,726,092 |
| 기타포괄손익 | (12,242) | (5,502,257) | 1,991,400 |
| 총포괄손익 | 44,332,615 | 36,684,490 | 24,717,492 |
| 연결에 포함된 회사수 | 252개 | 270개 | 169개 |

### 삼성전자 요약 개별포괄손익계산서

2018.1.1.부터 2018.12.31.까지
2017.1.1.부터 2017.12.31.까지
2016.1.1.부터 2016.12.31.까지 (단위 : 백만원)

| 구 분 | 2018년 1월~12월 | 2017년 1월~12월 | 2016년 1월~12월 |
|---|---|---|---|
| 매 출 액 | 170,381,870 | 161,915,007 | 133,947,204 |
| 매 출 원 가 | 101,666,506 | 101,399,657 | 97,290,644 |
| 매출총이익 | 68,715,364 | 60,515,350 | 36,656,560 |
| 판매비와 관리비 | 25,015,913 | 25,658,259 | 23,009,124 |
| 영 업 이 익 | 43,699,451 | 34,857,091 | 13,647,436 |
| 당기순이익 | 32,815,127 | 28,800,837 | 11,579,749 |
| 기타포괄손익 | (378,321) | 319,724 | 308,057 |
| 총포괄손익 | 32,436,806 | 29,120,561 | 11,887,806 |

**기초 다지기 1**

1. 국제회계기준에서는 경제적 실질에 따라 지배회사와 종속회사를 하나의 동일체로 보아 (        )를 기본 재무제표로 작성한다.
2. 회계원칙의 두 가지 기본가정은 (        ), (        )이다.
3. 회계정보가 유용한 정보가 되기 위해 갖추어야 할 속성을 나타내는 기본적인 질적 특성은 (        ), (        )이다.

**기초 다지기 2**

4. 국제회계기준(IFRS)은 규칙중심의 회계기준체계를 갖추고 있다. (○, ×)
5. 계속기업의 가정은 기업실체가 만들어지면 기업이 청산하지 않는 이상 계속 존속한다는 가정이다. (○, ×)
6. 우리나라의 모든 기업은 한국채택국제회계기준(K-IFRS)에 따라 재무제표를 작성해야 한다. (○, ×)
7. 발생주의에 대한 객관적인 확인이 어려운 경우 현금 유출입에 근거한 현금주의를 적용한다. (○, ×)

**기초 다지기 3**

8. 재무제표 작성과 표시의 일반원칙이 아닌 것은?
   ① 계속기업의 가정
   ② 중요성에 따른 통합표시
   ③ 표시의 계속성
   ④ 상계표시의 허용

9. 국제회계기준을 도입함으로 인해 기대되는 효과로 바르게 설명한 것은?
   ① 기업의 자본조달비용이 감소함에 따라 기업의 가치를 증가시킨다.
   ② 국가간 투자가 증가함에 따라 세계적 부는 증가하나, 국가간의 빈부격차는 점점 커지게 된다.
   ③ 전문화된 기준으로 인해 국가간 자본이동이 어려워질 수 있다.
   ④ 동일한 기준적용을 위해 국가별로 제정하는 회계기준 재정비용이 증가한다.

10. 다음 중 설명 중 옳지 않은 것은?
   ① IFRS는 국가마다 서로 다른 환경을 갖고 있기 때문에 원칙중심의 회계이다.
   ② 아이판다(주)는 외상으로 판매한 스마트폰을 수익으로 인식하지 않았다.
   ③ 발생주의를 적용하는 이유는 일정기간 동안 발생한 경영성과를 합리적으로 측정할 수 있기 때문이다.
   ④ 네이버의 재무제표와 카카오의 재무제표를 상호 비교할 수 있다.

**정답**

**1.** 연결재무제표 **2.** 발생주의, 계속기업의 가정 **3.** 목적적합성, 충실한 표현 **4.** × **5.** ○ **6.** × **7.** × **8.** ④ **9.** ① **10.** ②

## 사례조사 및 함께 생각해 보기

1. 금융감독원 전자공시시스템을 이용하여 관심기업의 재무제표를 찾아봅시다.
2. 관심기업의 재무상태표, 포괄손익계산서가 기본 원칙에 의해 작성되었는지 설명해 봅시다.
3. 회계정보의 질적특성을 적용하여 관심기업의 재무제표를 보고 토론해 봅시다.

CHAPTER

# 3

# 재무상태표의 주요 내용

제3장에서는 재무회계의 가장 기초가 되는 재무상태표의 의미와 개념을 설명하고, 재무상태표를 구성하고 있는 자산이 무엇인지, 부채가 무엇인지, 자본이 무엇인지를 살펴본다. 아울러 기업의 재무구조를 파악하는 재무상태표의 주요 항목들의 개념을 이해하고 학습한다.

제 1 절 재무상태표
제 2 절 자 산
제 3 절 부 채
제 4 절 자 본
제 5 절 기업사례 살펴보기

# 제 1 절 재무상태표

## 1.1 재무상태표 의의

재무상태표(statement of financial position)란 기업의 일정시점의 재무상태를 나타내는 재무보고서로 기본 재무제표 중 하나이며 대차대조표(balance sheet)라고도 한다. 재무상태란 기업이 소유하고 있는 경제적 자원의 재산 가치 및 채권자와 주주에게 지급해야 할 의무를 나타낸 것이며, 자산, 부채 및 자본으로 구성되어 있다.

재무상태표상의 자산은 제품이나 서비스를 생산하고 판매하는 데 필요한 경제적 자원으로, 이는 기업의 운영상황을 나타낸다. 일반적으로 자산은 크게 유동자산과 비유동자산으로 분류한다. 부채와 자본은 기업을 운영하고 관리하기 위해 필요한 자본을 어떻게 조달했는지를 보여주는 것으로 채권자나 주주로부터 조달한 각각의 자금규모를 표시하며, 이는 기업의 재무활동의 결과를 의미한다. 즉, 부채는 채권자와 같이 타인으로부터 조달한 재원으로 채권자의 지분을 나타내고, 유동부채와 비유동부채로 분류된다. 자본은 주주로부터 조달한 재원으로 소유주에게 귀속되는 지분으로 자산에서 부채를 차감하고 남은 부분이다.

기업이 계속적으로 경영활동을 수행하는 과정에서 기업의 자산, 부채, 자본의 크기는 일정한 것이 아니라 변화하게 된다. 예를 들어, 작년에는 채권자에게 차입한 자금의 규모가 컸으나 당해연도에 부채의 대부분을 상환했다면 당해연도 기준으로 볼 때 부채의 크기는 감소하게 된다. 이처럼 기업이 계속적으로 경영된다면 시점에 따라 기업의 자산, 부채, 자본의 크기가 다르기 때문에 재무상태표는 일정시점을 기준으로 작성하게 되는 것이다.

## 1.2 재무상태표 등식

재무상태표에 표시되는 자산, 부채 및 자본은 조달한 자금의 크기와 운용한 자금의 크기를 나타내며, 이는 항상 같게 된다. 이를 회계등식(accounting equation) 또는 재무상태표 등식이라 한다.

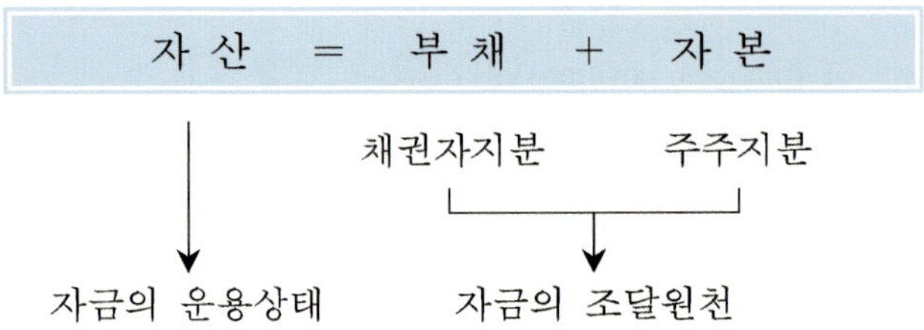


회계등식의 왼쪽은 기업이 조달한 자금을 가지고 어떠한 자산들을 취득하고 운용하고 있는지를 나타낸다. 즉, 자산은 조달한 자금의 운용상태를 의미한다. 회계등식의 오른쪽은 그 자산들을 취득하기 위해 자금의 조달원천을 보여준다. 기업의 자산은 채권자나 소유주인 주주로부터 조달한 자금으로 취득하고 운영한 결과이며, 부채는 조달한 자금 중에서 채권자의 지분을, 자본은 주주의 몫을 나타낸다.

회계등식을 T계정을 이용해서 표현하면 왼쪽을 차변(debit)이라 하고 오른쪽을 대변(credit)이라 하며, 회계거래를 장부에 기록할 때에도 동일하게 차변과 대변을 이용하여 기입한다. 일반적으로 재무상태표에서 자산은 왼쪽 '차변'에 표시하고 부채와 자본은 오른쪽 '대변'에 표시한다.

T계정

| 차변(debit) | 대변(credit) |
|---|---|
| 자산 | 부채<br>자본 |

예를 들어, 주주에게 500만원을 조달하고 채권자로부터 500만원을 조달하면

이용가능한 자본은 총 1,000만원이다. 이를 가지고 건물 200만원, 공장 300만원, 기계 100만원, 상품 150만원, 금융상품 50만원을 구입하고 현금 200만원을 보유한 운용상태를 나타낸 것이다. 즉, 채권자와 주주로부터 조달한 자금이 1,000만원이며, 이를 사용하고 운영한 결과도 동일하게 1,000만원이 되어 자금의 조달원천과 운영상태는 같게 되는 것이다. 따라서 자산은 부채와 자본을 합한 것과 같다는 회계등식이 항상 성립하게 된다.

| 자산 | | | |
|---|---|---|---|
| 현금 | 200만원 | | |
| 상품 | 150만원 | 부채 | 500만원 |
| 금융상품 | 50만원 | | |
| 건물 | 200만원 | 자본 | 500만원 |
| 공장 | 300만원 | | |
| 기계 | 100만원 | | |
| 총계 | 1,000만원 | 총계 | 1,000만원 |

## 1.3 재무상태표 양식

재무상태표의 양식은 계정식과 보고식으로 구분된다. 계정식은 T자 모양으로 재무상태표를 왼쪽과 오른쪽으로 구분하여 왼쪽에는 자산을 표시하고, 오른쪽에는 부채와 자본을 보고하는 방법이다. 계정식의 재무상태표는 회계등식이 성립함을 쉽게 이해할 수 있다. 보고식이란 계정식처럼 왼쪽과 오른쪽으로 구분하지 않고 위에서부터 아래로 자산, 부채, 자본의 순서대로 나열하는 방법이다.

본서에서는 금오(주)의 계정식 재무상태표의 예를 보이고 있다. 금오(주)의 자금의 운용상태를 살펴보자(단, 단위는 천원임). 금오(주)의 자산총계는 ₩280,000이며, 이 중 1년 이내에 현금화할 목적으로 유동자산을 ₩18,500만큼 운용하고 있다. 또한 장기적인 관점에서 수익창출에 기여하거나 미래 투자목적을 위해 비유동자산을 ₩261,500만큼 운용하고 있다.

반면에 금오(주)의 자금조달 원천을 살펴보자. 채권자로부터 조달한 부채총계는 ₩205,000이며, 이 중 1년 이내에 상환해야 할 유동부채는 ₩46,000이고 비유동부채는 ₩159,000이다. 또한 주주지분인 자본총계는 ₩75,000으로 나타나고 있다. 따라서 앞에서 설명한 회계등식에 따라 부채와 자본 총계는 ₩280,000으로 자산총계 ₩280,000과 일치하고 있다.

재무상태표

금오(주) 20×1년 12월 31일 현재 (단위 : 천원)

| 자 산 | 금 액 | 부채 · 자본 | 금 액 |
|---|---|---|---|
| 자 산 | | 부 채 | |
| 1. 유동자산 | ₩18,500 | 1. 유동부채 | ₩46,000 |
| 현금및현금성자산 | 2,000 | 단기차입금 | 21,000 |
| 매출채권 | 12,500 | 매입채무 | 35,000 |
| 재고자산 | 4,000 | | |
| | | 2. 비유동부채 | 159,000 |
| 2. 비유동자산 | 261,500 | 사 채 | 136,000 |
| (1) 투자자산 | 14,000 | 장기차입금 | 23,000 |
| 장기금융자산 | 4,000 | 부채총계 | ₩205,000 |
| 투자부동산 | 10,000 | | |
| | | 자 본 | |
| (2) 유형자산 | 230,000 | 1. 자 본 금 | ₩40,000 |
| 토 지 | 150,000 | | |
| 건 물 | 80,000 | 2. 자본잉여금 | 20,000 |
| (3) 무형자산 | 17,500 | 3. 자본조정 | (1,000) |
| 영 업 권 | 4,000 | | |
| 산업재산권 | 13,500 | 4. 기타포괄손익누계액 | 8,000 |
| | | 5. 이익잉여금 | 8,000 |
| | | 자본총계 | ₩75,000 |
| 자산총계 | ₩280,000 | 부채와 자본 총계 | ₩280,000 |

## 1.4 재무상태표와 손익계산서의 관계

재무상태표는 일정시점에 자산, 부채, 자본이 각각 얼마나 남아 있는지 해당 항목의 잔액(balance)을 나타낸다. 다음 장에서 다룰 손익계산서는 재무상태표와 어떤 관련성이 있는지 생각해 보자. 앞에서 설명했던 것처럼 손익계산서의 당기순이익은 재무상태표의 자본을 구성하는 이익잉여금 항목에 누적되어 표시된다. 손익계산서의 당기순이익은 일정기간 동안 수익에서 비용을 차감하고 최종적으로 남은 부분으로 주주의 몫으로 귀속되기 때문에 재무상태표의 자본이 된다. 손익계산서는 일정기간 동안 경영성과를 표시하며, 그 결과는 재무상태표에 누적되어 이익잉여금으로 나타난다. 이와 같이 손익계산서와 재무상태표는 각각 별도의 재무보고서이지만 상호 유기적으로 연계되어 있다.

| 재무상태표<br>20×1.12.31 현재 | | | |
|---|---|---|---|
| 자 산 | 2,000 | 부 채 | 700 |
| | | 자 본 | 1,300 |
| | | 자 본 금 | 1,000 |
| | | **이익잉여금** | **300** |

| 손익계산서<br>20×1.1.1～20×1.12.31 | |
|---|---|
| 수 익 | 1,000 |
| 비 용 | (700) |
| 이 익 | 300 |

# 제 2 절 자 산

## 2.1 자산의 기본개념

자산(assets)이란 기업이 소유하고 있는 경제적 자원으로서 과거 사건의 결과로 기업이 통제하고 있고, 미래 경제적 효익(future economic benefits)이 유입될 것으로 기대되는 자원이다. 즉, 자산이란 기업에 귀속된 자원을 사용할 수 있는 권리이다. 보통 자산은 현금뿐 아니라 재화인 상품, 비품, 건물, 토지, 차량, 기계, 설비와 매출채권, 대여금, 유가증권 등과 같은 금융상품이 있으며 이들은 미래 언젠가 기업에 현금으로 유입된다. 이처럼 자산은 미래의 현금흐름을 창출할 수 있는 능력을 나타내기 때문에 경제적 효익을 제공할 수 있는 잠재력을 의미한다.

재무상태표에 자산으로 표시되기 위해서는 다음과 같은 조건을 충족해야 한다. 첫째, 기업실체의 과거 사건의 결과로 발생한 것으로 기업실체가 소유하여 배타적으로 사용할 수 있는 권리가 있어야 한다. 예를 들어, 프로선수나 회사에 소속된 연예인들에게 지급하는 전속계약금은 기업실체가 소유하고 통제하여 배타적으로 사용할 권리가 있어 재무상태표에 자산으로 보고된다. 둘째, 자산으로 계상하기 위해서는 기업실체가 소유하고 통제할 뿐 아니라 미래에 해당기업에 경제적 효익을 창출해야 한다. 예를 들어, 기업이 소유하고 있는 상품이나 제품이 이미 부패되거나 진부화되어 판매할 수 없다면 자산으로 기록하지 않고 비용으로 계상하게 되는 것이다. 셋째, 자산으로 보고되기 위해서는 반드시 화폐로 측정할 수 있어야 한다. 예를 들어, 외부에서 구입한 상표권은 취득 당시 그 가치를 화폐로 측정할 수 있어 자산으로 기록하나 기업 내부에서 개발한 브랜드는 경제적으로 가치가 있을지라도 객관적으로 그 가치를 화폐로 측정할 수 없기 때문에 재무상태표에 자산으로 보고하지 않는다.

자산은 통상적으로 1년을 기준으로 유동자산과 비유동자산으로 구분된다. 유동자산(current assets)이란 현금, 매출채권, 재고자산 등과 같이 1년 또는 정상영업주기(business operating cycle) 이내에 현금화로 전환이 용이한 자산이다. 반면에 비유동자산(non-current assets)은 장기적으로 영업활동에 사용할 목적으로 보유하고 있는 기계, 토지, 건물, 설비, 특허권, 영업권 등으로 1년 이내에 현금화가 어려운 자산이다. 보통 이러한 비유동자산들은 장기적으로 기업의 수익창출에 기여하거나 투자목적으로 보유한다. 구체적으로 자산 분류에 대한 내용은 다음 항에서 설명한다.

## 2.2 자산의 분류

### (1) 유동자산

유동자산은 현금이나 1년 또는 정상영업주기 이내에 현금화할 수 있는 자산으로 크게 당좌자산과 재고자산으로 구분된다. 정상영업주기란 제품(상품)을 생산(구입)해서 판매한 후 현금으로 회수하는 일련의 과정을 의미한다. 예를 들어 기업이 신용으로 상품을 구입하면 매입채무라는 부채가 발생하고 이를 신용으로 판매하면 매출채권이라는 자산이 발생한다. 기업은 매출채권을 현금으로 회수해서 매입채무를 현금으로 상환해야 하며 이러한 과정은 지속적으로 반복되기 때문에 이를 정상영업주기라 한다. 즉, 영업주기는 제품을 만들어서 판매한 후 현금으로 기업에 유입되는 과정을 의미한다. 건설업이나 중공업과 같이 업종에 따라 정상영업주기는 1년을 초과하는 경우가 있기 때문에 1년 이내 기준보다 우선시된다.

유동자산으로 분류되기 위해서는 다음의 조건을 충족해야 한다. 첫째, 사용의 제한이 없거나 제한기간이 1년 이내인 현금이나 현금성자산이어야 한다. 예를 들어, 1년 이상의 정기예금이나 사용목적이 제한되어 있는 적금은 유동자산으로 구분되지 않는다. 둘째, 정상적인 영업주기 내에 수익이 실현될 것으로 기대되거나, 판매 또는 자가소비 목적으로 보유하고 있는 자산이다. 예를 들어, 판매를 목적으로 보유하고 있는 재고자산은 1년 이내에 현금화가 되지 않더라도 유동자산으로 분류한다. 셋째, 단기매매 목적으로 보유하고 있는 유가증권이나 채권 또는 보고일로부터 1년 이내에 수익이 실현되거나 현금회수가 예상되는 것은 유동자산에 포함한다. 예를 들어, 신용판매로 인해 발생한 매출채권은 이와 같은 이유로 유동자산으로 분류된다. 그 밖의 자산은 모두 비유동자산으로 분류된다.

자산을 유동자산과 비유동자산으로 엄격하게 구분하는 것은 기업의 유동성을 평가할 단기간에 현금화가 되기 어려운 자산을 유동자산에 포함시켜 유동성을 높게 보고할 위험이 있기 때문이다. 이는 기업이 부채를 상환하지 못하면 파산의 위험이 높아 유동성을 엄격하게 관리하는 데서 기인한다.

유동자산 중 가장 빨리 현금화할 수 있는 자산을 당좌자산(quick assets)이라 한다. 당좌자산은 현금 및 현금으로 대체할 수 있는 자산을 의미하며 유동자산에서 재고자산을 차감한 금액과 같다. 당좌자산으로 보통 현금및현금성자산, 유가증권이나 채권 중 단기매매 목적으로 자본이익(capital gain)을 위해 보유하고 있는 당기손익인식금융자산, 매출채권(외상매출금과 받을어음), 단기대여금, 선급비용 등이 있다.

재고자산(inventory)은 판매를 목적으로 보유하거나 제품의 생산을 위하여 사용되는 자산이다. 상품, 제품, 재공품, 원재료 등이 재고자산에 기록된다. 상품과 제품은 판매가 가능한 완제품의 형태이고 재공품은 가공중에 있는 제품으로 아직 완성되지 않은 미완성 제품이다. 일반적으로 제조업과 유통업 등은 재고자산의 비중이 높으나 서비스산업의 경우 서비스(용역)를 제공하기 때문에 재고자산이 없다.

### (2) 비유동자산

비유동자산은 현금으로 전환하기보다는 투자목적이나 영업활동에 사용하기 위해 보유한 자산으로 장기적으로 운용된다. 장기보유 목적으로 소유하고 있는 금융자산은 유동성이 높을지라도 비유동자산으로 분류한다. 예를 들어, 만기일과 지급금액이 고정되어 있는 채권 등의 상각후원가측정금융자산과 단기매매목적인 아닌 기타포괄손익인식금융자산은 비유동자산으로 구분한다. 보통 비유동자산은 미래의 수익창출에 공헌할 것으로 기대하기 때문에 위험이 높고 유동성이 떨어지며 금액이 크다. 기업은 토지를 투자목적으로 미래에 가치가 상승할 것을 기대하여 보유할 수 있다. 이런 토지를 매각한다면 1년 이내 원하는 가격을 받기 어려워 매각기간이 장기화되어 1년 이내에 현금으로 전환이 쉽지 않기 때문에 토지는 대표적인 비유동자산이다.

비유동자산은 크게 투자자산, 유형자산, 무형자산으로 구분한다.

첫째, 투자자산(long-term investment)은 장기적인 투자수익이나 다른 기업에 영향력을 행사하거나 지배를 목적으로 보유하는 자산이다. 장기적으로 투자수익을 목적으로 한다는 것은 기업이 여유자금을 운용하여 재테크를 목적으로 투자하는 자산을 의미한다. 기업이 영업활동에 사용하지 않고 보유하고 있는 투자부동산, 관계회사주식을 제외한 자본이득을 목적으로 보유하는 주식(예 : 기타포괄손익인식금융자산) 및 장기대여금 등이 투자수익을 목적으로 운영하는 투자자산이다. 다른 기업에 영향력을 행사하거나 지배를 목적으로 보유하는 투자자산으로 관계기업투자주식, 관계회사 장기대여금 등이 있다. 이러한 목적 이외에 기타 성격으로 퇴직금 지급이나 설비확장 등의 특정목적으로 보유하고 있는 장기성예금, 장기대여금, 장기금융자산, 장기성매출채권, 장기선급비용 등이 있다.

둘째, 유형자산(property, plant and equipment)은 장기간 영업활동에 사용하는 실물자산으로서 물리적 형체가 있는 자산이다. 대표적으로 토지, 건물, 기계장치, 비품, 건설중인 자산, 차량운반구, 선박, 비품, 컴퓨터, 장비 등이 포함된다.

셋째, 무형자산(intangible assets)은 기업의 수익창출에는 기여하지만 유형자산과 달리 물리적 형체가 없는 식별가능한 자산이다. 무형자산은 보통 장기간 영업활동을 위해 사용될 목적으로 보유하고 있는 계약이나 법률적 권한 등을 말한다. 예를 들면, 영업권, 산업재산권, 개발비, 프랜차이즈, 저작권, 광업권, 어업권, 라이선스, 특허권, 실용신안권, 상표권 등이 무형자산에 해당된다.

## 2.3 주요 유동자산 항목

주요 유동자산 항목에 대한 개념과 세부적인 사항을 설명한다.

### (1) 현금및현금성자산

현금및현금성자산이란 통화 및 통화대용증권이나 당좌예금, 보통예금과 같은 큰 거래비용 없이 현금으로 전환이 용이한 금융상품으로서 취득 당시 만기일이 3개월 이내인 것을 말한다. 즉, 현금성자산은 현금의 단기적인 운용을 목적으로 취득한 유동성이 가장 높은 단기금융자산이다. 현금및현금성자산은 기업의 유동성을 판단하는 중요한 정보이므로 재무상태표상에서 첫 번째 항목으로 표시된다.

현금은 유동성이 강하여 부정이나 오류가 발생하기 쉬우므로, 내부통제시스템을 이용하여 관리 및 통제한다. 예를 들면, 현금이나 당좌예금의 수납과 지출은 담당자간의 권한과 책임이 분리되어야 하고, 현금잔액(cash balances)은 항상 일정한 수준을 유지하여 경영에 지장을 가져오지 않도록 한다.

### (2) 당기손익인식금융자산

다른 회사의 주식이나 채권 등과 같은 유가증권 중 단기적 자금운영 목적으로 소유하고 있는 것이 당기손익인식금융자산이다. 예를 들어, 20×1년 3월 삼성전자 주식을 단기매매목적으로 6만원에 구입을 하였다. 그런데 20×1년도 말에 재무상태표를 작성하는 시점에 삼성전자 주식가격이 10만원으로 상승하였다면 20×1년도 말 재무상태표에 당기손익인식금융자산을 얼마로 표시하는 것이 합리적인지 생각해보자. 첫째, 취득원가로 표시하는 것이다. 6만원을 주고 취득했으니 재무상태표에 6만원으로 표시한다. 둘째, 공정가치로 표시하는 방법이 있다. 20×1년도 말에 시장에서 10만원이므로 재무상태표에 10만원으로 표시한다. 공정가치인 시가로 표시한다면 보유로 인해 차익 4만원이 발생하게 된다. 당기손익인식금융자산 평가는 취득원가 6만원으로 표시하지 않고 시장에서 형성되어 있는 공정가치에 따라 10만원으로 평가한다. 재무상태표에 당기손익인식금융자산은 회계연도 말에 취득원가보다 공정가치가 높으면 평가이익이 발생하게 되고, 취득원가보다 공정가치가 낮으면 평가손실이 발생한다. 당기손익인식금융자산의 평가손익은 당기손익에 반영된다. 또한 처분시 당기손익인식금융자산의 장부가액보다 처분가액이 높으면 처분이익이 발생하게 되고, 장부가액보다 처분가액이 낮으면 처분손실이 발생한다.

### (3) 대여금

기업이 차용증서나 어음을 받고 돈을 빌려준 것이 대여금이다. 대여금은 결산을 기준으로 1년 이내에 회수할 수 있는 경우를 단기대여금이라고 하고, 1년 이상인 경우에 장기대여금이라 한다.

### (4) 매출채권

상품의 외상거래에서 발생하는 외상매출금과 받을어음을 합하여 매출채권이라 한다. 매출채권은 기업의 일반적인 상거래에서 신용으로 상품이나 제품을 판매하거나 용역을 제공하고 수취한 채권이다. 매출채권은 회수가능성이 희박한 부실채권을 평가하여 매년 회계연도 말에 회수가 불가능한 금액을 추정하여 대손상각 처리한다.

### (5) 미수금

일반적인 상거래가 아닌 영업외활동에서 발생한 채권이 미수금이다. 상품 이외에 비품이나 토지, 건물, 차량 등을 외상으로 처분하고 대금을 받지 못한 경우 미수금이라는 자산이 발생한다.

### (6) 선급금

선급금은 상품매매가 이루어지기 전에 상품의 매매계약을 확실히 하기 위하여 대금을 미리 지급한 것이다. 상품이나 원재료 등을 구입하기로 하고 대금을 미리 지급하였을 때 선급금이라는 자산이 발생한다. 우리가 여행을 갈 때 항공권 값을 미리 지불하는 것이 바로 선급금이다.

### (7) 재고자산

재고자산은 기업이 판매를 목적으로 하거나 내부적으로 사용할 목적으로 보유하고 있는 자산이다. 상품, 제품, 재공품, 원재료, 저장품 등이 재고자산이다. 상품, 제품 등이 판매되지 않아 보유하고 있으면 재무상태표에 재고자산으로 표시되고, 이것이 판매되면 손익계산서에 매출원가로 계상되기 때문에 재고자산의 단가와 수량을 결정하는 것이 중요하다. 선입선출법, 평균법, 개별법 등을 이용하여 재고자산의 단가를 결정하게 된다.

### (8) 소모품

소모품은 업무용으로 사용되는 종이, 문구류, 청소도구 등을 말한다. 자산이나 소모품이 사용되고 없어지면 소모품비가 된다.

### (9) 대손충당금

거래처가 파산하거나 고객이 채무를 이행하지 않아 기업이 매출채권을 회수할 수 없을 때 대손상각비가 발생하게 된다. 매년 발생한 대손상각비를 누적시킨 금액으로 표시한 것이 대손충당금이며, 이는 매출채권의 차감계정으로 표시된다. 즉, 대손이 발생할 경우 매출채권을 직접 감소시키지 않고 대손충당금이라는 간접계정을 사용하는 이유는 원래의 매출채권 크기를 알 수 있고, 회수불가능하여 자산손상이 발생한 대손금액도 알 수 있기 때문이다.

## 2.4 주요 비유동자산 항목

비유동자산의 주요 항목에 대한 개념과 세부적인 사항을 설명한다.

### (1) 토 지

영업활동에 사용할 목적으로 보유하고 있는 대지, 임야, 전답, 잡종지 등이며 토지는 공장이나 사무실을 짓는 용도로 사용된다. 만약, 부동산매매업이 기업의 주요 영업활동이라면 토지는 상품이라는 재고자산으로 분류된다.

### (2) 건 물

영업활동에 사용할 목적으로 보유하고 있는 건물과 냉난방, 조명, 통풍 및 기타 건물부속설비가 재무상태표에 건물로 표시된다. 건물의 취득원가에는 건물을 본래 용도로 사용하기까지 지출된 모든 금액이 포함된다.

건물이나 설비자산 등 유형자산은 사용기간 동안 합리적인 방법으로 원가를 배분함으로써 감가상각비라는 비용이 발생하여 손익계산서에 보고된다.

### (3) 설비자산

설비자산은 기업의 영업활동에 사용되는 자산으로 기계설비, 사무용가구와 비품, 컴퓨터, 트럭, 차량운반구, 책상, 공장시설 등이다.

### (4) 감가상각누계액

토지를 제외한 유형자산의 취득원가 중 비용으로 계상되어 현재까지 소멸된 원가를 누적한 것을 감가상각누계액이라 한다. 즉, 감가상각누계액은 매년도 말에 보고되는 감가상각비를 누적시킨 금액이며 해당 유형자산의 차감항목으로 보고된다.

### (5) 영업권

기업이 제3의 다른 기업을 인수·합병할 때 그 회사의 순자산액보다 더 많은 금액을 지급한 경우 영업권이 발생한다. 즉, 합병회사의 순자산액보다 합병대가를 더 많이 지급한 경우 순자산액과 합병대가 간의 차이가 바로 영업권이다. 영업권은 동종산업에 속한 기업의 평균이익에 대한 초과이익의 대가로 기업의 입지조건이나 상호, 상표, 가치 등에 의해 생성되는 것이다.

자가창출한 영업권은 자산으로 인정하지 않으며, 영업권은 다른 무형자산과 달리 상각하지 않고 매년도 말에 손상여부를 검토한다.

### (6) 산업재산권

산업재산권은 법률상의 권리를 나타내는 특허권, 실용신안권, 상표권 등을 취득할 때 지출한 금액을 나타낸 것이다. 산업재산권은 외부에서 취득한 것이 아니라 창의나 발명에 의하여 취득한 경우에는 이에 소요된 연구비, 특허출원료, 등기료, 수수료 등을 포함한 금액이 산업재산권의 취득원가가 된다.

그러나 삼성, 코카콜라, 애플, LG 등과 같은 브랜드는 경제적 가치가 크지만 미래의 경제적 효익을 신뢰성 있게 측정할 수 없기 때문에 무형자산으로 계상하지 않는다.

### (7) 개발비

특정 신제품이나 신기술의 개발과 관련하여 발생한 비용으로서 미래의 경제적 효익의 유입이 확실시되는 것은 무형자산인 개발비로 처리한다. 그러나 신제품이나 신기술 개발과 관련하여 경상적으로 발생한 지출이나 금액이 적은 경우에는 판매비와 관리비 항목으로 처리한다.

## 2.5 주요 자산항목 회계처리 사항

### (1) 현금및현금성자산

현금및현금성자산은 보유하고 있는 현금과 요구불예금을 포함하여 유동성이 높은 단기 투자자산으로 확정된 금액이 큰 거래비용 없이 현금으로 전환이 용이하고 가치변동 위험이 매우 작은 자산이다. 통화, 자기앞수표, 타인발행당좌수표, 우편환증서, 배당금지급통지표, 만기도래공사채이자표뿐 아니라 취득 당시 만기가 3개월 이내인 채권, 정기예금, 양도성예금증서, 기업어음, 환매조건부채권 등이 현금및현금성자산에 포함된다.

<table>
<tr><td rowspan="3">현 금</td><td>통 화</td><td>지폐, 동전</td></tr>
<tr><td>통화대용증권</td><td>타인발행수표, 우편환증서, 송금환, 배당금지급통지표, 만기도래공사채이자표</td></tr>
<tr><td>요구불예금</td><td>보통예금, 당좌예금</td></tr>
<tr><td colspan="2">현금성자산</td><td>취득 당시 만기가 3개월 이내인 금융상품</td></tr>
</table>

예제 1

| | | | |
|---|---|---|---|
| 당좌예금 | 10,000 | 타인발행수표 | 15,000 |
| 정기예금(1년 만기) | 5,000 | 우편환증서 | 2,000 |
| 양도성예금증서(190일 만기) | 6,000 | 배당증권 | 3,000 |
| 지급일이 도래한 이자표 | 4,000 | 대여금(120일 만기) | 10,000 |

위 자료를 이용하여 현금및현금성자산을 계산해 보면 재무상태표에 현금및현금성자산으로 기록되는 금액은 34,000원이며 다음과 같다.

현금및현금성자산＝10,000(당좌예금)＋15,000(타인발행수표)＋2,000(우편환증서)
＋3,000(배당증권)＋4,000(이자표)＝34,000원

현금및현금성자산은 중요성이 가장 높은 자산일 뿐 아니라 유동성 또한 가장 높다. 이에 따라 현금은 여러 거래에서 빈번하게 사용되므로 도난 및 사고의 가능성이 높아 은행을 통한 거래나 내부통제시스템 등을 운영하여 현금관리를 한다.

현금관리로 사용하는 주요 도구 중 하나는 현금의 입출금을 은행을 통해 하는 것이나 예금과 출금의 시간적 차이로 인해 기업에서 관리하고 있는 예금계정과 은행에서 관리하고 있는 예금계정 간에 차이가 발생한다. 은행계정조정표는 일정시점에서 회사측의 예금잔액과 은행측의 장부상 예금잔액을 일치시키기 위해 조정하는 작업이다.

회사측의 잔액과 은행측의 잔액이 불일치하는 원인을 찾아 회사측과 은행측에서 각각 가산하거나 차감하여 조정한다. 불일치하는 주요 원인은 다음과 같다.

| | 회사측의 잔액 | 은행측의 잔액 |
|---|---|---|
| **수정전 잔액** | ○○○ | △△△ |
| ① 미결제수표 | | − |
| ② 미기록예금 | | + |
| ③ 미통지예금 | + | |
| ④ 은행수수료 | − | |
| ⑤ 이 자 비 용(또는 이자수익) | −(또는 +) | |
| ⑥ 부 도 수 표 | − | |
| ⑦ 기 장 오 류* | + 또는 − | + 또는 − |
| **수정후 일치된 잔액** | ××× | ××× |

첫째, 미결제수표이다. 기업은 수표를 발행하여 대금을 지급하고 당좌예금계정을 감소시켰으나 발행한 수표가 아직 은행에 청구되지 않아 지급되지 않은 경우이다. 은행이 기록하는 당좌예금계정에는 지급되지 않은 것으로 기록되어 있기 때문에 은행측 잔액에서 차감한다.

둘째, 미기록예금이다. 기업이 은행의 업무 마감 후에 입금하거나 타지역에서 송금하여 아직 은행에 통지되지 않은 경우가 있다. 이러한 경우에는 은행측의 장부에 입금으로 기록되어 있지 않기 때문에 은행측 잔액에 가산하여 조정한다.

셋째, 미통지예금이다. 기업의 거래처가 예정일보다 빨리 대금결제를 통지하지 않고 입금할 수 있다. 이 경우 은행측 잔액에는 반영되어 있으나 기업의 장부에는 반영되어 있지 않기 때문에 회사측 잔액에 가산하여 조정한다.

넷째, 은행수수료이다. 은행은 당좌거래나 기타 서비스를 제공한 대가로 일정 수수료를 부과하는 경우가 있는데, 이 경우 은행은 즉각적으로 기업의 당좌예금계정에서 직접 차감한다. 그러나 기업이 이러한 사실을 통보받지 못한 시점에서 잔액을 조회하게 되면 회사측의 잔액이 과대계상되어 있다. 따라서 회사측 잔액에 은행수수료를 차감하여 조정한다.

다섯째, 이자비용이나 이자수익이다. 은행은 기말이 되면 기업의 예금이나 차입금에 대해 이자를 계산하고 기업의 당좌예금계정에 반영한다. 기업이 이러한 사실을 통보받지 못한 경우에는 회사측 잔액에서 이자비용은 차감하고 이자수익은 가산하여 조정한다.

여섯째, 부도수표이다. 기업의 거래처로부터 예입된 수표가 부도처리되었을 때 은행은 즉각적으로 부도수표로 처리한다. 즉, 기업의 거래처로부터 받은 수표가 거래처의 잔액부족으로 인해 지급이 거절된 경우 회사에 미통지 상태에서 은행은 회사측 당좌예금잔액에서 이미 부도수표 금액을 차감한다. 따라서 부도수표는 회사측 장부에서 차감하여 조정한다.

그 밖의 회사측 오류나 은행측 오류가 있는 경우에는 각각 회사측 잔액이나 은행측 잔액에서 가감하여 수정한다.

**예제 2**

미남주식회사(회계연도 : 20×1. 1. 1~20×1.12.31)의 20×1년 12월 31일 현재 은행계정명세서상(은행측)의 잔액은 50,450원, 미남주식회사의 장부상의 잔액은 41,800원으로 차이가 있는 것으로 밝혀졌다. 이에 회계담당자인 김칼날 씨는 차액에 대한 원인을 파악하는 과정에서 다음과 같은 사실을 발견하였다.

- 회사가 발행한 수표 7,100원이 아직 당좌예금계정에서 인출되지 않았다.
- 12월 31일에 예금한 3,100원이 은행 영업시간 마감으로 인해 은행계정명세서상 입금으로 표시되지 않았다.
- 12월 31일, 예입자 A거래처의 명의로 5,000원이 은행계정명세서상에 온라인으로 입금표시되어 있었다. A거래처에 문의한 결과 전월의 외상매출에 대한 입금임을 확인하였으나, 미남주식회사의 장부에는 아직 이러한 사실이 기록되지 않고 있었다.
- 12월 31일, 거래처로부터 수령하여 미남주식회사가 예금한 350원의 수표가 부도로 처리되었다. 미남주식회사의 장부에는 아직 이러한 사실이 기록되지 않고 있었다.

미남주식회사의 은행계정조정표를 작성하면 다음과 같다.

은행계정조정표

미남주식회사 20×1년 12월 31일 (단위 : 원)

| 회사 장부상 금액 | 41,800 | 은행측 잔액 | 50,450 |
|---|---|---|---|
| 가산항목 : 미통지예금 | 5,000 | 가산항목 : 미기록예금 | 3,100 |
| 차감항목 : 부도수표 | −350 | 차감항목 : 미결제수표 | −7,100 |
| 수정후 잔액 | 46,450 | 수정후 잔액 | 46,450 |

은행계정조정표를 작성 후 미남주식회사 장부상의 잔액과 은행측의 잔액은 46,450원으로 일치한다.

### (2) 재고자산

재고자산은 정상적인 영업과정에서 판매를 위해 보유하거나 생산중인 자산이다. 적정 재고자산을 보유하는 것은 기업의 경영활동에 중요한 영향을 미치게 된다. 예를 들어, 재고자산이 부족하여 판매를 하지 못한다면 기업의 이익에 직접적으로 영향을 미치며 더 나아가서는 기업 이미지에도 타격을 주게 된다. 반면에 과다한 재고는 창고에 보관을 하는 비용과 제품이나 상품의 가치가 하락하여 진부화되는 등 보유관련 비용이 크게 발생함으로써 기업의 재무적 상황에 부정적인 영향을 주게 된다. 이 외에도 재고자산은 평가방법에 따라 기업의 당기손익이 달라지기 때문에 경영의사결정에 있어서 중요하다. 또한 재고자산의 취득과 판매에 관한 회계처리는 상품을 매매하는 유통업이나 제조기업에서 특히 중요성이 크다.

재고자산의 종류로는 상품, 제품, 재공품, 원재료 등이 있으며, 이는 재무상태표에 재고자산으로 통합되어 표시되거나 보유목적에 따라 각각의 계정으로 표시된다.

〈재고자산 종류〉

- 상품 : 판매를 목적으로 구입한 재화
- 제품 : 판매를 목적으로 생산한 재화
- 반제품 : 판매를 위하여 생산한 중간 제품 및 부분품
- 재공품 : 판매를 위하여 생산한 제품 중 아직 완성되지 않은 제품
- 원재료 : 제품 생산에 사용될 원재료
- 저장품 : 소모품, 수선용 부품 등

### ◈ 재고자산과 매출원가

재고자산과 관련된 주요 회계처리 사항은 재고자산의 수량과 취득원가를 결정하는 것과 재고자산을 판매시 매출원가를 인식하는 것이다.

먼저 재고자산의 취득원가를 어떻게 결정하는지를 살펴보면, 재고자산의 취득원가는 재고자산을 매입하거나 또는 생산하기 위해 발생한 금액뿐 아니라 매입운임, 운송비, 보험료 등의 각종 부대비용을 포함한다.

예를 들어, 상품 200,000원을 구입할 때 운송비 5,000원과 하역비 3,000원을 지급하였다면 재고자산의 취득원가는 상품을 구입할 때 지급한 금액과 운송비, 하역비를 모두 합한 208,000원이다.

| 재고자산 취득원가＝매입원가＋부대비용 |
|---|

재고자산을 취득할 때 매입과 관련하여 매입할인이나 에누리를 받았거나 매입한 재고자산을 반품한 경우에는 재고자산 금액에서 이 금액을 모두 차감해야 한다. 매입할인은 구매자가 외상으로 구입한 상품의 대금을 약속한 대금결제일 이전에 지급하여 할인받는 것이다. 매입환출은 구입한 상품의 하자나 불량으로 인해 다시 반품하는 것을 말한다. 매입에누리는 매입한 상품의 불량이나 파손으로 인해 구입대금의 일부를 할인받는 것이다. 재고자산을 취득할 때 발생한 재고자산의 순매입액은 이처럼 재고자산의 취득원가에서 매입할인, 매입에누리, 매입환출 등을 차감한 금액이다.

| 재고자산 순매입액＝매입원가＋부대비용<br>－매입할인－매입에누리－매입환출 |
|---|

예제 3

재고자산의 취득과 관련하여 발생한 자료는 다음과 같다.

| 총매입액 | 1,000,000 | 매입할인 | 20,000 | 매입환출액 | 150,000 |
|---|---|---|---|---|---|
| 매입운송비 | 4,000 | 매입에누리 | 6,000 | | |

재고자산 취득원가는 총매입액에서 매입운송비를 합한 금액에서 매입할인, 매입에누리, 매입환출액을 차감한 828,000원(1,000,000+4,000−20,000−150,000−6,000)이다.

재고자산과 관련된 회계처리 중 재고자산을 측정하는 것과 수량을 결정하는 방법에 따라 당기에 미치는 손익이 달라진다. 재고자산의 등식을 이용하여 재고자산의 흐름을 살펴보면 다음과 같다. 재고자산은 당해연도에 팔고 남은 상품이나 제품 등으로 영업을 목적으로 보유하고 있는 것이다. 당기말에 보유하고 있는 재고자산을 기말재고자산이라 하며, 기말재고자산은 다음 기에 기초재고자산이 된다. 즉, 기초재고자산은 전기에 판매되지 않고 당기에 이월된 재고이다. 만약 당기에 새롭게 상품이나 제품 등을 매입한다면 당기에 판매가능한 상품은 당기에 새롭게 구입한 상품과 전기에 팔다 남은 기초재고자산이다. 이를 판매가능상품액이라 한다. 이 중 당기에 판매가능상품액 중 팔고 남은 것이 기말재고자산이 되고, 판매가능상품액의 원가가 바로 매출원가이다.

예를 들어, 기초재고자산이 10,000원이고 당기매입액이 42,000원이라면 판매가능한 금액은 52,000원이다. 판매가능액 중 35,000원어치를 팔았으면 매출원가는 35,000원이 되고, 남은 17,000원이 기말재고자산이 된다.

재고자산의 수량은 계속기록법과 실지재고조사법을 통해 파악할 수 있다. 대부분의 기업에서는 바코드를 이용하기 때문에 재고자산이 언제 들어오고 나가는지를 확인할 수 있는 계속기록법을 사용하고 있다. 그러나 재고자산은 도난의 우려나 횡령의 대상이 될 수 있기 때문에 시스템에 기록된 재고자산의 수량과 일치하는지 여부를 정기적으로 실사를 통해서 파악한다. 실지재고조사법은 실제로 남아 있는 재고자산의 수량을 측정하는 것이다. 많은 기업들이 계속기록법을 사용하고 있으나 실지재고조사법을 병행하고 있다.

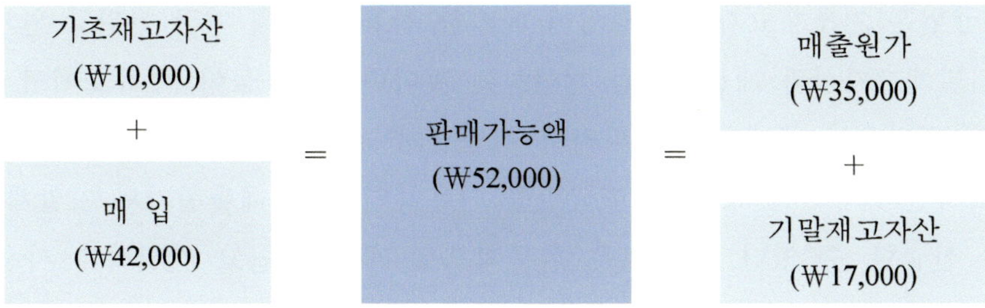


| 기초재고자산 + 당기매입 − 매출원가 = 기말재고자산 |
|---|

### ◈ 재고자산의 원가결정

재고자산의 금액을 파악하기 위해서는 재고자산의 수량과 단위당 금액을 파악해야 한다. 재고자산의 단가가 동일한 경우도 있지만 상품을 구입하였을 때마다 재고자산의 단가가 변화하는 경우도 있다. 재고자산의 단가가 동일하지 않다면 재고자산의 단가를 어떻게 측정하는가에 따라 재고자산의 금액이 달라진다. 재고자산의 단가를 측정하는 방법으로는 크게 개별법, 평균법, 선입선출법이 사용된다.

개별법은 판매된 재고자산의 취득원가를 개별적으로 추적하여 상품별로 매출원가와 기말재고자산 금액을 파악하는 것이다. 실제 재고자산의 물리적 흐름과 원가흐름이 일치할 뿐 아니라 실제 발생하는 수익과 실제원가가 대응되어 수익·비용 대응의 원칙에 가장 부합된다는 장점이 있다. 그러나 개별법을 사용하기 위해서는 보석이나 자동차와 같이 상품의 개별성이 강한 고가의 상품이나 상품간의 가격차이가 큰 경우에 적용된다.

평균법은 기초재고자산과 당기에 매입한 상품에 대해 평균 단위당 원가를 구하여 기말재고자산과 매출원가를 계산하는 것이다. 예를 들어, 주유소에서 판매하고 있는 휘발유는 국제유가에 따라서 휘발유의 취득원가가 변동된다. 이러한 경우 재고자산의 단가를 구할 때 평균법을 이용하면 쉽게 매출원가와 기말재고자산 금액을 산출할 수 있다. 평균법은 실무적으로 계산이 쉽고 간편하게 사용할 수 있다는 장점이 있으나 실제물량흐름과 원가흐름이 일치하지 않는다. 평균법에서 사용되는 평균단가는 기초재고자산 금액에 당기매입한 금액을 합한 값(판매가능금액)을 기초재고자산 수량과 당기매입한 수량(판매가능수량)을 합한 값으로 나누어 산출한다.

〈평균법〉

$$\text{평균단가} = \frac{\text{판매가능금액(기초재고자산 금액} + \text{당기매입 금액)}}{\text{판매가능수량(기초재고자산 수량} + \text{당기매입 수량)}}$$

선입선출법(FIFO : First In First Out)은 먼저 매입한 상품부터 판매된다는 가정에 의해 기말재고자산과 매출원가를 측정하는 것이다. 선입선출법은 가장 먼저 매입한 상품이 가장 먼저 판매된다는 원가흐름의 가정이 실제물량흐름과 대체로 일치하고, 기말재고자산이 시가를 반영하여 재무상태표에 나타난다는 장점을 가지고 있다. 그러나 판매된 상품의 가격은 최근의 가격으로 평가되고, 매출원가는 가장 오래된 가격으로 평가되므로 손익계산서에 매출액으로 보고되는 수익은 시가인 공정가치에 가까운 금액으로 매출원가는 시가와는 차이가 발생하기 때문에 수익과 비용의 대응이 적절하게 이루어지지 않는다. 물가가 계속 상승하는 경우에는 매출원가가 과거의 낮은 가격으로 인식되기 때문에 다른 재고자산평가방법보다 낮아 이익이 높게 측정된다.

예제 4

다음 자료를 이용하여 매출원가와 기말재고를 계산해 보자.

| | | | | | | | |
|---|---|---|---|---|---|---|---|
| 기초재고 | | 1,000개 | × @ ₩500= | ₩500,000 | | | |
| 당월매입 | 10일 | 500개 | × 600= | 300,000 | 당월매출 | 27일 | 1,400개 |
| | 26일 | 500개 | × 700= | 350,000 | | | |

(1) 평균법을 이용하여 기말재고와 매출원가를 구하면 다음과 같다.

$$평균단가=\frac{판매가능금액}{판매가능수량}=\frac{1,150,000(500,000+300,000+350,000)}{2,000(1,000+500+500)}$$

$$=575$$

매출원가=575×1,400=805,000

기말재고=575×600=345,000

재고자산의 평균단가는 575원이고 당월에 총 1,400개를 판매하였으므로 판매한 상품의 매출원가는 575원에 1,400개를 곱한 805,000원이 된다. 기말재고자산은 판매가능한 수량 2,000개에서 판매수량 1,400개를 차감하면 600개의 수량이 기말재고자산으로 남게 된다. 따라서 평균단가 575원에 기말수량 600개를 곱하면 345,000원이 기말재고자산으로 측정된다.

(2) 선입선출법(FIFO)을 적용하여 기말재고와 매출원가를 구하면 다음과 같다. 선입선출법은 가장 먼저 매입한 상품이 가장 먼저 판매되기 때문에 27일에 판매된 1,400개는 기초재고 1,000개와 10일에 매입한 400개로 구성되며, 기말재고는 10일에 매입한 100개와 26일에 매입한 500개로 구성된다. 이를 각각 계산하면 매출원가는 740,000원이고, 기말재고자산은 410,000원이다.

매출원가=(1,000×500)+(400×600)=740,000

기말재고=(500×700)+(100×600)=410,000

## (3) 매출채권

매출채권은 기업이 주된 영업활동과 관련하여 외상으로 재화나 서비스를 제공하고 일정기간 후에 대금을 수취할 권리이다. 기업이 재화나 서비스를 모두 현금으로 판매한다면 좋겠지만 현실적으로 많은 기업들이 현금 매출 이외에 신용거래를 통해 재화나 서비스를 판매하고 판매대금을 나중에 받는 경우가 많다. 매출채권은 기업 본연의 영업활동을 통해 지속적으로 현금을 창출하는 수단이고, 매출채권의 규모를 통해 향후 회수될 현금흐름을 예측할 수 있기 때문에 기업 경영활동에 있어서 매우 중요하다. 그러나 매출채권을 포함하여 기업은 미수금이나 대여금 등의 수취채권에 대해 거래처의 경영악화 등으로 인해 일부 금액을 회수하지 못하는 경우가 발생한다. 이와 같이 대금의 일부를 회수하지 못하는 경우 회계처리를 어떻게 해야 할지 살펴볼 필요가 있다.

### ◈ 매출채권과 대손상각

거래처가 파산하거나 고객이 채무이행에 불성실하기 때문에 기업이 매출채권 등의 수취채권을 받을 수 없게 되었을 때 발생하는 손실을 대손(bad debts)이라 하며 대손상각비(bad debts expenses)로 비용처리하여 손익계산서에 보고한다. 즉, 기업이 보유한 매출채권의 일부가 거래처의 지급불능 등으로 인하여 회수되지 못하는 경우에 발생하는 손실이 바로 대손상각비이다. 그럼 대손상각비는 어떻게 인식하고 측정할 수 있는가?

국제회계기준(K-IFRS)에서는 실제로 매출채권에서 대손이 발생하지 않더라도 발생주의에 따라 매년도 말 매출채권잔액으로부터 회수가 불가능한 채권을 추정하여 대손충당금을 설정하고 이를 동시에 대손상각비로 인식한다. 이를 충당금설정법이라 한다. 즉, 대손처리는 매출채권에 대해 회수가 불가능하다는 객관적인 증거가 있는지를 평가하고 그러한 증거가 있을 때 대손처리를 하여 대손충당금계정을 이용하여 매출채권의 차감계정 형식으로 재무상태표에 표시된다. 대손충당금은 매출채권 중 현재 시점에서 미래의 회수 불가능한 금액을 추정한 결과이기 때문에 매년 대손충당금 금액이 달라진다. 대손은 회계연도 말에 매출채권잔액비율법과 연령분석법 등을 이용하여 추정한다.

매출채권잔액비율법은 기말매출채권잔액에 예상되는 대손율을 곱하여 대손충당금을 추정하는 방법이다.

| 대손충당금 설정액＝기말매출채권잔액×대손예상률 |
|---|

연령분석법은 기말매출채권잔액을 경과일수별로 분류하여 경과일수가 긴 매출채권잔액에 상대적으로 높은 대손예상률을 적용하고 경과일수가 짧은 매출채권잔액에 대해서는 낮은 대손예상률을 적용하여 대손충당금을 추정한다.

충당금설정법을 이용하여 대손회계처리하는 경우 기초대손충당금 잔액이 있으면 이를 고려하여 당기말에 추정된 대손충당금 설정액에서 기초대손충당금을 차감한 금액을 당기의 대손상각비로 인식한다.

**예제 5**

권영산업은 매출채권잔액에 대해 경과일수별로 분류하여 연령분석법을 이용하여 대손충당금을 설정한다. 20×1년도 말 경과일수별로 분류한 매출채권잔액은 400,000원이며 대손충당금 설정액은 다음과 같다.

| 경과기간 | 매출채권<br>(A) | 대손예상률<br>(B) | 대손충당금 설정액<br>(A×B) |
|---|---|---|---|
| 정상회수일 미경과분 | 180,000 | 1% | 1,800 |
| 1～30일 | 100,000 | 5% | 5,000 |
| 31～90일 | 35,000 | 10% | 3,500 |
| 91～150일 | 15,000 | 15% | 2,250 |
| 151일 이상 | 70,000 | 30% | 21,000 |
| 합계 | 400,000 | | 33,550 |

(1) 권영산업의 기초대손충당금 잔액이 없다면 20×1년도 말 매출채권에 대한 대손충당금으로 33,550원을 인식하여 재무상태표의 매출채권 차감계정으로 표시하고 손익계산서에 33,550원만큼 대손상각비로 계상한다. 즉, 매출채권 400,000원 중 33,550원은 회수가 불가능할 것으로 예측되는 금액이다.

재무상태표

| | | |
|---|---|---|
| 매출채권 | 400,000 | |
| 대손충당금 | (33,550) | 366,500 |

손익계산서

| | | |
|---|---|---|
| 판매비와 관리비 | | ××× |
| 대손상각비 | 33,550 | |

(2) 권영산업의 기초대손충당금 잔액이 25,000원이라면 20×1년 말 대손충당금 설정액은 다음과 같다. 전기에 이미 설정해 놓은 대손충당금 잔액이 25,000원 있으므로 20×1년 당기말에는 33,550원의 대손충당금 설정을 위해 추가로 대손으로 인식할 금액은 33,550원에서 25,000원을 차감한 8,550원이다. 재무상태표에 대손충당금으로 표시되는 금액은 33,550원으로 (1)의 경우와 동일하나 손익계산서에 보고되는 대손상각비 금액은 25,000원만큼 줄어들게 된다.

재무상태표

| | | |
|---|---|---|
| 매출채권 | 400,000 | |
| 대손충당금 | (33,550) | 366,500 |

손익계산서

| | | |
|---|---|---|
| 판매비와 관리비 | | ××× |
| 대손상각비 | 8,550 | |

## (4) 유형자산

유형자산은 토지나 건물, 설비 등과 같이 영업활동을 목적으로 보유하고 있는 물리적 형태가 있는 자산이다. 유형자산으로 분류되기 위해서는 기업의 영업활동에 사용하기 위해서 보유한 자산이어야 하며, 물리적 형체가 있고 결산일로부터 1년 이상 장기간에 걸쳐 사용가능한 자산이어야 한다.

유형자산은 다른 자산들에 비하여 상대적으로 취득원가 금액이 크고 이러한 취득원가는 감가상각을 통하여 비용으로 사용기간 동안 배분되기 때문에 당기손익에 미치는 영향이 크다. 유형자산에 토지, 건물, 구축물, 기계장치 등이 있으며 현재 건설중인 건물이나 구축물도 유형자산에 포함된다.

〈유형자산의 종류〉

- 토지 : 대지, 임야 등
- 건물 : 공장, 빌딩, 건물 등
- 구축물 : 교량, 갱도, 기타의 토목설비 등
- 기계장치 : 기계장치, 운송설비, 생산라인 등
- 건설중인 자산 : 현재 건설중에 있는 유형자산
- 기타 유형자산 : 차량운반구, 선박, 항공기, 비품, 공기구, 생산용식물 등

유형자산과 관련한 주요 회계적 이슈 사항은 유형자산을 취득하였을 때 취득원가를 결정하는 것과 유형자산 보유기간 중 발생하는 감가상각, 그리고 유형자산 처분시 처분손익을 계산하는 것이다.

### ◈ 유형자산의 취득

먼저 유형자산의 취득과 관련된 사항을 살펴보면, 유형자산은 다른 자산항목에 비해 금액이 크므로 취득원가를 결정하는 것이 중요하다. 유형자산의 취득원가에는 유형자산을 취득할 때 지급한 금액뿐 아니라 유형자산 본연의 목적으로 사용하기 위해 소비된 각종 부대비용까지 포함된다.

| 유형자산 취득원가＝취득가액＋부대비용 |
|---|

예를 들어, 토지를 구입할 때 지불한 중개수수료, 취득세, 등록세, 토지정재비 등은 토지의 취득원가에 포함된다. 만약 토지 위에 건물이 있는 경우 본연의 토지 목적으로 사용하기 위해 건물을 철거했다면 철거비용도 토지의 취득원가에 가산된다.

건물을 짓기 위해 차입금을 은행으로부터 빌려와서 차입금에 대한 이자비용이 발생하였다면 건물이 완공되기 전까지 지출된 차입금에 대한 이자비용은 건물의 취득원가에 가산한다.

기계장치와 같은 설비시설 등을 구입하고 설치하기 위해 지불한 설치비, 시운전비용 등이 발생하였다면 기계장치 취득원가에 포함해야 한다.

예를 들어 중화요리 대박집은 주방시설을 신규로 교체하고 인테리어를 새롭게 단장하였다. 환풍기를 포함해서 가스시설, 주방시설 구입을 위해 3천만원을 지급하였고 배관 및 설치를 위해 별도로 100만원을 지급하였다. 저렴한 가격으로 구입하였기 때문에 가스시설 및 주방시설 운반비 20만원을 추가 부담하였다. 가스시설 및 주방시설의 취득원가는 얼마로 재무상태표에 기록해야 하는지 생각해 보자. 가스시설 및 주방시설을 사용하기 위해 지불한 구입가격 3천만원, 배관설치비 100만원, 운반비 20만원을 포함한 3천120만원이 취득원가이다. 대박집 재무상태표에 주방시설 및 가스시설은 3천120만원으로 표시된다.

한국토지주택공사에서 제공한 김천혁신도시 택지원가를 보면 사업비에 토지에 대한 용지비뿐만 아니라 용지부담금, 조성비, 기반시설비, 이주대책비, 자본비용 등 택지분양을 위해 지출된 모든 부대비용이 포함되어 있음을 알 수 있다.

〈김천혁신도시 택지원가〉

| 구 분 | | 금 액 | 단 위 | 비율(%) | 제비용률(%) |
|---|---|---|---|---|---|
| 사업비 | 용지비 | 330,470,544 | 천원 | 34.77 | |
| | 용지부담금 | 23,029,456 | 천원 | 2.42 | |
| | 조성비 | 387,311,855 | 천원 | 40.76 | |
| | 기반시설설치비 | 96,773,177 | 천원 | 10.18 | |
| | 직접인건비 | 8,434,498 | 천원 | 0.89 | |
| | 이주대책비 | 5,864,764 | 천원 | 0.62 | |
| | 판매비 | 1,703,769 | 천원 | 0.18 | |
| | 일반관리비 | 16,782,121 | 천원 | 1.77 | |
| | 자본비용 | 78,562,734 | 천원 | 8.27 | |
| | 그 밖의 비용 | 1,363,015 | 천원 | 0.14 | |
| | 총사업비 | 950,295,932 | 천원 | | |
| | 존치부지 등 차감사업비 | 0 | 천원 | | |
| | ⓐ 최종사업비 | 950,295,932 | 천원 | 100 | |

<table>
<tr><th colspan="2">구 분</th><th colspan="3">면 적</th><th></th></tr>
<tr><td rowspan="6">사업<br>면적</td><td>총사업면적</td><td>3,815,131</td><td>m²</td><td></td><td></td></tr>
<tr><td>유상공급 대상면적</td><td>2,193,416</td><td>m²</td><td></td><td>무상 1,621,715m²</td></tr>
<tr><td>존치부지 등 차감면적</td><td>0</td><td>m²</td><td></td><td></td></tr>
<tr><td rowspan="2">학교용지원가 이하 공급분</td><td rowspan="2">75,384</td><td rowspan="2">m²</td><td rowspan="2"></td><td>초·중교 80%</td></tr>
<tr><td>고교 70%</td></tr>
<tr><td>ⓑ 최종유상가처분면적</td><td>2,118,032</td><td>m²</td><td></td><td></td></tr>
<tr><td colspan="2">ⓒ 조성원가(원/m²)</td><td>448,669</td><td>(원/m²)</td><td></td><td>(ⓒ=ⓐ÷ⓑ)</td></tr>
</table>

(출처 : 한국토지주택공사)

## ◈ 유형자산의 감가상각

기업은 유형자산을 취득한 후 기업의 영업활동 목적으로 사용함에 따라 유형자산의 가치는 감소하게 되나 유형자산의 가치 감소분을 정확하게 측정할 수 없다. 또한 유형자산은 궁극적으로 미래의 수익을 창출하기 위해 사용되나 수익창출에 얼마만큼 기여했는지를 측정하는 것은 불가능하다. 유형자산의 사용기간 동안에 유형자산의 취득원가를 일정한 방법에 의해 배분시킴으로써 유형자산의 장부금액을 줄이는 동시에 동 금액을 비용처리하는 것을 감가상각이라 한다. 즉, 감가상각은 유형자산의 취득원가를 사용기간에 걸쳐 체계적이고 합리적인 방법으로 배분하는 과정이다.

당기에 감가상각액이 결정되면 감가상각액만큼 손익계산서에 감가상각비가 발생하고, 재무상태표에는 유형자산계정(contra-asset account)에서 감가상각누계액이라는 차감계정을 이용하여 유형자산의 감소분을 표시한다. 감가상각누계액이란 유형자산의 취득원가 중 비용으로 계상되어 현재까지 사용된 원가를 누적해 놓은 금액이다.

감가상각비를 계산하기 위해 필요한 요소는 취득원가, 잔존가치, 내용연수, 감가상각방법이다. 내용연수란 유형자산의 예상 사용기간을 의미한다. 잔존가치는 유형자산의 내용연수가 완료되는 시점에서 유형자산의 처분으로 인해 회수할 수 있는 금액을 말한다. 유형자산의 취득원가에서 잔존가치를 차감한 부분이 바로 감가상각대상금액이다.

감가상각대상금액＝취득원가－잔존가치

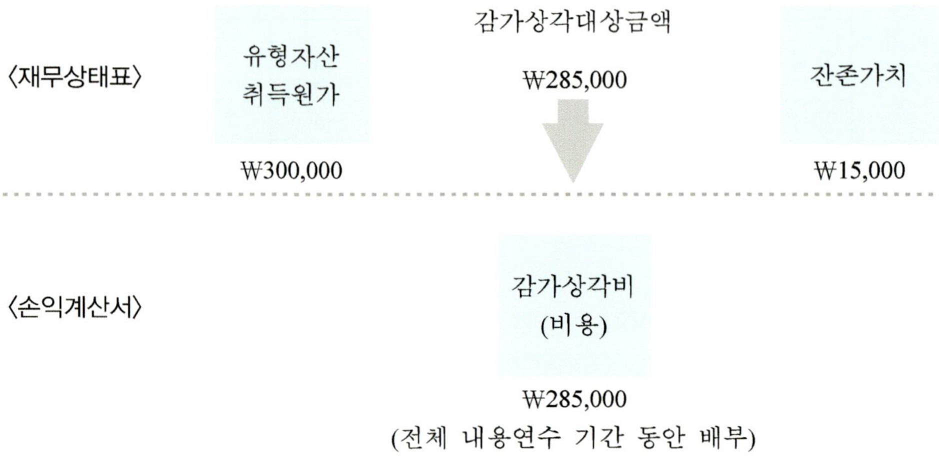


예를 들어, 유형자산의 취득원가가 300,000원이고 잔존가치가 15,000원이라면 취득원가에서 잔존가치를 차감한 285,000원이 감가상각대상금액이 되는 것이다. 감가상각대상금액 285,000원은 전체 내용연수 기간 동안 배부되어 손익계산서에 감가상각비로 보고된다.

감가상각방법은 감가상각대상금액을 내용연수에 걸쳐 감가상각비로 인식하는 방법이며, 정액법, 정률법, 이중체감법, 생산량비례법 등이 대표적인 감가상각방법이다.

정액법은 유형자산의 감가상각이 내용연수의 경과에 비례적으로 발생한다고 가정하여 매기간 동일한 금액을 상각하는 방법이다. 정액법은 계산이 쉽고 사용하기 편리하다는 장점을 가지며, 유형자산의 경제적 효익이 시간의 경과에 따라서 일정하게 소비되는 경우에 적합한 방법이다.

$$\text{정액법 감가상각비} = \frac{(\text{취득원가} - \text{잔존가치})}{\text{내용연수}}$$

정률법은 유형자산의 성능이 좋은 취득 초기에는 많이 사용하고 시간이 경과할수록 적게 사용된다고 가정하여 감가상각 초기에는 많은 금액이 상각되고 시간이 경과함에 따라 상각액이 점차 감소하는 감가상각방법이다.

정률법은 유형자산의 기초장부금액에서 매기간 동일한 감가상각률을 곱하여 감가상각비를 계산한다. 여기서 장부금액이란 유형자산의 취득원가에서 감가상각누계액을 차감한 값을 말한다.

$$\text{정률법 감가상각비} = \text{장부금액} \times \text{감가상각률}$$

$$\text{단, 감가상각률} = 1 - \sqrt[n]{\frac{\text{잔존가치}}{\text{취득원가}}} \qquad n: \text{내용연수}$$

〈예제 6〉을 통해 정액법과 정률법을 이용하여 감가상각비를 계산해 보자.

**예제 6**

금오(주)는 취득원가가 ₩300,000인 트럭을 20×1년 초에 구입하였다. 트럭의 내용연수는 4년으로 추정되며, 4년 후 트럭의 잔존가치는 ₩15,000이 될 것으로 예측한다.

(1) 정액법을 이용하여 감가상각을 하면 취득원가에서 잔존가치를 차감한 감가상각대상금액 285,000원을 내용연수 4로 나누어 매년 71,250원씩 감가상각비로 인식한다.

| 연 도 | 계 산 | 감가상각비 | 감가상각누계액 | 장부금액 |
|---|---|---|---|---|
| | | | | ₩300,000 |
| 20×1 | (₩285,000 × 1/4) = | ₩71,250 | ₩71,250 | 228,750 |
| 20×2 | (285,000 × 1/4) = | 71,250 | 142,500 | 157,500 |
| 20×3 | (285,000 × 1/4) = | 71,250 | 213,750 | 86,250 |
| 20×4 | (285,000 × 1/4) = | 71,250 | 285,000 | 15,000 |
| | | ₩285,000 | | |

(2) 정률법에 의한 감가상각비는 장부금액에 감가상각률 0.438을 곱하여 다음과 같이 계산한다. 정률법을 적용하면 감가상각비가 첫해에 131,400원으로 가장 많이 인식되고 내용연수 마지막 해에 38,251원으로 가장 적게 인식된다.

| 연 도 | 감가상각비 계산 (장부금액×감가상각률*) | | 감가상각누계액 | 장부금액 |
|---|---|---|---|---|
| | | | | ₩300,000 |
| 20×1 | (₩300,000×0.438)= | ₩131,400 | ₩131,400 | 168,600 |
| 20×2 | (168,6000×0.438)= | 73,847 | 205,247 | 94,753 |
| 20×3 | (94,753×0.438)= | 41,502 | 246,749 | 53,251 |
| 20×4 | (53,251×0.438)= | 38,251** | 285,000 | 15,000 |
| | | ₩285,000 | | |

* 상각률 $=1-\sqrt[4]{\frac{2,000,000}{20,000,000}}=0.438$

** 잔존가치가 ₩15,000이 되도록 반올림 등의 숫자차액을 마지막 연도에 모두 조정한다.

유형자산은 장기간 사용할 목적으로 보유하나 사업구조의 변경이나 새로운 유형자산의 대체 등으로 유형자산을 내용연수 기간 동안 사용하지 않고 보유기간 중 처분할 수 있다. 유형자산을 처분할 때에는 유형자산의 처분금액과 장부금액을 비교하여 유형자산 처분과 관련된 손익을 계산한다. 유형자산의 처분금액이 장부금액보다 높다면 처분이익이 발생하나 장부금액보다 낮다면 처분손실이 발생한다.

유형자산처분이익 : 유형자산 처분금액 > 유형자산 장부금액
유형자산처분손실 : 유형자산 처분금액 < 유형자산 장부금액

### (5) 무형자산

무형자산은 물리적 실체는 없으나 식별가능한 자산으로 기업의 통제하에 장기간 사용목적으로 경제적 효익을 창출할 것으로 기대되는 자산이다. 대표적인 무형자산 항목으로는 산업재산권, 영업권, 개발비 등이 있다. 무형자산의 취득원가도 유형자산의 취득원가와 같이 무형자산을 취득할 때 지급한 금액뿐 아니라 무형자산 본연의 목적으로 사용하기 위해 소비된 각종 부대비용까지 포함된다.

| 무형자산 분류 | 내용 및 세부항목 |
|---|---|
| 산업재산권 | 일정기간 동안 배타적으로 사용할 수 있는 법적 권리로 특허권, 실용신안권, 상표권, 의장권 등이 해당됨 |
| 영업권 | 기업 인수·합병에서 취득하는 무형의 자원 |
| 개발비 | 미래의 경제적 효익을 창출할 것으로 기대되는 신기술이나 신제품의 개발비 |
| 기타 무형자산 | 특정 기술이나 재화나 서비스를 일정기간 동안 이용하거나 판매할 수 있는 권리인 프랜차이즈, 라이선스와 그 밖의 광업권, 어업권 등이 있음 |

### ◈ 개발비

무형자산 항목 중 개발비는 주요한 회계적 이슈사항이다. 왜냐하면 기업은 신제품이나 신기술의 연구개발을 위해 투자하는 경우 어느 정도까지를 무형자산으로 인식할 수 있는지를 가늠해야하기 때문이다. 국제회계기준에서는 연구개발과 관련하여 내부적으로 무형자산이 창출될 수 있는 상황을 연구단계와 개발단계로 나누어 규정하고 있다.

연구단계에서 발생한 모든 지출은 무형자산으로 인식하지 않고 발생시점에서 비용으로 인식하는데, 이는 연구활동을 수행하며 지출한 비용이 미래의 경제적 효익을 창출한 것인지에 대해 불확실성이 높기 때문이며 해당연구가 성공하여 경제적 효익이 기업에 유입될 것인지를 판단하기 어렵기 때문이다. 일반적으로 연구단계는 새로운 과학적 지식이나 기술을 얻기 위해 탐색하거나 신기술이나 신제품의 개발가능성을 진단하기 위한 탐색활동이 포함된다. 이러한 단계의 활동들은 자산으로 인식하기 위한 미래의 경제적 효익의 창출가능성을 화폐로 측정하기가 어렵기 때문에 당기에 발생한 비용으로 인식한다.

반면에 개발단계는 연구단계를 거쳐서 연구활동의 결과를 상업적으로나 영업활동 영역으로 발전시키기 위해 수행되는 단계로 생산계획이나 생산설계에 적용되는 활동을 의미한다. 제품의 pilot test나 재료, 설비, 공정, 장치 등을 새로 제작하여 얻은 성과물 등이며 이를 생산계획이나 설계활동에 반영하는 단계이다. 개발단계에 발생한 지출 중 무형자산의 요건을 충족하는 경우에는 무형자산으로 인식한다. 즉, 식별가능성, 자원에 대한 기업의 통제, 미래의 경제적 효익 창출이라는 요건을 충족하면 개발단계에서 소요된 모든 지출금액은 무형자산으로 인식하고 취득원가를 일정기간에 배부하여 상각한다.

| 연구비 : 당기비용 처리<br>개발비 : 무형자산 |
|---|

### ◈ 영업권

영업권(goodwill)은 기업이 오랫동안 쌓아온 기술, 신용, 평판, 인적자원, 브랜드, 판매 및 재무 능력 등을 기반으로 동종산업의 다른 기업에 비하여 초과이익을 나타낼 수 있는 능력이다. 즉, 영업권은 초과수익력(earning power of excess return)을 화폐가치로 표시한 것이다. 일반적으로 영업권을 발생시키는 주요 요인으로 브랜드 가치, 탁월한 경영자의 경영능력, 기업 이미지, 우수한 고정 고객 확보, 유리한 상점위치나 기업조건, 안정된 자금조달, 사업의 독과점의 지위, 우수한 인력자원의 확보 등이 있다.

회계상 영업권은 다소 추상적이고 주관적인 개념이기 때문에 실무적으로 가치를 측정하기 어려워 내부적으로 창출한 영업권은 무형자산으로 인식하지 않고 당기에 발생한 비용으로 처리한다. 그러나 합병이나 영업양수와 같은 사업결합(business combination)으로 인해 발생한 경우에는 기업이 그 대가를 실질적으로 유상지급하였으므로 무형자산으로 인정한다. 따라서 합병시의 무형자산으로 인식하는 영업권은 취득대가로 지급한 금액에서 피인수기업의 모든 식별가능한 순자산(자산－부채)의 공정가치를 차감한 값이다.

| 영업권＝피인수기업의 취득대가－피인수기업의 순자산 공정가치 |
|---|

예를 들어, 금오기업(주)이 구미기업(주)을 합병할 때, 피합병기업인 구미기업

(주)의 보유한 자산과 부채의 공정가치가 각각 100억원, 60억원이라고 가정하자. 기업을 합병할 때에는 자산과 부채의 장부가액이 공정가치와 크게 다를 수 있기 때문에 공정가치로 피합병기업의 자산과 부채를 평가하게 된다. 금오기업(주)가 50억원을 주주에게 지급하고 구미기업(주)을 합병하였다면, 이는 순자산 공정가치가 40억원인 기업을 50억원을 주고 인수한 것이다. 그러면 왜 순자산 공정가치가 40억원인 기업을 50억원을 주고 인수·합병하였을까? 그 이유는 바로 구미기업(주)이 보유하고 있는 기술력, 브랜드 등으로 인해 높은 기업가치를 창출할 것이라 판단하였기 때문에 공정가치보다 10억원을 높게 지급한 것이다. 즉, 금오기업(주)은 구미기업(주)의 눈에 보이지 않는 미래의 높은 수익창출능력을 인정하고 그 가치를 10억원으로 평가한 것이라 볼 수 있다. 회계에서 이러한 무형자산을 영업권이라 한다. 국제회계기준(K-IFRS)은 대가를 지급하고 취득한 영업권만을 무형자산으로 인식하고, 내부적으로 창출한 영업권은 인정하지 않고 당기에 비용 처리한다. 또한 영업권은 법적 권리나 계약상의 권리가 아니기 때문에 내용연수를 결정하기 어렵다. 즉, 내용연수가 유한하다고 보기 어렵기 때문에 다른 무형자산과 달리 상각하지 않고 매년도 말 영업권의 가치가 증가하였는지 감소하였는지를 검토하여 손상차손을 인식한다.

기업내부에서 창출한 영업권 : 당기비용 처리
사업결합시 발생한 영업권 : 무형자산

다음은 2013년 JYP엔터테인먼트의 실제 기업의 사례를 가지고 무형자산을 살펴보자.

### 기업사례

JYP엔터테인먼트 감사보고서에 나타난 무형자산 금액이다.

| | 2013년 | 2012년 |
|---|---|---|
| 무형자산 | 29,135,090,667원 | 212,403,008원 |

감사보고서 주석사항 14번에 명시된 내용이다. '무형자산은 사용가능한 시점부터 잔존가치를 영("0")으로 하여 아래에 제시된 개별 자산별로 추정된 경제적 내용연수 동안 정액법으로 상각하고 있습니다. 다만, 일부 무형자산에 대해서는 이를 이용할 수 있을 것으로 기대되는 기간에 대하여 예측가능한 제한이 없으므로 당해 무형자산의 내용연수가 비한정인 것으로 평가하고 상각하지 아니하고 있습니다. 내용연수가 유한한 무형자산의 상각기간과 상각방법은 매 회계연도 말에 재검토하며 소프트웨어 5년 정액법, 산업재산권 5년 정액법, 전속계약금 계약기간 정액법으로 상각하고 있습니다.'

JYP엔터테인먼트는 다른 업종과 달리 소속연예인에게 지불한 전속계약금이 바로 무형자산으로 인식되며 계약연수 동안 이를 상각함을 확인할 수 있다.

**기초 다지기 1**

1. 자산은 부채와 자본을 합한 금액과 동일하며 이를 (        )이라 한다.
2. (        )은 기업의 영업주기에 있는 자산 또는 1년 이내에 회수되는 자산이다.
3. 부채와 자본은 재무상태표의 오른쪽에 위치하며 (        ) 상황을 나타낸다.
4. (        )는 판매한 상품의 원가를 의미하며 판매가능액에서 기말재고자산을 차감한 값이다.
5. 유형자산을 취득한 후 취득원가를 내용연수에 걸쳐 합리적이고 체계적인 방법으로 배분하는 과정을 (        )이라 한다.
6. 김조아는 금오생협에서 햄버거를 신용카드로 구매하였다. 금오생협은 이를 (        )으로 인식하였다.

**기초 다지기 2**

7. 자산은 재무상태표의 왼쪽에 위치하고 조달한 자금의 운용상황을 나타낸다. (○, ×)
8. 영업활동에 사용하기 위해 보유하는 토지는 투자자산이다. (○, ×)
9. 연구단계에서 지출한 금액은 미래의 경제적 효익을 창출할 가능성이 높으므로 무형자산으로 인식한다. (○, ×)
10. 재고자산의 금액은 개별법, 선입선출법, 평균법을 사용하느냐에 따라 다르게 측정되기 때문에 이익 금액이 달라진다. (○, ×)
11. 영업권은 자가창출한 부분에 대해서만 무형자산으로 인정하며 상각하지 않고 손상여부를 검토한다. (○, ×)
12. 정률법은 유형자산의 감가상각이 내용연수 경과에 비례적으로 발생한다고 가정한다. (○, ×)

**기초 다지기 3**

13. 주요 유동자산 항목에 포함되지 않는 것은?

① 재고자산　　② 선급금
③ 매출채권　　④ 선수금

14. 아이판다(주)가 자동차를 구매할 때 취득원가에 포함되지 않는 것은?

① 차량가격　　② 운전자 보험료
③ 취득세　　④ 등록세

**15.** 다음 자료에 의해 현금및현금성자산을 구하면 얼마인가?

| | |
|---|---|
| 당좌예금 | 100,000원 |
| 정기예금(2년 만기) | 100,000원 |
| 만기도래한 사채이자표 | 120,000원 |
| 우편환증서 | 300,000원 |
| 환매조건부채권(100일 만기) | 300,000원 |
| 보통예금 | 30,000원 |

① 550,000원 ② 620,000원
③ 850,000원 ④ 950,000원

**16.** 회계 담당 직원의 횡령 방지를 위한 내부통제 방법으로 적당하지 않은 것은?
① 현금 입출금 업무를 각각 다른 사람이 담당한다.
② 정기적으로 현금 실사를 실시한다.
③ 은행의 부도 방지를 위해 여러 은행에 현금을 분산 예치한다.
④ 대금 결제를 현금 대신 신용카드나 계좌이체를 한다.

**17.** 무형자산에 대한 설명으로 옳지 않은 것은?
① 물리적인 실체는 없으나 식별가능하다.
② 영업활동에 장기간 사용할 목적으로 보유하는 비화폐성 자산이다.
③ 기업의 브랜드는 화폐로 측정할 수 있기 때문에 무형자산으로 인식한다.
④ 작곡가의 저작권, 신약 개발을 위해 외부에서 구입한 특허권은 무형자산이다.

**18.** 토지를 30,000,000원에 매입하고 중개수수료 500,000원을 지급하였다. 토지 위의 건물을 철거하는 데 10,000,000원을 지출하였다. 취등록세 500,000원, 취득 이후 재산세 1,500,000원을 지급하였다. 토지의 취득원가는 얼마인가?
① 30,000,000원 ② 31,000,000원
③ 40,000,000원 ④ 41,000,000원

**19.** 12월 31일 현재 회사의 은행계정명세서상 잔액은 61,250원이었으나 회사의 장부상 당좌예금 잔액은 54,720원으로 차이가 났으며, 차이가 발생한 이유는 다음과 같다. 다음 잔액 조정에 대한 설명 중 옳지 않은 것은?

(가) 회사에서 발행한 수표 12,000원이 아직 당좌예금계정에서 인출되지 않았다.
(나) 12월 31일 당좌수수료 170원이 계좌에서 차감되었으나 회사는 아직 통보

받지 못했다.
(다) 광고비로 인출된 12,500원이 회사 분개과정에서 15,200원으로 잘못 기록하였다는 사실이 확인되었다.
(라) 12월 31일 회사에서 8,000원을 입금하였으나, 은행 영업시간 마감으로 은행계정명세서에서 표시되지 않았다.

① (가)는 미결제수표로 은행 측 잔액에서 12,000원이 차감되어야 한다.
② (나)는 은행수수료로 회사 장부상 잔액에서 170원이 차감되어야 한다.
③ (다)는 회사측 오류로 회사 장부상 잔액에서 2,700원이 차감되어야 한다.
④ 오류를 모두 조정한 최종 잔액은 57,250원이다.

**20.** 회사의 10월 중 상품매매와 관련된 자료가 다음과 같다. 다음 중 설명으로 옳지 않은 것은?

| | | | |
|---|---|---|---|
| 10월 1일 | 기초재고 | 100개 | 단가 100원 |
| 10월 10일 | 매입 | 100개 | 단가 110원 |
| 10월 15일 | 매출 | 100개 | |
| 10월 20일 | 매입 | 100개 | 단가 120원 |
| 10월 25일 | 매출 | 100개 | |

① 선입선출법을 적용할 경우 10월의 기말 재고액은 12,000원이다.
② 평균법을 적용할 경우 10월의 기말 재고액은 11,250원이다.
③ 추가로 10월 28일에 제품 100개(단가 120원)를 매입하고 10월 30일에 제품 100개를 판매했을 때, 선입선출법을 적용할 경우 10월의 기말 재고액은 변화 없다.
④ 추가로 10월 28일에 제품 100개(단가 120원)를 매입하고 10월 30일에 제품 100개를 판매했을 때, 평균법을 적용할 경우 10월의 기말 재고액은 변화 없다.

**21.** 선산(주)의 20×9년 회계연도 말 매출채권 잔액은 5,000,000원이고 대손충당금 잔액은 40,000원이다. 매출채권 잔액의 1%를 대손충당금으로 설정한다고 하면 당기에 인식할 대손상각비는 얼마인가?

① 50,000원 ② 40,000원
③ 30,000원 ④ 10,000원

22. 다음 자료에 의할 경우 슈퍼컴퓨터의 20×9년도말 장부금액은 얼마인가?

| | |
|---|---|
| • 구입일 : 20×9년 초 | • 취득원가 : 5,100,000원 |
| • 잔존가치 : 100,000원 | • 내용연수 : 5년 |
| • 정액법상각 | |

① 4,100,000원　② 4,000,000원
③ 5,100,000원　④ 5,000,000원

## 정답

1. 회계등식 2. 유동자산 3. 자금조달 4. 매출원가 5. 감가상각 6. 매출채권 7. ○
8. × 9. × 10. ○ 11. × 12. × 13. ④ 14. ② 15. ① 16. ③ 17. ③ 18. ④
19. ③ 20. ④ 21. ④ 22. ①

# 제 3 절 부 채

## 3.1 부채의 기본개념

부채(liabilities)는 과거 사건의 결과로 미래에 경제적 효익을 갖는 자원이 기업 밖으로 유출될 것으로 예상되는 현재의 의무를 나타낸다. 즉, 부채는 기업이 제3자에게 금전이나 재화, 용역을 제공해야 하는 경제적 의무이다. 여기서 제3자를 채권자로 하는데, 그 이유는 이들이 기업실체에 신용으로 금전이나 재화, 용역을 제공했기 때문이다. 따라서 채권자는 부채로 계상된 만큼 자산에 대한 소유권을 가지게 된다. 예를 들어, 은행으로부터 100만원을 차입하였다면 기업은 차입한 순간부터 은행에 100만원을 지급해야 할 의무를 갖게 되고, 은행은 기업의 자산 중 100만원에 해당하는 자산 청구권을 갖게 된다.

원칙적으로 부채도 자산과 같이 1년을 기준으로 유동부채와 비유동부채로 구분된다. **유동부채**(current liabilities)는 1년 이내에 상환일이 도래하는 부채로서 단기차입금, 매입채무, 미지급비용, 선수금 등이 있다. **비유동부채**(non-current liabilities)는 1년 이후에 상환일이 도래하는 부채로서 사채, 장기차입금, 퇴직급여채무 등이 이에 속한다.

재무상태표에서 유동자산과 유동부채의 크기를 비교하여 기업의 단기채무에 대한 지급능력을 평가할 수 있다. 이것이 우리가 일반적으로 알고 있는 유동비율이며 자세한 사항은 추후 제5장에서 설명한다.

## 3.2 부채의 분류

부채는 기업의 과거 사건의 결과로 미래에 자산이나 용역을 제공해야 하는 현재 시점의 의무이다. 부채는 지급시기를 기준으로 1년 이내에 상환할 의무가 있는 부채를 유동부채로 구분하고 그렇지 않은 부채를 비유동부채로 구분한다.

유동부채는 1년 이내에 상환의무가 있는 부채를 말한다. 다만, 정상적인 영업주기 이내에 결제가 예상되는 매입채무와 미지급비용 등은 1년 이내에 상환되지 않더라도 유동부채로 분류한다. 일반적으로 매입채무는 기업의 본연의 영업활동인 상거래로부터 발생한 채무이며, 미지급비용은 일반적인 상거래 이외에서 발생한 채무이다. 예를 들어, 삼성전자가 스마트폰을 생산하기 위해 패널을 외상으로 구입했다면 매입채무라는 부채가 발생하나, 소모품인 복사용지를 외상으로 구입했다면 미지급비용이 발생하게 된다. 매입채무, 미지급비용 모두 신용거래로 발생했으나 성격에 따라 매입채무, 미지급비용으로 구분된다. 대표적인 유동부채로는 단기차입금, 미지급비용, 선수수익, 매입채무(외상매입금과 지급어음) 등이 있다.

비유동부채는 1년 이후에 상환일이 도래하는 부채로, 사채, 장기차입금, 장기매입채무, 충당부채 등이 있다. 충당부채(provisions)란 당기의 수익에 대응하는 비용으로서 미래에 지출이 확실시되나 지급시기와 지출 대상이 불명확한 부채이다. 예를 들어, 기업이 판매한 제품에 대해 1년 동안 보증하는 경우 언제 보증수리를 요청할지 모르기 때문에 일정금액을 추정하여 부채로 인식한다. 제품보증충당부채, 수선충당부채, 공사보증충당부채, 퇴직급여채무 등이 충당부채에 해당된다.

| 구 분 | 부채 세부항목 |
|---|---|
| 유동부채 | 매입채무, 미지급금, 미지급비용, 선수수익, 선수금, 예수금, 단기차입금, 유동성장기부채 |
| 비유동부채 | 사채, 장기차입금, 충당부채, 퇴직급여부채 |

부채는 유동부채와 비유동부채로 분류할 수 있지만, 금융부채(financial liabilities)와 비금융부채(non financial liabilities)로 분류할 수도 있다. 국제회계기준(K-IFRS)에서 금융부채는 거래상대방에게 현금 등의 금융자산을 인도하기로 한 계약상의 의무 또는 잠재적으로 불리한 조건으로 거래상대방과 금융자산과 금융부채를 교환하기로 한 계약상의 의무를 칭한다. 따라서 계약상의 의무가 아닌 선수금이나 선수수익 등이나 지출의 시기나 금액이 불확실한 충당부채는 비금융부채로 구분된다.

| 구 분 | 부채 세부항목 |
|---|---|
| 금융부채 | 매입채무, 미지급금, 미지급비용, 사채, 차입금 |
| 비유동부채 | 선수수익, 선수금충당부채, 퇴직급여부채 |

## 3.3 주요 부채항목

주요 부채항목에 대한 개념과 세부적인 사항을 설명한다.

### (1) 차입금

기업이 차용증서나 어음을 발행해 주고 돈을 빌려온 것을 차입금이라 한다. 결산을 기준으로 1년 이내에 상환해야 하는 채무를 단기차입금이라고 하고, 상환일이 1년 이상인 경우에 장기차입금이라 한다.

### (2) 매입채무

상품의 외상거래에서 발생하는 외상매입금과 지급어음을 합하여 매입채무라 한다. 매입채무는 기업의 일반적인 상거래에서 신용으로 상품이나 제품을 구입하고 아직 해당금액을 현금으로 지급하지 않은 채무이다.

### (3) 미지급금

일반적인 상거래가 아닌 영업외활동에서 발생한 채무가 미지급금이다. 상품 이외에 비품이나 토지, 건물, 차량 등을 외상으로 구입하고 대금을 지급하지 못한 경우에 미지급금이라는 부채가 발생한다.

### (4) 선수금

상품매매가 이루어지기 전에 상품의 매매계약을 확실히 하기 위하여 계약금으로 대금을 미리 받은 것이다. 즉, 상품이나 원재료 등을 판매하기로 하고 대금을 미리 받음으로써 선수금이라는 부채가 발생한다.

### (5) 선수수익

선수수익은 미래에 발생할 수익을 미리 수취한 것을 의미하며, 이는 미리 비용을 지급한 선급비용에 대응되는 항목이다. 예를 들어, 임대업을 하는 기업이 회계연도 말 결산일 현재 100,000원의 임대료를 미리 받은 상태라면, 임대인은 선수수익 100,000원이 발생하여 부채로 인식한다. 반면에 임차인은 미리 임대료를 지급하여 100,000원의 선급비용이라는 자산을 인식하게 된다.

### (6) 사 채

사채는 기업이 장기적으로 거액의 자금을 조달하기 위하여 발행하는 증권이다. 사채권면에는 액면금액, 이자율, 이자지급일, 만기일 등이 표시되어 있어 표시된 이자율에 따라 기업은 상환할 때까지 이자를 지급하게 된다. 사채의 발행금액은 액면금액과 다를 수 있어 그 차이를 사채할인발행차금, 사채할증발행차금으로 재무상태표상에 사채에 차감하거나 가산하는 평가계정으로 표시된다.

### (7) 퇴직급여채무

확정급여제도에서 근로자가 당기와 그 이전기간의 근무 대가로서 퇴직 이후 받기로 약정되어 있는 미지급의무액을 퇴직급여채무라 한다. 퇴직급여채무는 근로자에 대한 퇴직 후 지급이 예상되는 총액을 추정하여 이를 당해 근로자의 전체 근무기간에 일정배분한 후에 당해 보고기간 말 지급의무액을 계산하여 현재가치로 보고한다.

## (8) 제품보증충당부채

제품보증충당부채는 제품을 판매할 때 부담한 품질보증의무에 의하여 보증기간 동안 기업이 지불해야 할 무상 수리를 예측하여 부채로 인식한 것이다. 이를 제품보증충당부채 또는 판매보증충당부채라 한다. 예를 들어, 애플의 아이폰 보증기간이 2년이라 가정하자. 만약 2년 이내에 아이폰 품질 이상으로 고장이 나거나 하자가 발생한 경우 무료로 수리를 해주어야 한다. 기업은 향후 2년간 발생할 무상수리비를 예측하여 이를 재무상태표에 부채로 반영해야 한다.

**기업사례**

LG전자는 "서비스 홈페이지 게시, 문자메시지 등 여러 경로를 통해 건조기를 사용하는 고객들께 무상서비스를 먼저 알리고 빠른 시일 내에 완료할 수 있도록 최선을 다하겠다"고 말했다.

이어 "의류건조기의 결함이나 위해성이 확인되지 않았지만, 자발적 리콜을 실시함으로써 고객에 대한 진정성 있는 책임을 끝까지 다하겠다"며 "의류건조기 사안과 관련해 고객들께 심려를 끼쳐드린 점에 대해 사과드린다"고 말했다.

소비자원 소비자분쟁조정위원회는 지난달 말 의류건조기의 결함이나 위해성이 발견되지 않았지만 소비자들의 불편을 감안해 위자료 10만원을 지급하라고 조정안을 냈다. 조정안이 받아들여지면 최대 1450억원의 비용이 들어가는 상황이었다. (출처 : LG 의류건조기 '자발적 리콜' 확대, 경향비즈, 임지선 기자)

위의 사례에서 보듯이 LG전자는 소비자가 요청하면 의류건조기를 무상으로 수리 서비스를 제공해야 할 의무를 갖는다. 그 금액을 정확하게 추정할 수는 없지만 합리적인 방법으로 추정해서 충당부채로 설정해야 한다.

다음의 표는 LG전자 감사보고서 주석사항 14번에 표시된 것을 요약한 것이다. LG전자는 2018년 판매보증충당부채로 약 3천7백억원 상당의 금액을 충당부채로 인식하고 있다.

| LG전자 | 2017년 | 2018년 |
|---|---|---|
| 판매보증충당부채 | 325,984백만원 | 379,493백만원 |

## 3.4 주요 부채항목 회계처리 사항

### (1) 사 채

사채는 기업이 일반투자자에게 확정채무임을 표시하는 증권을 발행하여 자금을 조달하는 것을 의미하며, 일정기간 동안 권면에서 표시한 약정이자를 지급하고 만기에는 원금을 상환한다.

사채의 발행가격은 사채로부터 발생하는 미래현금흐름의 현재가치로 결정된다. 즉, 사채에 표시된 만기에 지급하게 되는 원금과 각 기간 동안 발생하는 이자를 시장이자율(market interest rate)로 할인하여 사채를 발행하는 현재시점의 가치로 환산한 금액이다.

사채의 액면이자율이 시장이자율과 동일하다면 사채의 발행가격은 액면금액과 동일할 것이다. 그러나 사채의 액면이자율이 시장이자율보다 낮다면 일반투자자들은 사채에 투자할 가능성이 낮기 때문에 기업은 사채의 액면금액보다 낮은 금액으로 사채를 발행하게 된다. 이를 사채의 할인발행이라 한다. 반대로 사채의 액면이자율이 시장이자율보다 높으면 일반투자자들은 사채에 서로 투자하려고 할 것이기 때문에 기업은 사채의 액면금액보다 높은 금액으로 사채를 발행하게 되며, 이를 사채의 할증발행이라 한다. 경제학의 시장원리에 의해 사채에서 보증하는 이율이 시장에서 제공하는 이율과 동일하다면 균형가격은 이동하지 않아 사채액면금액으로 그대로 액면발행하게 되는 것이다. 그러나 기업이 발행하는 사채가 제공하는 이자율이 시장이자율보다 높으면 투자자가 증가하나 기업이 발행하는 사채금액은 변하지 않고 일정하다. 즉, 수요공급의 원리에 따라 공급은 그대로이고 수요가 증가하기 때문에 균형가격은 깨지고 가격이 상승하는 것과 동일한 원리이다. 따라서 사채의 발행가격은 증가하여 할증발행하게 된다. 반대로 사채가 제공하는 이자율이 시장이자율보다 낮으면 투자자가 감소하게 되나 기업이 발행하는 사채금액은 변하지 않고 일정하다. 즉, 공급이 일정한 상태에서 수요가 감소하여 균형가격이 낮아지기 때문에 사채의 발행가격이 액면금액보다 낮은 금액에서 결정된다.

시장이자율은 사채를 매입하려는 투자자들의 기대수익률을 의미한다. 따라서 사채를 발행하기 위해서는 투자자들에게 최소 시장이자율만큼의 수익을 보장해 주어야 하므로 액면이자율이 시장이자율과 다르면 할인 또는 할증 발행하게 된다.

투자자는 사채발행회사로부터 사채에 표시된 이자지급일에 사채에 표시된 액면이자율에 사채의 액면금액을 곱한 금액을 이자수익으로 받게 되고, 발행회사는 해당금액만큼 이자비용이 발생하게 된다.

| 사채액면발행 : 사채 액면이자율＝시장이자율<br>사채할인발행 : 사채 액면이자율＜시장이자율<br>사채할증발행 : 사채 액면이자율＞시장이자율 |
|---|

〈예제 7〉을 통해 사채의 발행가액을 계산해 보자.

**예제 7**

금오(주)는 20×1년 1월 1일에 3년 만기의 액면금액 1,000,000원, 액면이자율 6%이며 매년도 말에 이자를 지급하는 사채를 발행하였다. 사채발행시 시장이자율은 각각 (1) 5%, (2) 6%, (3) 7%이다.

금오(주)는 3년 동안 액면금액 1,000,000원에 액면이자율 6%를 곱한 금액인 60,000원을 매년도 말 이자로 지급하게 된다. 사채의 발행가액은 3년간 지급할 액면이자의 현재가치와 3년 만기시점에서 지급할 원금의 현재가치로 구성된다.

(1) 시장이자율이 5%인 경우의 사채발행가액

시장이자율이 5%인 경우 3년간 지급할 액면이자와 3년 만기시 상환할 사채원금의 현재가치는 시장이자율 5%로 할인한 금액으로 다음과 같이 계산된다.

3년간 지급할 이자의 현재가치

$=60,000/(1+0.05)+60,000/(1+0.05)^2+60,000/(1+0.05)^3$

$=163,395$원

3년 만기시 지급할 원금의 현재가치

$=1,000,000/(1+0.05)^3$

$=863,840$원

사채발행가액

=3년간 지급할 이자의 현재가치+3년 만기시 지급할 원금의 현재가치

$=163,395+863,840$

$=1,027,235$원

(2) 시장이자율이 6%인 경우의 사채발행가액

시장이자율이 6%인 경우 3년간 지급할 액면이자와 3년 만기시 상환할 사채원금의 현재가치는 시장이자율 6%로 할인한 금액으로 다음과 같이 계산된다.

3년간 지급할 이자의 현재가치

$=60,000/(1+0.06)+60,000/(1+0.06)^2+60,000/(1+0.06)^3$

$=160,380$원

3년 만기시 지급할 원금의 현재가치

$=1,000,000/(1+0.06)^3$

$=839,620$원

사채발행가액

=3년간 지급할 이자의 현재가치+3년 만기시 지급할 원금의 현재가치

$=160,380+839,620$

$=1,000,000$원

(3) 시장이자율이 7%인 경우의 사채발행가액

시장이자율이 7%인 경우 3년간 지급할 액면이자와 3년 만기시 상환할 사채원금의 현재가치는 시장이자율 7%로 할인한 금액으로 다음과 같이 계산된다.

3년간 지급할 이자의 현재가치

$=60,000/(1+0.07)+60,000/(1+0.07)^2+60,000/(1+0.07)^3$

$=157,459$원

3년 만기시 지급할 원금의 현재가치

$=1,000,000/(1+0.07)^3$

$=816,300$원

사채발행가액

=3년간 지급할 이자의 현재가치+3년 만기시 지급할 원금의 현재가치

=157,459+816,300

=973,759원

금오(주)가 발행하는 사채의 액면이자율 6%가 (1) 시장이자율 5%보다 높으면 사채의 발행가액은 1,027,235원으로 할증발행하고, (2) 시장이자율 6%와 같으면 사채의 발행가액은 액면금액과 같은 1,000,000원이며, (3) 시장이자율 7%보다 낮으면 사채의 발행가액은 973,759원으로 할인발행함을 확인할 수 있다.

### (2) 자산과 부채 상대 계정

회계거래를 자산과 부채로 표시하다보면 상호 유사한 특성을 갖는 계정과목들이 있다. 이들 대부분은 거래상대방과 거래당사자가 각각 자산, 부채로 인식하는 경우이다. 예를 들면 중화요리 대박집이 밀가루를 금오생협에서 외상으로 구입하면 대박집은 대금을 지급해야 할 매입채무가 발생하고, 금오생협은 외상대금을 받을 매출채권이 발생한다. 우리가 쉽게 혼동하는 자산과 부채의 상대 계정을 요약하면 다음과 같다.

| 자 산 | 부 채 |
|---|---|
| 매출채권 | 매입채무 |
| 미수금 | 미지급금 |
| 선급금 | 선수금 |
| 선급비용 | 선수수익 |
| 미수수익 | 미지급비용 |

# 제 4 절 자 본

## 4.1 자본의 기본개념

기업은 경제적 자원을 조달하기 위한 자금의 원천으로 크게 타인자본과 자기자본에 의존하게 되는데, 일반적으로 자기자본을 자본이라 한다. 자본(equity)은 기업의 소유주인 주주의 몫으로서 자산에서 채권자의 지분인 부채를 차감한 것이다. 이와 같은 이유로 자본은 순자산(net assets), 잔여지분(residual equity) 또는 소유주지분(owner's equity), 주주지분(stockholders' equity) 등으로 불린다. 자본과 관련된 사항은 상법이나 기타 법규에서 소액주주를 보호하는 차원에서 구체적으로 규정하고 있는 경우가 많다.

자본의 분류는 기업에 형태에 따라 상이한데, 주식회사의 경우 자본은 자본금, 자본잉여금, 자본조정, 기타포괄손익누계액 및 이익잉여금(또는 결손금)으로 분류하나 국제회계기준(IFRS)에서는 특별한 분류기준을 제시하지 않는다.

자본금과 자본잉여금은 주식발행을 통한 증자나 감자 및 기타의 자본거래로부터 발생한다. 이익잉여금은 기업의 영업활동을 통해서 창출한 손익거래로부터 배당금을 차감한 후 잔액을 누적시킨 것이다. 자본조정과 기타포괄손익누계액은 자기주식, 매도가능금융자산평가손익 등 자본에 더하거나 차감을 요하는 임시적인 성격의 항목들이다. 구체적인 내용은 다음 항에서 설명한다.

## 4.2 자본의 분류

### (1) 자본금

자본금(capital stock)은 기업이 발행한 주식의 액면금액에 발행주식수를 곱한 액면

총액으로 상법에서 정하는 법정자본금(legal capital)을 나타낸다. 이런 자본금은 주주총회결의 등의 법정절차 없이 자본금을 감소시킬 수 없다.

| 자본금＝발행주식의 액면금액×발행주식수 |
|---|

기업이 발행하는 주식의 종류에는 기본적인 주식인 보통주(common stock)와 보통주에 비해 약정된 특정권리를 부여하는 우선주(preferred stock)가 있다. 통상적으로 주주는 주주총회에 참여하여 의결권을 행사하지만, 우선주는 약정된 배당금을 우선하여 부여하기 때문에 의결권 행사가 제한되기도 한다. 이와 같이 서로 다른 두 종류의 주식이 발행된 경우 아래와 같이 이를 재무상태표에 별도로 구분 표시하고 있다.

| 자본금 | |
|---|---|
| 1. 보통주자본금(액면금액 ₩5,000, 10,000주) | ₩50,000,000 |
| 2. 우선주자본금(액면금액 ₩10,000, 2,000주) | 20,000,000 |

### (2) 자본잉여금

자본잉여금은 증자활동이나 감자활동 등 주주와의 자본거래에서 발생하는 잉여금을 말한다. 자본잉여금은 손익계산서를 거치지 않고 직접 재무상태표의 자본에 가산되는 특징을 갖고 있다. 또한 자본잉여금은 사용과 처분에 있어서 상법과 세법 등에서 엄격히 제한하고 있어, 원칙적으로 주식발행을 통한 자본금으로의 전입과 누적된 이월결손금을 보전하기 위해서만 사용될 수 있다.

자본잉여금으로는 주식 액면금액을 초과하여 주식을 할증발행할 때 발생하는 주식발행초과금이나 주주에게 현금 등을 지급하여 주식을 매입하여 소각함으로써 실질적인 자본을 감소시키는 자본감자시 발생하는 감자차익, 자기주식처분이익 등이 있다.

### (3) 이익잉여금

이익잉여금(retained earnings)은 기업의 영업활동이나 재무활동 등 경영활동을 통해 창출한 당기순이익 중 주주에게 지급한 배당금을 차감한 후 자본에 유보되어 있는 금액이다. 즉, 이익잉여금은 현재까지 이익 중 배당을 하지 않고 재투자를 위해 유보한 기업의 경영성과를 나타낸다. 이익잉여금은 현금으로만 보유된 것이 아니라 자산의 여러 가지 항목으로 보유되어 있어 해석할 때 주의를 해야 한다. 만약 '이익=현금'이라는 착각을 한다면 이는 회계등식과 발생주의를 이해하지 못하기 때문에 나타난 현상이다.

궁극적으로 기업은 이익창출이 목적이며 이익은 기업의 소유주인 주주의 몫이 된다. 따라서 당기에 이익을 보고했다면 주총결의를 통해 이익 중 일부를 주주에게 배당금으로 나누어 주고 나머지를 자본에 쌓아놓게 되는 것이다. 이것이 바로 이익잉여금이다.

$$이익잉여금 = \sum(당기순이익 - 배당금)$$

자본충실화 관점에서 상법이나 기타 법률 등에서 이익잉여금의 분류와 처분거래를 엄격히 규정하고 있다. 예를 들어, 기업의 재무구조를 건실하게 만들기 위해 법에서 강제로 규정하고 있는 법정적립금이 있다. 그리고 과도한 배당을 제한하거나 특정사업의 재원을 마련할 목적으로 기업이 자율적으로 설정할 수 있는 임의적립금이 있다.

### (4) 자본조정

자본조정은 자본금, 자본잉여금, 이익잉여금에 속하지 않는 임시항목으로 기업의 일반적인 영업과정에서는 잘 나타나지 않으나 특수한 거래나 환경에서만 발생한다. 즉, 자본조정은 자본 전체를 증가시키거나 감소시키는 항목으로 다른 자본항목으로 대체하는 과정 중에서 발생하는 대기적 성격의 항목이다. 자본조정 항목으로는 자기주식, 주식할인발행차금, 자기주식처분손실, 감자차손 등이 있다.

### (5) 기타포괄손익누계액

기타포괄손익누계액(accumulated other comprehensive income)은 이익잉여금과 구분되어 자본에 별도의 독립적인 항목으로 구분 표시된 금액이다. 즉, 기타포괄손익누계액은 포괄손익계산서에서 당기순손익으로 인식하지 않고 기타포괄손익으로 분류하는 손익항목들을 누적시킨 금액이다.

포괄손익계산서(statement of comprehensive income)는 일정기간 동안 주주와 거래 이외의 모든 원천에서 자본이 증감한 정도와 그 내역에 관한 정보를 제공하는 재무보고서이다. 여기서 주주와의 거래는 자본을 증가시키는 유상증자, 배당 또는 자기주식거래와 같은 자본거래로서 이러한 거래를 제외한 모든 자본증감내용이 포괄손익계산서에 기타포괄손익으로 보고되며 이 금액이 재무상태표의 자본 항목 중 기타포괄손익누계액에 이전되어 누적된다.

기타포괄손익누계액은 자산재평가이익, 기타포괄손익인식금융자산평가손익, 해외사업장의 외화재무제표환산손익 등의 누적액이다. 주로 기타포괄손익누계액은 자산을 공정시가로 평가할 때 발생하는 미실현손익의 성격을 가진 항목이며, 손익계산서의 당기순이익에 반영되지 않고 기타포괄손익으로 포함되어 있다.

| 구 분 | 내 용 |
|---|---|
| 자본금 | 발행주식의 액면금액의 합계(예 : 납입자본) |
| 자본잉여금 | 주주와 자본거래에서 발생한 잉여금(예 : 주식발행초과금 등) |
| 자본조정 | 자본거래 중 자본금이나 자본잉여금으로 분류할 수 없는 항목(예 : 주식할인발행차금 등) |
| 이익잉여금 | 이익누계액 중 배당금을 지급하고 남아 있는 금액 |
| 기타포괄손익누계액 | 포괄적인 의미에서 잠재적인 손익에 해당하지만, 당기손익으로 확정할 수 없는 항목(예 : 기타포괄손익인식금융자산평가손익, 재평가잉여금 등) |

손익계산서
당기순손익＝수익－비용

포괄손익계산서
당기총포괄손익＝당기순손익±기타포괄손익

재무상태표
이익잉여금＝당기순손익－배당금
기타포괄손익누계액＝당기말까지 누적된 기타포괄손익

## 4.3 자본변동표

자본변동표(statement of changes in equity)는 재무상태표에 표시되는 자본을 구성하고 있는 모든 항목의 변동내용을 상세히 보여주는 재무제표이다. 자본은 주주들과의 자본거래로 인하여 변동하기도 하고, 경영활동의 결과에 따라 발생하는 당기순손익으로 인하여 변화하기도 한다. 국제회계기준에서는 자본변동표를 기본 재무제표로 규정하고 있다.

회사가 최초로 설립되어 주식을 발행하면 주주들이 발행금액에 해당하는 현금 등을 납입하게 되는데, 이때 주식의 액면금액에 해당하는 금액은 자본금으로, 액면금액을 초과하는 금액은 자본잉여금으로 분류된다. 이후 추가로 자금이 필요하여 유상증자를 하는 경우에도 주주들로부터 납입이 이루어지고 그에 따라 자본금 또는 자본잉여금이 변화하게 된다.

또한 기업이 영업활동을 시작하면 수익과 비용이 발생하게 된다. 수익과 비용의 차이를 나타내는 순이익은 최종적으로 재무상태표상의 자본 중 이익잉여금을 증가시키며, 주주들에게 배당금을 지급하면 이익잉여금이 그만큼 감소하게 된다. 이와 같은 자본의 변동내용을 표시한 것이 자본변동표이다.

자본변동표는 재무제표간의 연계성을 높여 재무제표의 이해가능성을 제고시키게 된다. 자본변동표는 기초시점의 재무상태표에 표시되어 있는 자본의 기초잔액과 기말시점의 재무상태표에 표시되어 있는 기말잔액을 모두 보여주어 일정기간의 자본변동을 제시함으로써 재무상태표와 연결할 수 있다. 또한 자본의 변동내용은 손익계산서와 현금흐름표에 나타난 정보와 연결할 수 있어 정보이용자들로 하여금 보다 명확히 재무제표간의 상호관계를 이해할 수 있게 된다.

다음의 내용은 금오(주)의 자본변동표의 예를 보고한 것이다. 금오(주)의 자본변동표를 살펴보면, 20×5년 1년 동안 자본의 변동내용을 보여주고 있다. 금오(주)는 주식발행으로 자본금 ₩1,000,000, 자본잉여금 ₩300,000이 증가하였으며, 경영활동의 결과로 당기순이익 ₩358,000이 발생하였다. 이 중 주주들에게 ₩130,000을 배당함으로써 이익잉여금이 ₩228,000으로 증가하였다. 결과적으로 12월 말의 자본총계는 ₩1,528,000이 되었다.

자본변동표

20×5년 1월 1일부터
20×5년 12월 31일까지

금오(주) (단위 : 원)

| | 자본금 | 자본잉여금 | 이익잉여금 | 총 계 |
|---|---|---|---|---|
| 20×5. 1. 1 | ₩0 | | ₩0 | ₩0 |
| 주 식 발 행 | 1,000,000 | ₩300,000 | | 1,300,000 |
| 당기순이익 | | | 358,000 | 358,000 |
| 배 당 금 | | | (130,000) | (130,000) |
| 20×5. 12. 31 | ₩1,000,000 | ₩300,000 | ₩228,000 | ₩1,528,000 |

### 기초 다지기 1

1. (        )는 채권자의 지분으로 과거 사건의 결과로 상환해야 할 의무가 있다.
2. (        )은 순자산이라 하며 주주의 몫을 나타낸다.
3. 부채와 자본은 재무상태표의 오른쪽에 위치하며 (        ) 상황을 나타낸다,
4. (        )는 미래의 지출이 확실하나 지급시기와 지급대상이 불명확한 부채이다.
5. 당기순이익은 자본 중 (        )을 증가시키며 배당금을 지급하면 그만큼 감소한다.

### 기초 다지기 2

6. 자본은 주주들과 자본거래에 의해서 변동하기도 하고 경영성과에 따라 발생하는 결과에 따라 변동한다. (○, ×)
7. 자본변동표는 자본을 구성하고 있는 항목들의 변동내역을 반영한다. (○, ×)
8. 매입채무는 토지나 건물 등을 외상으로 구입하여 발생한 금액이다. (○, ×)
9. 차입금과 사채를 통해 자금을 조달한 기업은 이자를 지급해야 한다. (○, ×)
10. 기업의 경영실적이 저조하여 적자를 보고하면 기업은 채권자에게 이자를 지급할 의무가 없다. (○, ×)

### 기초 다지기 3

11. 이익잉여금의 증감 원인이 아닌 것은?
    ① 당기순이익 발생    ② 당기순손실 발생
    ③ 유상증자    ④ 배당금 지급

12. 유동부채에 포함되지 않는 것은?
    ① 매입채무    ② 퇴직급여채무
    ③ 단기차입금    ④ 미지급비용

13. 부채에 대한 설명으로 옳지 않은 것은?
    ① 유동성배열법에 따라 유동부채와 비유동부채로 구분할 수 있다.
    ② 기업이 현재 갚아야 할 의무를 나타낸다.
    ③ 모든 부채는 1년 이내 현금으로 상환해야 한다.
    ④ 금융부채와 비금융부채로 구분할 수 있다.

14. 다음 중 사채에 대한 설명으로 옳지 않은 것은?

① 사채의 발행금액은 사채에 표시된 만기에 지급하게 되는 원금과 각 기간 동안 발생하는 이자를 액면이자율로 할인하여 사채를 발행하는 현재 시점의 가치로 환산한 금액이다.

② 사채의 액면이자율이 시장이자율보다 낮으면 사채할인발행을 하게 된다.

③ 사채의 액면이자율과 시장이자율이 같으면 사채액면발행을 하게 된다.

④ 사채는 기업이 자금을 조달하기 위한 방법 중 하나로, 사채권면에는 액면금액, 이자율, 이자지급일, 만기일이 표시되어 있다.

15. 자본에 대한 설명으로 옳지 않은 것은?

① 자산에서 부채를 차감한 잔여액이다.

② 기업을 소유하고 있는 주주의 지분을 나타낸다.

③ 기업을 소유하고 있는 주주의 출자금만으로 구성되어 있다.

④ 재무상태표 오른쪽에 표시되어 주주로부터 조달한 자금 내역을 나타낸다.

16. 다음 자료를 바탕으로 자본을 계산하면 얼마인가?

| | | | |
|---|---|---|---|
| 납입자본 | 300,000원 | 이익잉여금 | 100,000원 |
| 단기차입금 | 300,000원 | 주식발행초과금 | 500,000원 |
| 미지급금 | 300,000원 | 충당부채 | 250,000원 |
| 미지급비용 | 100,000원 | 기타포괄손익누계액 | 150,000원 |
| 사채 | 650,000원 | | |

① 800,000원　② 900,000원

③ 1,050,000원　④ 1,300,000원

17. 부채로 표시할 수 없는 것은?

① 라인 증설을 위해 기계장치를 신용으로 구입한 금액

② 금융기관으로부터 차입한 금액

③ 기계장치를 신용으로 판매하고 아직 현금으로 받지 못한 금액

④ 사무실을 빌려주기로 약정하고 미리 받은 금액

**정답**

1. 부채　2. 자본　3. 자금조달　4. 충당부채　5. 이익잉여금　6. ○　7. ○　8. ×　9. ○
10. ×　11. ③　12. ②　13. ③　14. ①　15. ③　16. ③　17. ③

## 제 5 절 기업사례 살펴보기

〈표 3-1〉은 실제로 코스닥에 상장되어 있는 게임회사 컴투스(Com2us)의 2016년부터 2018년까지 매년도 말 재무상태표를 보고식으로 나타낸 것이다. 컴투스의 재무상태표를 보면 자산은 유동자산과 비유동자산으로 분류하여 나열하고, 부채 또한 유동부채와 비유동부채로 구분하여 표시하고 있다. 재무상태표를 통해 지금까지 학습한 내용 중 특별한 사항이 있는지를 점검해 보면 다음과 같다.

첫째, 1년 이내에 현금화가 용이한 유동자산의 비중이 장기적인 수익성 창출에 기여하는 비유동자산의 규모보다 크다. 둘째, 온라인 콘텐츠 형식의 게임을 판매하기 때문에 재고자산이 없음을 알 수 있다. 셋째, 게임산업의 확대로 국내에서만 판매되는 것이 아니고 온라인게임이나 모바일게임 등은 전 세계에서 동시에 접속되고 판매되어서 신용거래로 발생한 매출채권의 비중이 증가하고 있다. 넷째, 과도한 유동자산을 보유하는 큰 이유 중의 하나가 미래의 적합한 투자기회를 갖지 못하기 때문이다. 유동자산 중 금융기관예치금 금액이 매우 큼을 확인할 수 있는데, 이를 반증하는 것이라 볼 수 있다. 다섯째, 현재 컴투스는 차입금이나 사채 등 이자비용이 발생하는 부채가 매우 적다. 여섯째, 컴투스는 매입채무가 없다. 게임 제작에 특별한 재료비가 소요되지 않는다는 것을 의미하며, 게임회사의 특징상 매입채무항목을 활용하기보다는 필요한 것을 현금으로 즉시 구매하는 것으로 볼 수 있다. 마지막으로, 자본의 조달측면에서 보면 컴투스의 재무구조는 자기자본 위주로 구성되어 있고 부채의 비중이 매우 낮아 튼튼한 재무구조를 보여주고 있다.

〈표 3-1〉 컴투스(Com2us) 재무상태표

제21기 2018. 12. 31 현재
제20기 2017. 12. 31 현재
제19기 2016. 12. 31 현재

(단위 : 원)

| | 제21기 | 제20기 | 제19기 |
|---|---|---|---|
| 자산 | | | |
| 유동자산 | 768,667,582,483 | 757,215,511,117 | 645,119,351,789 |
| 현금및현금성자산 | 29,045,039,516 | 20,100,163,820 | 82,610,878,513 |
| 매도가능금융자산 | | 267,000,000,000 | 274,000,000,000 |
| 채무상품 | 236,000,000,000 | | |
| 금융기관예치금 | 428,246,434,325 | 376,069,418,557 | 205,535,345,646 |
| 매출채권 및 기타유동채권 | 68,383,006,172 | 86,465,440,317 | 74,908,468,689 |
| 매출채권 | 52,651,408,573 | 71,359,384,444 | 61,224,492,882 |
| 기타유동채권 | 15,731,597,599 | 15,106,055,873 | 13,683,975,807 |
| 기타유동자산 | 6,993,102,470 | 7,580,488,423 | 8,064,658,941 |
| 비유동자산 | 133,019,393,074 | 72,856,939,212 | 61,330,375,804 |
| 매도가능금융자산 | | 22,671,766,099 | 12,479,595,865 |
| 당기손익-공정가치금융자산 | 76,679,577,471 | | |
| 기타포괄손익-공정가치금융자산 | 9,611,957,316 | | |
| 장기금융기관예치금 | | 7,084,268,810 | 6,947,277,804 |
| 장기기타채권 | 509,387,575 | 49,522,950 | 98,395,556 |
| 종속기업에 대한 투자자산 | 2,337,146,837 | 3,855,486,453 | 3,855,486,453 |
| 관계기업에 대한 투자자산 | 9,689,167,041 | 4,258,985,454 | 2,756,520,000 |
| 기타비유동자산 | 105,817,517 | 114,661,500 | 40,631,009 |
| 유형자산 | 2,806,765,196 | 2,652,000,649 | 2,501,923,544 |
| 투자부동산 | 28,808,762,728 | 29,447,329,552 | 30,085,896,376 |
| 무형자산 | 1,660,515,255 | 2,722,917,745 | 2,564,649,197 |
| 이연법인세자산 | 810,296,138 | | |
| 자산총계 | 901,686,975,557 | 830,072,450,329 | 706,449,727,593 |
| 부채 | | | |
| 유동부채 | 62,830,374,631 | 74,415,619,828 | 73,938,321,436 |
| 기타유동채무 | 33,930,235,223 | 40,615,835,333 | 33,615,482,226 |
| 당기법인세부채 | 20,270,680,733 | 25,883,979,354 | 28,344,335,310 |
| 유동충당부채 | 197,010,000 | 157,230,000 | 150,885,000 |
| 기타유동부채 | 8,432,448,675 | 7,758,575,141 | 11,827,618,900 |

| | | | |
|---|---|---|---|
| 비유동부채 | 1,469,872,951 | 866,624,435 | 2,565,764,726 |
| 장기매입채무 및 기타비유동채무 | 1,457,092,914 | 595,041,201 | 1,269,291,619 |
| 기타비유동금융부채 | 12,780,037 | | |
| 비유동금융보증부채 | 12,780,037 | | |
| 이연법인세부채 | | 271,583,234 | 1,290,128,107 |
| 충당부채 | | | 6,345,000 |
| 부채총계 | 64,300,247,582 | 75,282,244,263 | 76,504,086,162 |
| 자본 | | | |
| 자본금 | 6,433,210,000 | 6,433,210,000 | 6,433,210,000 |
| 기타불입자본 | 162,760,350,772 | 188,861,789,499 | 186,934,785,271 |
| 이익잉여금(결손금) | 669,026,212,245 | 552,914,586,419 | 429,960,180,416 |
| 기타자본구성요소 | (833,045,042) | 6,580,620,148 | 6,617,465,744 |
| 자본총계 | 837,386,727,975 | 754,790,206,066 | 629,945,641,431 |
| 자본과부채총계 | 901,686,975,557 | 830,072,450,329 | 706,449,727,593 |

## 사례조사 및 함께 생각해 보기

1. 관심기업의 재무상태표를 찾아보고 자산, 부채, 자본이 각각 얼마인지 확인해 보고 각각의 내용에 대해 설명해 봅시다.
2. 관심기업의 재무상태표를 보고 유동자산과 비유동자산의 비중을 비교해 보고 주요 항목을 대해 설명해 봅시다.
3. 관심기업의 재무상태표를 보고 유동부채와 비유동부채의 비중을 비교해 보고 주요 항목을 대해 설명해 봅시다.
4. 관심기업의 재무상태표를 보고 자본금과 이익잉여금의 비중을 비교해 보고 의미하는 내용이 무엇인지 설명해 봅시다.
5. 1번부터 4번까지 내용을 토대로 관심기업의 재무상태표에 대해 특별한 사항이나 컨설팅할 내용이 있는지 최종적으로 평가해 봅시다.

CHAPTER

# 4

# 손익계산서의 주요 내용

제4장에서는 재무회계의 가장 기초가 되는 손익계산서의 의미와 개념을 설명하고, 손익계산서를 구성하고 있는 수익과 비용, 이익이 무엇인지를 살펴본다. 아울러 기업의 경영성과를 나타내는 손익계산서의 주요 항목들의 개념을 이해하고 학습한다.

제 1 절 손익계산서
제 2 절 수익과 비용의 인식
제 3 절 수 익
제 4 절 비 용
제 5 절 수익, 비용 항목 주요 회계처리 사항
제 6 절 기업사례 살펴보기

# 제 1 절 손익계산서

## 1.1 손익계산서 의의

손익계산서(Income Statement : I/S)는 일정기간 동안 기업의 경영성과에 관한 회계정보를 제공하는 재무보고서이다. 손익계산서에는 기업의 경영성과인 수익과 비용에 관한 내용이 표시된다. 수익에서 비용을 차감한 값이 크다면 당기순이익을 보고하게 되나, 수익이 비용보다 작다면 당기순손실을 보고한다. 즉, 당기순이익 혹은 당기순손실은 기업의 수익성을 나타내고 이를 통해 일정기간 동안의 기업 경영성과를 판단하게 된다.

당기순이익(손실)=수익−비용

손익계산서는 고객에게 재화나 용역을 판매하거나 제공함으로써 벌어들인 수익창출활동을 화폐로 표시해 주고, 수익창출을 위해 사용한 경제적 자원의 소비액인 비용을 나타낸다. 예를 들어, 금오(주)가 10월 한 달 동안 김밥 판매로 벌어들인 수익은 100만원이고, 김밥 판매를 위해 소비한 자원의 총사용금액이 80만원이라면, 금오(주)는 10월 한 달간의 경영성과로 수익 100만원에서 비용 80만원을 차감한 20만원의 당기순이익을 보고하게 된다.

## 1.2 포괄손익계산서 의의

포괄손익계산서(statement of comprehensive income)는 국제회계기준(IFRS)에서 규정하고 있는 기본 재무제표 중 하나로 기업의 일정기간 동안 창출한 경영성과를 나타낸다. 포괄손익계산서 또한 손익계산서와 같이 일정기간 동안 기업의 자본이 증가

또는 감소한 내용(소유주와의 거래는 제외)에 관한 정보를 제공한다. 손익계산서와 포괄손익계산서 모두 항상 회계기간 시작부터 끝까지라는 기간이 표시되어 일정기간 동안의 경영성과를 보여주게 된다. 재무상태표가 일정시점의 정적(stock)인 개념이라면 손익계산서는 일정기간의 흐름을 나타내는 동적(flow)인 개념이다.

포괄손익계산서는 소유주인 주주가 기업에 자본을 투자하는 것과 주주의 몫을 배분하는 자본거래 이외에 모든 자본의 변동을 발생시키는 손익항목을 나타낸다. 즉 포괄손익은 손익계산서의 당기순손익과 기타포괄손익의 내용으로 구성된다.

| 포괄손익 = 당기순손익 + 기타포괄손익 |
|---|

보통 경영성과 정보는 기업의 일정기간 동안 수익성에 대한 정보를 제공하기 때문에 경영자나 기업의 성과평가를 하는 데 유용할 뿐 아니라 기업이 현재의 자원으로부터 미래의 현금흐름을 창출할 수 있는 능력을 예측하는 데에도 유용하다.

## 1.3 손익계산서 구성요소

손익계산서는 수익, 비용, 이익(손실)으로 구성되어 있다. 수익과 비용은 발생원천에 따라 구분하여 표시한다. 예를 들어, 기업의 영업활동으로 인해 벌어들인 수익은 매출액으로 표시하고, 은행에 일정금액을 예치하여 발생한 이자수익은 금융수익으로 표시한다. 비용도 매출원가, 판매비, 관리비, 이자비용 등으로 구분한다. 수익, 비용, 이익과 구체적인 사항은 다음 절에서 구체적으로 설명하고, 본절에서는 당기순이익, 기타포괄손익, 총포괄손익에 대해 설명한다.

### (1) 당기순이익

당기순이익은 기업의 모든 경영활동에 의한 최종 수익성을 나타내주는 경영성과이다. 당기순이익이 산출되는 과정을 살펴보면 다음과 같다. 당기순이익은 매출액에 매출원가를 대응시켜 매출총이익(gross profit)을 계산하고, 매출총이익에서 정상영업활동에서 발생하는 판매비와 관리비를 차감하여 영업이익(operating profit)을 산출한다.

매출총이익은 판매상품의 기본적인 마진을 나타내는 척도로, 사업의 지속가능성에 대한 가장 직관적인 지표이다. 예를 들어 대박집에서 짬뽕을 8천원에 판매하는데 짬뽕 한 그릇의 원가가 1만원이라면 짬뽕을 팔면 팔수록 매출은 증가할지라도 매출총손실이 발생한다. 대박집은 최소 8천원보다 판매가격을 높게 책정해야 매출총이익이 발생한다. 매출총이익은 매출액에서 매출원가를 차감한 잔여금액이기 때문에 최소 판매가격이 매출원가보다 높아야 상품의 판매가 증가할수록 매출총이익이 증가하는 손익구조를 갖는다. 즉, 매출총이익은 상품 판매를 통해 얻을 수 있는 직접적인 이익으로 상품 자체의 판매마진이다.

영업이익은 기업의 정상적인 영업활동에 대한 마진을 나타내는 척도로, 기업의 본질적인 이익을 의미한다. 대박집이 식당을 운영할 때 밀가루, 해산물 등과 같은 원재료와 관련된 비용들만이 발생하는 것이 아니라 식당 운영과 관리, 유지를 위해 많은 자원들을 소비한다. 종업원들에게 지급하는 급여, 광고선전비, 인테리어 비용, 세금과 공과금, 매장임차료 등이 발생한다. 영업이익은 매출총이익에서 이와 같은 판매비와 관리비를 제외하고 남은 이익이기 때문에 영업활동 전반에 걸쳐 사용하고 남은 이익이다. 영업이익은 기업의 주된 영업활동인 제조, 판매, 관리 활동에 사용된 자원들을 모두 차감하고 남은 부분으로, 순수하게 영업을 통해 벌어들인 이익을 의미한다.

영업이익에 영업활동과 직접 관련 없이 발생하는 금융수익이나 기타수익 등을 가산하고 금융비용이나 기타비용을 차감하여 법인세비용차감전순이익(profit before income tax)을 계산하며, 여기에 법인세비용을 차감하여 당기순이익(profit)을 산출한다. 바로 손익계산서에서 최종적으로 산출된 당기순이익이 회계기간 말에 작성되는 재무상태표의 이익잉여금에 대체되는 것이다. 즉, 당기순이익은 최종적으로 남은 이익으로, 주요한 영업활동뿐 아니라 사업과 주된 관련성이 낮은 비정상적인 활동에서 발생하는 수익과 비용을 모두 차감하고 남은 부분이다. 투자자나 기업의 이해관계자들은 장기적인 관점의 현금창출 능력을 당기순이익을 이용하여 예측하기 때문에 당기순이익은 가장 중요한 경영성과 지표 중 하나이다.

### (2) 기타포괄손익

기타포괄손익(other comprehensive income)은 자본의 증가나 감소를 초래하며 광의의 수익이나 비용의 정의에 해당되지만 당기순손익을 결정하는 데 반영되지 않은 수익과 비용 항목이다. 기타포괄손익 대부분은 아직 실현되지 않은 미실현손익으로 포괄손익계산서에서 당기순이익 하단에 별도로 표시되는 손익이다. 기타포괄손익의 예로는 유형자산의 재평가이익, 확정급여채무의 보험수리적손익, 해외사업장의 외화재무제표환산손익, 기타포괄손익인식금융자산평가손익, 파생금융상품평가손익 등이 있다. 기타포괄손익은 회계기간 말에 재무상태표의 기타포괄손익누계액을 구성하는 각각의 기타포괄손익누계액의 항목으로 대체된다.

### (3) 총포괄이익

총포괄이익은 포괄손익계산서에서 산출되는 최종 성과측정치이다. 일부 예외 항목들은 있지만 일정기간 동안 기업과 주주 간의 자본거래를 제외한 순자산의 증감액을 나타낸다. 이해관계자들은 총포괄이익보다 당기순이익을 경제적 의사결정에 더 유용하게 사용되고 있다고 최근 학술연구에서 보고하고 있다.

## 1.4 손익계산서와 포괄손익계산서 양식

손익계산서는 손익계산서라는 문구와 작성기업 및 일정기간을 나타내는 회계기간이 표시되어야 하며, 수익과 비용, 당기순손익이 나타난다. 손익계산서의 보고양식은 재무상태표와 같이 계정식과 보고식이 있다. 계정식은 T자형으로 손익계산서를 왼쪽과 오른쪽으로 구분하여 왼쪽에는 비용을, 오른쪽에는 수익을 보고하는 방법이다. 보고식은 손익계산서 위에서부터 수익을 먼저 나타내고, 비용을 보고한 다음 그 수익과 비용의 차액을 당기순이익(손실)으로 기록하는 방법이다.

일반적으로 손익계산서는 먼저 수익인 매출액에서 매출원가를 차감하여 매출총이익을 계산한다. 그 다음에 기업의 판매비와 관리비를 차감해서 영업이익을 구한다. 판매비는 판매활동과 관련해서 발생한 비용으로 판매수수료, 물류비용, 광고선전비 등이고, 관리비는 관리활동과 관련해서 발생한 비용으로 인건비, 대손상각비, 감가상각비, 보험료 등이다. 이 항목들은 각각 재무제표 본문에 나열해도 되고, 판매비와 관리비라는 계정으로 합산하여 표시하고 재무제표 주석에 공시해도 된다.

국제회계기준에서는 포괄손익계산서의 양식이나 항목 및 배열순서 등을 규정하지 않고 있으나, 수익(매출), 금융비용, 당기순손익, 총포괄손익 등과 같이 반드시 개별금액으로 나타내어야 할 최소한의 항목만을 규정하고 있다. 우리나라의 K-IFRS에서는 금융수익과 금융비용을 다른 항목들과 독립적으로 포괄손익계산서에 표시하도록 요구하고 있다. 대부분 금융수익은 이자수익이고, 금융비용은 이자비용이다. 그 다음으로는 따로 분류하기 어려운 기타수익과 기타비용을 표시하여 가감하면 법인세비용차감전순이익이 계산되고 여기에 법인세비용을 차감하면 기업의 당기순이익이 산출된다. 이것이 바로 손익계산서에 보고되는 당기순이익이며 여기까지는 포괄손익계산서와 동일하다.

포괄손익계산서에서는 당기순이익 아래에 법인세비용차감 후의 기타포괄손익이 표시된다. 기타포괄손익은 대부분 당기에 실현되지 않은 미실현손익이라서 당기순이익에 반영하지 않고 따로 표시하는 것이다. 기타포괄손익으로는 자산재평가이익, 기타포괄손익인식금융자산평가손익 등이 있다. 포괄손익계산서의 마지막에는 당기순이익에 기타포괄손익을 합산한 당기총포괄이익이 산출된다. 즉, 당기총포괄이익은 자본거래를 제외한 당기순자산의 증가를 나타낸다.

보통 손익계산서라는 용어를 사용할 때에는 수익과 비용, 당기순손익만을 표시하는 전통적인 손익계산서를 의미한다. 포괄손익계산서라는 용어를 사용할 때에는 단일표시방식의 포괄손익계산서나 당기순이익에 기타포괄손익을 가감한 총포괄손익을 표시하는 분리표시방식의 포괄손익계산서를 의미한다. 즉, 매출액부터 당기순이익까지의 부분은 '손익계산서'라고 부르고, 당기순이익부터 총포괄이익까지는 '포괄손익계산서'라고 부른다.

다음은 당기순이익에 기타포괄손익을 가감한 총포괄손익을 표시하는 분리표시방식의 포괄손익계산서 예를 제시한 것이다.

### 포괄손익계산서

금오(주) 20××년 ×월 ×일부터 20××년 ×월 ×일까지 (단위 : 천원)

| 과 목 | 금 액 | |
|---|---|---|
| 매 출 액 | | ₩230,000 |
| 매 출 원 가 | | 150,000 |
| 매출총이익 | | ₩80,000 |
| 판 매 비 | | |
| 광고선전비 | ₩30,200 | |
| 판매수수료 | 20,050 | 50,250 |
| 관 리 비 | | |
| 관리사원급여 | ₩8,700 | |
| 보 험 료 | 2,000 | 10,700 |
| 영 업 이 익 | | ₩19,050 |
| 금 융 수 익 | | 13,000 |
| 금 융 비 용 | | 4,000 |
| 기 타 수 익 | | 500 |
| 기 타 비 용 | | 150 |
| 법인세비용차감전순이익 | | ₩28,400 |
| 법인세비용 | | 10,100 |
| 당기순이익 | | ₩18,300 |
| 법인세효과후기타포괄손익 | | |
| 토지재평가이익 | ₩1,650 | |
| 기타포괄손익인식금융자산평가이익 | 300 | ₩1,950 |
| 당기총포괄이익 | | ₩20,250 |

## 제 2 절 수익과 비용의 인식

### 2.1 발생주의

기업의 활동 중에서 회계기록의 대상이 되는 경제적 사건들을 식별하고 재무제표에 반영하는 과정을 인식(recognition)이라고 한다. 수익과 비용을 인식하는 방법에는 현금주의와 발생주의가 있다.

발생주의(accrual basis)는 현금의 수입 및 지출과 관계없이 수익 및 비용이 실제 발생했느냐를 기준으로 수익과 비용을 인식하는 방법이다. 즉, 발생주의는 현금이 들어오고 나간 수입과 지출의 시점이 아니라 수익 및 비용이 발생한 시점에 회계거래를 인식하여 장부에 기록하고 해당기간의 재무제표에 표시한다. 발생주의에서는 수익은 실현주의에 따라 인식하고, 비용은 관련 수익에 대응시키는 방법으로 인식하게 된다. 예를 들어, 9월 1일에 스마트폰 생산을 위해 부품을 구입하였고 9월 5일에 생산을 완료하였다. 9월 15일 고객으로부터 스마트폰 10대 주문을 받아 10월 1일에 스마트폰 10대를 신용으로 판매한 후 다음 달 11월 1일에 대금을 회수했다면 수익은 언제 인식해야 하는가? 발생주의는 스마트폰을 판매한 날에 바로 수익이 발생하였기 때문에 10월 1일에 수익을 인식하는 것이다.

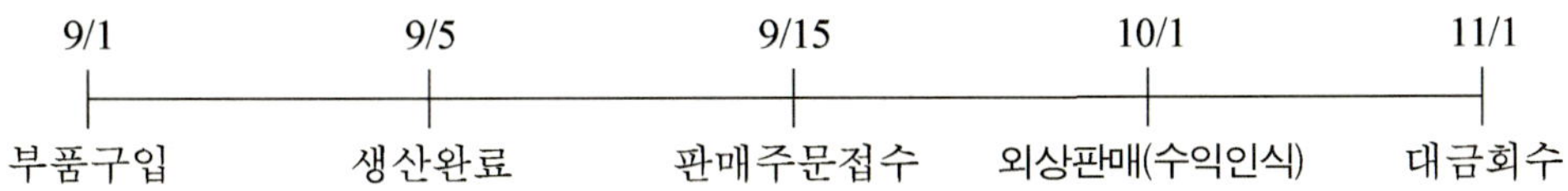


또 다른 예로 스마트폰 광고를 10월 1일에 했으나 광고비 대금은 11월 1일에 지급하였다면 언제 광고비를 인식하는가? 발생주의에 따르면 광고활동은 10월 1일에 발생하였기 때문에 광고비는 10월 1일에 인식하여 비용으로 계상한다.

발생주의는 기본회계원칙이 되는 사항이며 모든 수익과 비용은 발생주의에 따라서 인식하게 된다.

## 2.2 현금주의

현금주의(cash basis)는 수익과 비용을 재무제표에 현금이 들어오고 나간 시점을 기준으로 인식하는 것이다. 즉, 현금의 수입이 있을 때 수익을 인식하고, 현금이 지출되었을 때 비용을 인식하는 방법이다. 현금주의에서는 상품을 현금으로 판매한 경우에는 현금수입액만큼 수익으로 인식하지만, 외상으로 판매한 경우에는 판매시점에 현금수입액이 없으므로 수익을 전혀 인식하지 않게 된다. 외상으로 판매한 경우에는 판매시점이 아닌 외상대금이 회수된 시점에서 수익을 인식하게 된다. 비용도 마찬가지로 현금이 지출된 시점에서 인식하기 때문에 현금으로 아직 미지급한 비용은 비용으로 인식하지 않게 된다. 현금주의는 수익 및 비용이 발생한 경우에도 현금의 수입 또는 지출이 없으면 이를 인식하지 않으므로 기업의 경영성과를 왜곡시킬 수 있다. 따라서 일반적으로 인정된 회계원칙에서는 현금주의를 인정하지 않고 발생주의만을 인정한다. 그러나 현금주의 회계는 적용하기가 간편하고 쉽기 때문에 소규모의 기업에서는 아직 현금주의를 채택하고 있는 경우가 있다.

발생주의와 현금주의의 장단점을 비교하면 다음과 같다.

〈발생주의와 현금주의 장단점 비교〉

| | 장 점 | 단 점 |
|---|---|---|
| 발생주의 | • 발생주의는 보다 정확하게 수익이 측정되고 비용이 대응된다.<br>• 발생주의는 현금주의보다 경영성과를 보다 적정하게 측정할 수 있다.<br>• 발생주의는 미래의 현금흐름을 예측하고 경영성과를 측정함에 있어서 현금주의보다 우월하다. | • 발생주의는 수익창출활동이 발생하는 회계기간 중 어느 시점에서 수익과 비용을 인식할지가 불명확하다.<br>• 발생주의는 인식해야 할 수익금액과 비용금액을 객관적으로 명확하게 측정하기 어렵다. |
| 현금주의 | • 현금주의는 실제로 유입되어 들어온 현금과 유출되어 나간 현금으로 수익과 비용을 측정하므로 발생주의보다 수익과 비용 금액이 확정적이다.<br>• 현금주의는 발생주의보다 명확하게 수익과 비용을 인식할 수 있다. | • 현금주의는 수익과 관련된 비용의 대응이 적절하지 않다.<br>• 특정기간의 경영성과가 차기에 이월되어 다른 기간의 경영성과와 혼합되어 발생주의에 비해 적절하게 경영손익을 측정하기 힘들다.<br>• 현금주의는 수익과 비용을 현금의 유입과 유출 시점에 인식하므로 수익과 비용을 인식하는 시점이 지연된다. |

# 제 3 절 수 익

## 3.1 수익의 기본개념과 분류

수익(revenues)은 일정기간 동안 자산의 증가나 부채의 감소에 따라 발생한 순자산의 증가를 의미한다. 수익은 재화나 용역을 제공함으로써 발생한 자본의 증가를 가져오는 미래 경제적 효익의 증가로 기업이 돈을 버는 활동이다. 애플은 스마트폰을 판매하여 돈을 벌고, 회계법인은 회계감사 등의 용역을 제공하여 돈을 벌게 된다. 이처럼 수익의 대부분은 기업이 고객에게 재화를 판매하거나 용역을 제공하고 받은 대가이다. 수익이 발생하면 그만큼 주주의 몫인 자본이 증가한다.

수익항목으로는 크게 기업 본연의 영업활동으로 인해 벌어들인 매출액과 그 밖의 활동으로 벌어들인 기타수익이 있다. 매출액(sales)은 기업의 정상영업활동에서 제품, 상품, 용역 등의 판매로 인해 발생한 금액이다. 만약 판매한 상품이나 제품의 하자로 인한 환입이 있거나, 외상판매로 인한 대금 회수를 촉진하기 위해 할인 등을 제공했으면 이와 같은 매출환입과 에누리, 매출할인을 총매출액에서 차감한 금액이 매출액이다. 즉, 매출액은 기업의 가장 중심적이면서도 중요한 영업활동과 관련하여 발생하며 재화를 판매하거나 용역을 제공하여 받은 대가이다. 예를 들면, 가전제품판매회사는 가전제품판매액을, 유통회사는 상품판매액을, 물류회사는 화물의 운송수입을 매출액으로 보고한다. 영업활동이란 이와 같이 업종별로 다양하기 때문에 업종별 대표적인 영업수익을 정리하면 다음과 같다.

〈업종별 영업수익 예시〉

| 업 종 | 영업수익 항목 |
|---|---|
| 제조업 | 제품판매액 |
| 서비스업 | 용역수익 |
| 유통업 | 상품판매액 |
| 부동산임대업 | 임대료수익 |
| 금융업 | 이자수익 |

기타수익(other income)은 정상영업활동 이외의 활동, 재무나 투자 활동과 관련하여 발생하는 수익이다. 예금이나 채권, 금융상품에 대한 이자수익, 주식에 대한 배당금수익, 건물이나 토지 등을 임대함으로써 발생하는 임대료수익, 토지나 건물 등과 같은 유형자산을 장부금액 이상으로 처분하여 발생하는 유형자산처분이익, 거래의 알선 등에 대한 수수료수익, 단기금융자산을 원가 이상으로 처분하여 발생하는 단기투자자산처분이익 등이 여기에 속한다.

즉, 매출액은 기업의 주된 영업활동과정에서 발생하는 영업수익을 나타내고, 기타수익은 주된 영업활동과정 이외의 과정에서 발생하는 배당금수익, 임대료수익, 금융자산처분이익, 투자자산처분이익, 유형자산처분이익 등을 나타낸다.

## 3.2 수익의 인식

수익의 인식은 언제 얼마만큼을 수익으로 기록할 것인지를 나타내는 원칙이다. 일반적으로 수익의 측정은 현금으로 받은 대가나 취득한 자산의 공정가치로 측정하며, 발생주의에서는 재화를 판매하거나 용역을 제공한 경우에는 그 대가를 현금으로 받든 외상으로 받든 상관없이 재화를 판매한 날이나 용역을 제공한 날에 수익으로 인식한다. 즉, 발생주의에서 수익은 현금의 수취와 상관없이 수익이 실현된 기간에 인식하게 된다. 이를 수익의 실현주의원칙(realization principles)이라 한다.

두 가지 조건이 충족된 시점을 실현주의원칙에서 수익이 실현된 시점으로 본다.

1) 현금 또는 현금청구권과 교환되었을 때
2) 수익창출과정(earning process)이 완료되었을 때

예를 들어, 금오(주)는 스마트폰을 ₩1,000,000에 판매하고 이 중 ₩600,000은 현금으로 받고, 나머지는 외상으로 하였다.

첫째, 스마트폰을 판매하고 현금 ₩600,000이 생기고 차후 ₩400,000의 현금을 청구할 권리가 생겼으므로 수익 ₩1,000,000을 인식할 수 있는 첫 번째 조건에

부합된다.

둘째, 수익창출과정의 완료란 판매할 상품을 이미 구입하여 보유하고 있고 상품을 인도할 수 있는 과정이 완료되어 있음을 뜻한다. 즉, 상품을 인도할 수 있는 충분한 사전작업이 완료된 상태를 나타낸다. 따라서 스마트폰이 판매되었다는 것은 이러한 수익창출과정이 완료된 것이므로 두 번째 조건도 충족하게 된다.

일반적으로 두 가지 조건이 모두 충족되는 시점이 바로 판매시점이다. 따라서 발생주의에서 수익은 판매시점(at the point of sale)에 인식하는 것을 일반적인 인식기준으로 삼고 있다. 따라서 금오(주)의 경우 발생주의에 따른 수익은 ₩1,000,000이 되며, 현금주의에 따른 수익은 현금의 수취 금액인 ₩600,000이 된다.

회계서비스나 법률서비스, 미용서비스 등과 같이 용역을 제공하는 기업은 통상적으로 진행기준에 의해서 수익을 인식한다. 진행기준(percentage of completion method)이란 용역의 진행 정도에 따라 수익을 인식하는 것이다. 보통 제공하는 용역과 대가와 거래와 관련된 여러 조건들이 용역제공 이전에 대부분 거래당사자간의 합의가 이루어지기 때문에 용역제공이 진행되는 과정에서 수익인식이 가능하게 된다.

용역을 제공하는 거래에서는 다음의 요건이 충족되면 진행기준에 따라 수익을 인식한다.

1) 수익금액을 신뢰성 있게 측정할 수 있다.
2) 거래와 관련된 경제적 효익의 유입가능성이 높다.
3) 보고기간(회계기간) 말에 거래의 진행률을 신뢰성 있게 측정할 수 있다.
4) 이미 발생한 원가 또는 거래의 완료를 위한 원가를 신뢰성 있게 측정할 수 있다.

### 3.3 이자, 배당, 로열티 수익 인식기준

재화의 판매나 용역의 제공 이외에 기업이 소유한 자산을 타인에게 대여하거나 임대해 주고 그 대가를 받는 수익활동이 있다. 여유자금을 제3자에게 빌려주거나 금융기관에 예치하고 받는 이자수익, 주식과 같은 금융자산에 투자하고 받는 배당금수익, 그리고 특정 기술이나 저작권, 산업재산권 또는 컴퓨터소프트웨어, 특허 등의 무형자산을 제공하고 받는 로열티수익 등이 있다. 이와 같은 경우에는 다음의 요건을 모두 충족하는 경우에 수익을 인식한다.

1) 거래와 관련된 경제적 효익의 유입가능성이 높다.
2) 수익금액을 신뢰성 있게 측정할 수 있다.

일반적으로 로열티수익은 관련된 계약의 경제적 실질을 반영하기 위해 계약이 정하는 방법, 즉 일정기간의 고객 매출액 혹은 생산액 등에 따라 인식한다. 이자수익, 배당금수익, 임대수익 등은 대부분 시간이 경과함에 따라서 지속적으로 발생하기 때문에 시간의 경과에 따른 발생주의에 의하여 수익을 인식한다.

# 제 4 절 비 용

## 4.1 비용의 기본개념

비용(expenses)은 자산이 사용되어 없어지거나 부채의 증가에 따라 자본의 감소를 가져오는 미래 경제적 효익의 감소이다. 즉, 비용은 일정기간 동안 기업이 수익을 창출하기 위하여 소비한 경제적 자원의 가치를 화폐로 표시한 것이다. 비용이 발생하면 그만큼 주주의 몫인 자본이 감소하게 된다. 정보이용자는 일정기간 동안 기업이 벌어들인 수익뿐만 아니라 수익을 창출하기 위해 소비한 비용의 크기도 알고자 한다. 비용항목으로는 크게 매출원가, 판매비, 관리비, 금융비용과 기타비용, 법인세비용 등이 있다.

매출원가(cost of goods sold)는 매출액에 직접 대응되는 비용으로, 상품이나 제품의 매입원가나 제조원가를 의미한다. 판매비(selling expenses)는 판매활동과 관련해서 발생한 비용이고, 관리비(administrative expenses)는 기업의 일반적인 관리활동에서 발생하는 비용이다. 판매비와 관리비를 통합하여 판매비와 관리비(selling, general and administrative expenses)로 구분하기도 하며 판매비와 관리비에는 매출원가에 속하지 않는 정상적인 영업활동에서 발생하는 비용을 포함한다. 금융비용(finance costs)은 재무활동으로 인해 발생하는 비용이며, 기타비용(other expenses)은 영업활동 이외의 활동과 관련하여 발생하는 비용이다. 마지막으로 법인세비용(income tax expense)은 법인세비용차감전순이익에 관련법령에 따라 부과될 세율을 곱하여 계산된다.

## 4.2 비용의 분류

### (1) 매출원가

매출원가는 매출액에 직접 대응되는 비용으로, 판매된 상품이나 제품의 원가를 의미한다. 매출원가는 비용항목 중에서 가장 큰 비중을 차지한다. 매출액은 판매된 상품이나 제품의 판매가를 나타내고, 매출원가는 판매된 상품이나 제품의 원가로 정의되기 때문에 구매와 생산 활동에 소요된 비용이 된다. 매출원가는 당기에 판매가능한 상품 중에서, 기말 현재 재고로 남아 있지 않고, 당기중에 판매된 상품의 원가가 되기 때문에 다음과 같은 등식으로 표시할 수 있다.

| 매출원가＝기초재고액＋당기매입액－기말재고액 |
|---|

오대박은 10년의 직장생활을 청산하고 작년에 구름쿠키를 판매하는 크리미제과를 창업했다. 지난달에 팔고 남은 쿠키 재고를 확인해보니 30만원이다. 이번 달 매입실적을 살펴보니 현금으로 매입한 금액이 100만원이고 신용카드로 결제한 금액은 500만원이다. 판매촉진을 위해 실시한 SNS 이벤트 덕분에 이번 달에 재고로 남은 쿠키는 20만원이다. 이번 달에 판매한 구름쿠키의 매출원가를 계산해 보자. 지난달에 팔고 남은 쿠키 30만원은 기초재고액이다. 쿠키를 매입한 금액은 현금 100만원과 신용카드 결제 500만원을 합한 600만원이고, 기말재고는 이번 달에 팔

고 남은 쿠키 20만원이다. 매출원가는 기초재고액 30만원 더하기 당기매입액 600만원에서 기말재고액 20만원을 차감한 610만원이다(30+600−20=610만원).

### (2) 판매비와 관리비

판매비는 상품이나 제품의 판매와 관련하여 발생하는 비용이고, 관리비는 일반 관리 및 일반 사무와 관련하여 발생하는 비용이다. 판매비와 관리비를 판매관리비로 통합하여 기록하기도 한다. 판매비와 관리비에 포함되는 대표적인 비용항목들은 다음과 같다.

1) 급여는 임직원에 대한 보수로 임금 및 제 수당을 급여라 한다.
2) 판매수수료는 상품이나 제품 등의 판매사원에게 지급되는 수수료이다.
3) 복리후생비는 임직원의 건강과 복리후생 등을 위해 지출한 회식, 경조사, 선물, 건강검진 등에 소요된 금액이다.
4) 임차료는 토지, 건물 등을 빌려서 사용한 대가를 지급한 것이다.
5) 접대비는 영업과 관련하여 거래처나 이해관계자에게 지출한 비용이다.
6) 감가상각비는 건물, 설비 등 유형자산의 취득원가를 합리적으로 방법으로 수익창출에 사용된 금액을 배분한 것이다.
7) 무형자산상각비는 산업재산권, 특허권 등 무형자산으로 계상한 금액을 매년 균등액을 상각하여 비용처리한 것이다.
8) 세금과 공과는 기업이 부담하는 재산세, 자동차세 등의 세금과 조합비, 그 밖의 영업과 관계되는 공공적 지출의 세금이다.
9) 광고선전비는 불특정 다수에게 광고선전을 위해 지급한 것이다.
10) 연구비는 경상적으로 지급하는 신제품 개발비, 신기술 연구비 등으로 지급한 금액이다.
11) 대손상각비는 외상매출금과 받을어음 등의 매출채권에 대하여 회수가 불가능하여 받을 수 없는 부실채권금액을 결산시 비용처리한 것이다.

그 밖에 판매관리비에는 도서인쇄비, 교육훈련비, 여비교통비, 통신비, 수선비, 보험료, 운반비, 소모품비, 수도광열비, 잡비 등이 있다.

### (3) 금융비용과 기타비용

금융비용은 자금조달과 관련된 재무활동으로 인해 발생하는 비용이며, 기타비용은 영업과 재무 활동 이외의 활동과 관련하여 발생하는 비용이다. 금융비용과 기타비용의 예를 살펴보면 다음과 같다.

1) 이자비용은 차입금이나 사채 등에 대한 이자와 어음 등의 할인시 발생하는 할인료이다.
2) 유형자산처분손실은 토지나 건물 등과 같은 유형자산을 원가 이하로 처분하여 발생하는 손실이다.
3) 단기투자자산처분손실은 당기손익인식금융자산을 원가 이하로 처분하여 발생하는 손실이다.
4) 사채상환손실은 기업이 발행한 사채를 장부가보다 높은 금액으로 상환하여 발생하는 손실이다.
5) 잡손실은 영업외활동에서 발생한 비교적 작은 금액의 손실이다.

오대박은 작년에 크리미제과를 창업할 때 미미은행으로부터 연 3% 이율조건으로 창업자금 2천만원을 차입하였고 지금까지 상환한 대출금은 없다. 오대박은 매년 이자비용으로 60만원(2천만원×0.03)을 대출금을 상환할 때까지 미미은행에 지급해야 한다. 이자비용은 손익계산서에 금융비용 항목으로 보고된다.

## 4.3 비용의 인식

일반적으로 비용은 발생주의에 따라 발생한 기간에 적당하게 배분되도록 인식한다. 왜냐하면 원칙적으로 비용은 기업의 모든 경영활동 과정에 걸쳐서 발생하므로 자산이 감소할 때마다 인식하게 된다. 그러나 현실적으로 연속적으로 감소하는 자산의 부분을 비용으로 인식하는 것은 어렵기 때문에 발생한 기간에 적당하게 배분하게 된다.

비용을 언제 얼마만큼 기록할 것인가를 정하는 비용의 인식은 수익·비용 대응의 원칙에 따라 인식하게 된다. 즉, 수익·비용 대응의 원칙은 수익이 인식된 시점에서 수익을 창출하는 데 기여한 부분을 비용으로 측정하여 인식하는 것이다.

만약 수익과 비용을 제각각 인식한다면 1년 동안 발생한 경영성과를 제대로 측정할 수 없을 것이다. 단순하게 20×5년 중화요리 대박집 매출액이 3,000만원 발생하였는데 20×4년에 2,000만원에 해당하는 밀가루를 구입했다고 해서 2,000만원을 20×4년의 매출원가로 인식하고 20×5년에 수익으로 매출 3,000만원을 인식한다면 대박집은 20×4년도에는 매출원가만 발생하여 매출총손실 2,000만원을 보고하고 20×5년에는 매출액만 발생하여 매출총이익 3,000만원을 나타내어 경영성과를 제대로 평가할 수 없을 것이다.

| | 20×4년 | 20×5년 |
|---|---|---|
| 매 출 액 | — | 3,000만원 |
| 매 출 원 가 | (2,000만원) | — |
| 매출총이익(매출총손실) | (2,000만원) | 3,000만원 |

비용은 언제 인식해야 하는지를 결정해야 한다. 비용은 수익과 연계하여 인식해야 일정기간 동안의 경영성과를 합리적으로 측정할 수 있다. 대박집이 밀가루를 20×4년도에 구입했다 하더라도 20×5년도 매출에 사용되었다면 밀가루 2,000만원은 20×5년도 매출원가로 인식해야 합리적이고, 20×5년도 대박집의 경영성과를 매출액 3,000만원, 매출원가 2,000만원, 매출총이익 1,000만원으로 평가할 수 있다.

| | 20×5년 |
|---|---|
| 매 출 액 | 3,000만원 |
| 매 출 원 가 | (2,000만원) |
| 매출총이익(매출총손실) | 1,000만원 |

또한, 비용은 관련 수익이 인식되는 기간에 수익에 대응시켜 인식한다. 스마

트폰을 ₩1,000,000에 판매하기 위하여 상품원가 등 관련 비용이 ₩700,000 발생하였다면, 스마트폰 판매대금 ₩1,000,000을 수익으로 인식하면서 동일한 기간에 ₩700,000의 비용도 수익에 대응시켜 인식하게 된다. 이처럼 비용은 관련 수익이 발생하는 동일기간에 대응시켜 보고하게 되는데, 이를 수익 · 비용 대응의 원칙(matching principles)이라고 한다. 예를 들면 종업원의 급여, 사무실의 임차료, 상품을 운반하기 위해 지출한 운송비, 사무실 보험료, 기업 운영에 소요되는 각종 세금과 공과금, 홍보 및 광고활동에 사용되는 판매촉진비 및 광고선전비, 일반적으로 발생하는 연구비 등은 기업 본연의 수익활동인 매출을 발생시키기 위해 사용한 자원에 투입된 비용이다. 이들은 직접적으로 수익에 대응되지는 않지만 간접적으로 수익활동을 위해 지출되었다. 매출원가가 매출에 직접 대응되는 비용이라면 판매비와 관리비는 매출과 직접적인 인과관계는 낮지만 매출을 발생시키기 위해 기업의 운영관리나 판매활동 지원을 위해 사용되었으므로 매출이 발생할 때 인식하는 간접 대응되는 비용이다.

대박집은 매달 가게 임차료 월세 100만원, 주방장 월급 200만원, 관리비 40만원을 지급해야 한다. 중국으로부터 호흡기 바이러스 유입으로 매출이 지난달보다 50% 감소하여 이번 달에 월세 100만원을 지급하지 못했다. 대박집이 이번 달 비용으로 얼마를 인식해야 하는가? A는 매출이 지난달보다 50% 감소하였기 때문에 비용도 50% 감소시켜 170만원을 비용으로 처리하였다. B는 월세는 지급하지 못했기 때문에 현금으로 지급한 240만원을 비용으로 처리하였다. C는 매달 월세, 월급, 관리비가 지급되기 때문에 매출 감소와 상관없이 340만원 모두 비용으로 처리하였다. A와 같이 비용을 인식하는 것은 수익에 직접적으로 대응하여 비용을 인식하는 것이고, B는 현금주의에 따라 비용을 인식하는 것이다. C는 발생주의에 의해서 수익에 간접 대응하여 비용을 인식하는 것이다. 월세, 월급, 관리비는 매출과 직접적인 관련성은 낮으나 판매활동을 지원하기 위해 발생하므로 C와 같이 모두를 비용으로 인식해야 한다.

| | A | B | C |
|---|---|---|---|
| 비용 | 170만원 | 240만원 | 340만원 |
| | 50% | 현금지급만 | 100% |

**기초 다지기 1**

1. (　　　)는 매출액에 직접적으로 대응되는 비용이다.
2. (　　　)는 국제회계기준에서 규정하고 있는 손익계산서이다.
3. 비용은 관련 수익이 발생하는 동일한 기간에 대응시켜 인식하게 되는데 이를 (　　　) 한다.
4. (주)산동은 20×9년 4월 1일에 1년분에 해당하는 서비스 이용권을 판매하고 1,200,000원을 미리 수취하여 이를 선수수익 계정으로 계상하였다. (주)산동은 20×9년 12월 31일 이와 관련해 인식할 수익은 (　　　)원이다.
5. 수익은 일정기간 동안 자본거래를 제외하고 자산의 증가나 (　　　)에 따라 발생한 순자산의 증가를 의미한다.

**기초 다지기 2**

6. 일반적으로 수익의 인식 시기는 판매시점이나 현금회수 시점이다. (○, ×)
7. 발생주의는 현금주의보다 기업의 경영성과를 보다 합리적이고 정확하게 측정한다. (○, ×)
8. 수익과 직접적인 인과관계가 없는 관리비는 발생한 기간에 모두 비용으로 인식한다. (O, X)
9. 은행의 이자수익과 제조업의 이자수익은 동일한 개념의 수익이다. (○, ×)
10. 일반적으로 인정된 회계원칙은 수익을 인식하는 기준으로 발생주의와 현금주의를 모두 인정한다. (○, ×)

**기초 다지기 3**

11. 수익이 비용보다 300만원 더 많이 발생하였다. 재무상태표에 미치는 영향은 ?

    ① 자본이 300만원 증가　　② 부채가 300만원 증가
    ③ 자산이 300만원 감소　　④ 자본이 300만원 감소

12. 판매관리비에 포함되지 않는 것은?

    ① 감가상각비　　② 사채상환손실
    ③ 복리후생비　　④ 퇴직급여

**13.** 수익에 대한 설명으로 옳지 않은 것은?

① 판매시점에는 수익창출과정이 완료되고 현금청구권이 발생한다.

② 기업의 주된 영업활동으로 벌어들인 수익이 매출액이다.

③ 정상적인 영업활동 이외에 투자나 재무 활동의 결과로 영업손익이 계산된다.

④ 용역서비스를 제공하는 회계법인은 진행기준에 따라 수익을 인식할 수 있다.

**14.** 다음의 내용 중 옳지 않은 것은?

① 매출원가는 당기에 판매 가능한 상품 중에서, 기말 현재 재고로 남아 있지 않고 당기 중에 판매된 상품의 원가이다.

② 기타포괄손익의 대부분은 아직 실현되지 않은 미실현손익으로 포괄손익계산서에서 당기순이익 하단에 별도로 표시되는 손익이다.

③ 발생주의에서 미수수익은 아직 실현되지 않았기 때문에 수익으로 인식하지 않는다.

④ 재무상태표가 일정시점의 자산, 부채, 자본의 상태를 나타내는 정적인 개념이라면 손익계산서는 일정기간의 흐름을 나타내는 동적인 개념이다.

**15.** 손익계산서에 대한 설명으로 옳지 않은 것은?

① 일정기간 동안의 경영성과를 나타낸다.

② 수익, 비용, 이익(손실)으로 구성되어 있다.

③ 일정기간 동안의 영업활동에 대한 현금의 유입과 유출을 나타낸다.

④ 서비스를 신용으로 판매하여 즉시 현금으로 받지 못해도 영업활동의 결과이므로 수익으로 인식한다.

[**16**～**17**] 형곡(주)의 거래 자료는 다음과 같다.

| | | | |
|---|---|---|---|
| 매출액 | 5,300,000원 | 매출원가 | 2,100,000원 |
| 급여 | 1,200,000원 | 광고선전비 | 500,000원 |
| 유형자산처분이익 | 200,000원 | 배당금수익 | 50,000원 |
| 이자비용 | 100,000원 | 접대비 | 150,000원 |
| 임차료 | 300,000원 | | |

**16.** 형곡(주)의 매출총이익은 얼마인가?

① 3,200,000원　② 2,250,000원

③ 1,000,000원　④ 500,000원

**17.** 형곡(주)의 영업이익은 얼마인가?

① 800,000원 ② 900,000원
③ 1,050,000원 ④ 1,300,000원

**18.** 당기의 비용으로 표시할 수 없는 것은?

① 판매사원에게 아직 현금으로 지급하지 못한 판매수수료
② 1년치에 해당하는 보험료를 미리 지급한 금액
③ 토지를 장부금액보다 낮게 외상으로 처분하여 발생한 손실
④ 사무실을 임차하고 지급한 금액

**[19~20]** (주)해강은 이번 달 마스크 판매로 받을 금액은 총 3,000만원인데 이 중 1,000만원은 아직 현금으로 받지 못하였다. 창고에서 물량을 확인한 결과 이번 달에 판매가능한 금액은 2,000만원이고 팔고 남은 마스크 재고액은 200만원이다. 마스크 판매를 위해 직원 월급 300만원, 광고선전비 100만원을 지출하였다. 이외에 관리비로 총 150만원을 지출하였고 차입금에 대한 이자비용으로 10만원을 지급하였다.

**19.** 이번 달 (주)해강의 매출원가는 얼마인가?

① 22,000,000원 ② 20,000,000원
③ 18,000,000원 ④ 13,000,000원

**20.** 이번 달 (주)해강의 판매비와 관리비는 얼마인가?

① 9,600,000원 ② 7,600,000원
③ 5,600,000원 ④ 5,500,000원

**정답**

**1.** 매출원가 **2.** 포괄손익계산서 **3.** 수익·비용 대응의 원칙 **4.** 900,000원 **5.** 부채의 감소 **6.** × **7.** ○ **8.** ○ **9.** × **10.** × **11.** ① **12.** ② **13.** ③ **14.** ③ **15.** ③ **16.** ① **17.** ③ **18.** ② **19.** ③ **20.** ④

# 제 5 절 수익, 비용 항목 주요 회계처리 사항

## 5.1 수익항목 주요 회계처리

### (1) 순매출액

서비스나 재화를 판매하면 수익인 매출액이 발생한다. 매출과 관련하여 매출할인이나 매출에누리를 받았거나 판매한 상품이나 제품이 반품된 경우에는 매출액에서 이 금액을 모두 차감해야 한다. 매출할인은 판매자가 외상으로 재화를 판매한 경우 외상매출 대금인 매출채권을 조기에 회수하고자 제공하는 할인제도이다. 즉, 매출할인은 구매자가 상품의 대금을 약속한 대금 결제일 이전에 외상매출금인 매출채권을 상환하면 일정금액을 할인해 주는 것을 말한다. 매출환입은 판매한 상품의 하자나 불량으로 인해 다시 반품되어 돌아오는 것을 말한다. 매출에누리는 판매한 상품의 불량이나 파손으로 인해 판매대금의 일부를 할인해 주는 것이다. 재화를 판매할 때 발생한 순매출액은 이처럼 총매출액에서 매출할인, 매출에누리, 매출환입 등을 차감한 금액이다.

순매출액＝매출액－매출할인－매출에누리매출환입

**예제 1**

매출액과 관련하여 발생한 자료는 다음과 같다.

| 총매출액 | 1,000,000 | 매출할인 | 20,000 | 매출환입액 | 150,000 |
|---|---|---|---|---|---|
| 판매운송비 | 4,000 | 매출에누리 | 6,000 | | |

매출과 관련하여 발생한 순매출액은 총매출액에서 매출할인, 매출에누리, 매출환입액을 차감한 824,000원(1,000,000－20,000－150,000－6,000)이다. 판매운송비는 손익계

산서에 판매비와 관리비의 항목으로 표시되어 나타난다.

### (2) 미수수익

발생주의 원칙에 따라 수익은 발생하였을 때 인식한다. 미수수익이란 당기에 재화나 서비스 등을 제공하고 이에 해당하는 대가를 아직 지급받지 못한 경우이다. 예를 들어, 이자수익, 임대료와 같이 수익은 이미 발생하였으나 현금으로 아직 수취하지 못한 경우를 의미한다. 이처럼 미수수익에는 미수이자, 미수수수료, 미수임대료 등이 있어 회계연도 말 수익으로 계산하지 않은 경우 발생주의에 따라 수익으로 계상해야 한다.

**예제 2**

금오(주)는 20×5년 10월 1일 12,000,000원 상당의 부동산을 임대하고 1년에 10% 수익을 보장하는 계약을 체결하였다. 임대료는 매년 9월 30일에 지급받는다. 20×5년 12월 31일 금오(주)가 보고해야 할 수익은 얼마인가?

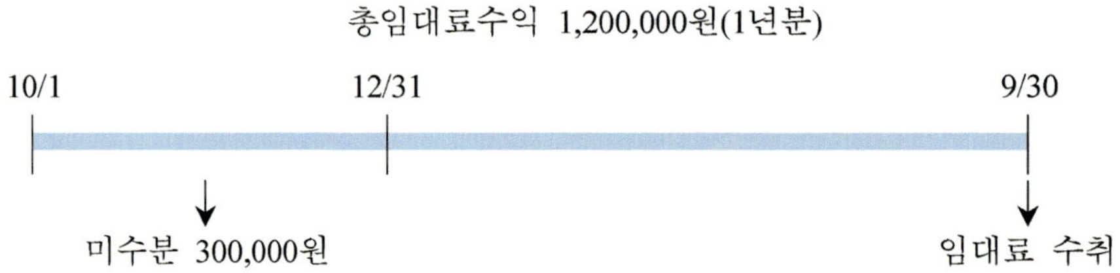


연 임대료수익은 총 1,200,000원(12,000,000×10%)이 발생한다. 월 단위로 표시하면 매월 임대료수익이 100,000원(12,000,000×10%×1/12) 발생한다. 연 임대료수익 중 20×5년에 해당하는 기간은 3개월이다. 임대료를 현금으로 수취한 것은 아니나 10월부터 12월에 해당하는 임대료수익이 발생한 것이다. 따라서 20×5년 12월 31일에 금오(주)가 손익계산서에 임대료수익으로 보고해야 할 금액은 3개월 미수분에 해당하는 300,000원이다. 20×6년 금오(주)는 임대료수익으로 9개월분에 해당하는 900,000원을 임대료수익으로 인식한다.

### (3) 유형자산처분이익

발생주의에 따라 사용하고 있던 유형자산을 처분할 때에는 처분시점을 기준으로 기초시점부터 유형자산을 사용한 만큼 감가상각비를 인식하여 장부가치를 계산해야 한다. 유형자산의 처분가치가 장부가치보다 크면 유형자산처분이익이 발생하게 된다.

**예제 3**

금오(주)는 20×5년 1월 1일에 2,000,000원의 비품을 취득하였다. 내용연수는 4년이고 잔존가치는 200,000원으로 추정하였다. 금오(주)는 정액법을 이용하여 감가상각을 하고 20×7년 6월 30일에 이 비품을 1,000,000원에 처분하였다. 비품 처분과 관련하여 발생한 손익을 계산해 보자.

금오(주)는 정액법으로 감가상각을 실시하기 때문에 매년 450,000원씩 감가상각비를 인식하며 처분시점인 20×7년 6월 30일에 6개월에 해당하는 감가상각비 225,000원을 계산해야 한다. 따라서 비품의 장부가액은 총 875,000원이고 처분가액은 1,000,000원이므로 비품 처분으로 인해 유형자산처분이익이 125,000원 발생하였다.

연도별 감가상각비＝(취득원가－잔존가치) / 내용연수
＝(2,000,000－200,000) / 4＝450,000

20×7년 6월 30일 처분시점의 장부금액
＝취득원가－처분시점까지 감가상각누계액
＝2,000,000－1,125,000
＝875,000

처분시점까지 감가상각누계액
＝20×5년 1년분 감가상각누계액＋20×6년 1년분 감가상각누계액
＋20×7년 6개월분 감가상각누계액
＝450,000＋450,000＋225,000＝1,125,000

유형자산처분이익＝처분가액－장부가액
＝1,000,000－875,000
＝125,000

유형자산뿐만 아니라 무형자산, 투자자산, 금융자산 등을 처분할 때에도 발생주의에 따라 정확한 자산의 장부가치를 계산하고 처분가액과 이를 비교하여 처분손익을 인식한다.

### (4) 선수수익

인기 있는 신제품이 출시되기 전에 신제품을 확보하기 위하여 미리 현금을 선지급을 하는 경우가 있다. 또한 항공업의 경우 고객들은 비행기표를 사전에 구매 완료하여 나중에 항공기에 탑승한다. 이처럼 기업 입장에서는 재화나 서비스 등을 고객에게 아직 제공하지 않았으나 현금을 미리 수취한 경우 선수수익이라는 부채가 발생한다. 이러한 부채는 고객이 재화나 서비스를 고객에게 제공하거나 인도하였을 때 제거되고 수익이 발생한다. 선수수익이 있는 경우 해당기간에 실제로 재화나 서비스를 제공하였으면 제공한 부분에 대해 수익으로 인식해야 한다.

**예제 4**

금오(주)는 20×5년 10월 1일에 매월 100,000원에 상당하는 미용서비스를 제공하는 용역계약을 체결하고 1년치에 해당하는 1,200,000원을 미리 현금으로 수취하였다. 이와 관련하여 금오(주)는 선수수익으로 1,200,000원을 인식하여 부채로 회계처리하였다. 20×5년 12월 31일 금오(주)가 손익계산서에 보고해야 할 수익은 얼마인가?

미용서비스에 대한 선수수익 1,200,000원이 발생한다. 월 단위로 표시하면 매월 미용서비스가 100,000원(1,200,000 × 1/12) 발생한다. 선수수익 중 수익으로 인식해야 할 기간은 20×5년에 해당하는 기간은 3개월이다. 따라서 20×5년 금오(주)가 손익계산서에 매출로 보고해야 할 금액은 3개월에 해당하는 300,000원이고, 20×6년 매출로 900,000원을 수익으로 인식한다.

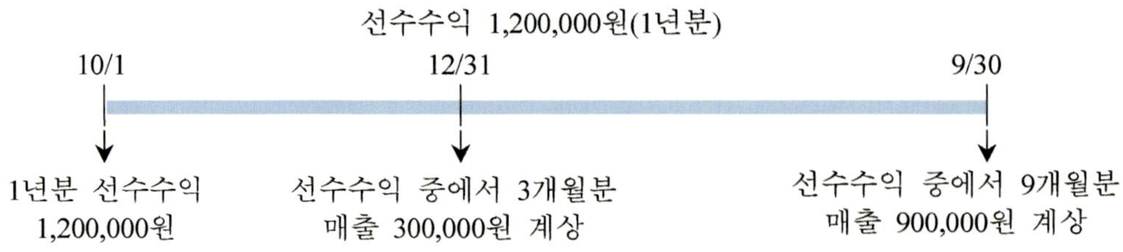

## (5) 당기손익인식금융자산의 평가이익

당기손익인식금융자산은 주로 단기간의 자금을 운영하기 위하여 취득하는 금융자산이다. 즉, 단기매매 목적으로 시장성이 있는 주식을 보유하는 것이므로 일반적으로 증권시장에서 활발히 거래가 되어야 시세로 인한 차익을 획득할 수 있다. 당기손익인식금융자산을 최초로 인식할 때에는 공정가치로 측정하며, 공정가치(fair value)란 합리적인 판단력과 거래의사가 있는 독립된 당사자 사이의 거래에서 자산이 교환되거나 부채가 결제될 수 있는 금액을 의미한다. 당기손익인식금융자산의 공정가치는 증권시장에서 거래되는 가격인 시장가격으로 볼 수 있다. 회계연도 말 결산을 할 때 보유하고 있는 당기손익인식금융자산에 대해서 공정가치로 평가해야 하며 당기손익인식금융자산의 공정가치가 장부가치보다 높으면 당기손익인식금융자산평가이익이 발생한다.

당기손익인식금융자산평가이익 : 공정가치 > 장부가치

**예제 5**

금오(주)는 20×5년 10월 1일에 K사 주식 100주를 취득 후 당기손익인식금융자산으로 분류하여 20×5년 12월 31일 현재에도 그대로 보유하고 있다. 취득시의 K사 주식의 공정가치와 12월 31일 시점에서 공정가치는 다음과 같다.

| | 취득시 공정가치(20×5.10.1) | 기말 공정가치(20×5.12.31) |
|---|---|---|
| K사 주식 | 500,000원 | 600,000원 |

K사 주식의 회계연도 말의 공정가치는 600,000원이므로 취득시의 공정가치 500,000원보다 100,000원 높다. 따라서 금오(주)는 12월 31일에 당기손익인식금융자산에 대해서 100,000원만큼 당기손익인식금융자산평가이익을 계산하여 손익계산서의 이익항목으로 보고한다.

## 5.2 비용항목 주요 회계처리

### (1) 미지급비용

발생주의에 따라 당기에 처리되어야 할 비용부분이 있는지를 확인해야 한다. 예를 들어, 이자비용은 발생하였으나 이자비용을 지급하는 날짜가 아니라서 비용을 인식하지 않은 경우이다. 다음은 이자비용이 발생하였으나 현금으로 미지급하여 비용으로 인식하지 않은 사례를 제시한 것이다.

**예제 6**

금오(주)는 20×5년 10월 1일에 12,000,000원을 기술은행으로부터 차입하였다. 연간 이자율은 1년에 10%이며 이자비용은 매년 9월 30일에 지급한다. 20×5년 12월 31일 금오(주)가 보고해야 할 이자비용은 얼마인가?

연간 이자비용은 총 1,200,000원(12,000,000×10%)이 발생한다. 월 단위로 표시하면 매월 이자비용이 100,000원(12,000,000×10%×1/12) 발생한다. 연 이자비용 중 20×5년에 해당하는 기간은 3개월이다. 이자비용을 20×5년 12월 31일에 현금으로 지급한 것은 아니나 10월부터 12월에 해당하는 이자비용이 발생한 것이다. 따라서 20×5년 금오(주)가 손익계산서에 이자비용으로 보고해야 할 금액은 3개월 미지급분에 해당하는 300,000원이고, 나머지 900,000원은 20×6년 이자비용으로 인식한다.

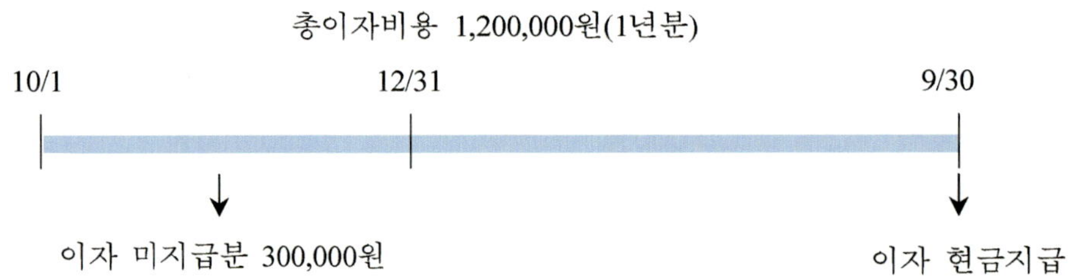

### (2) 소모품비용

소모품을 구입하여 사용하고 없으나 이를 비용처리하지 않은 경우 등이 있다. 예를 들어 소모품을 구입하였을 때에는 자산으로 회계처리 하였으나 보고기간 말에 구입한 소모품을 확인해 보니 사용하여 없어졌다면 소모품 사용에 대한 부분을 비용으로 인식해야 한다. 왜냐하면 비용은 특정 기간에 소모된 경제적 자원을 칭하기 때문이다.

**예제 7**

금오(주)는 20×5년 1월 1일에 1,000,000원 상당의 소모품을 구입하고 자산으로 회계처리 하였다. 20×5년 12월 31일 실사를 통해 파악한 결과 소모품 재고가 300,000원 남음을 확인하였다. 20×5년 12월 31일 금오(주)가 보고해야 할 소모품비용은 얼마인가?

금오(주) 1월 1일에 구입한 소모품은 1,000,000원으로 자산으로 표시되어 있지만 12월 31일에 남아 있는 소모품은 300,000원이다. 금오(주)가 20×5년 1년 동안 사용한 소모품은 총 700,000원이다. 따라서 손익계산서에 보고될 소모품비용은 당기에 사용한 700,000원이다.

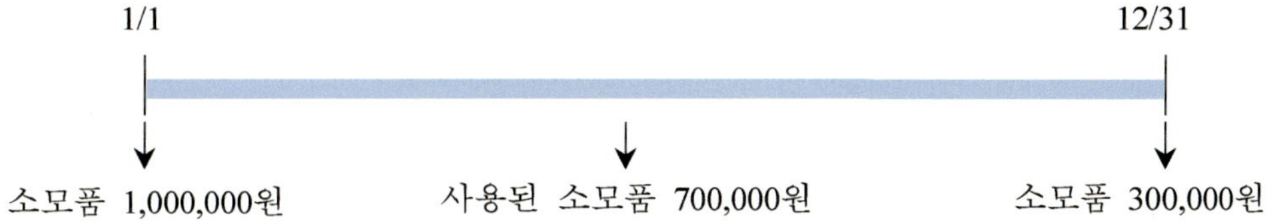


### (3) 유형자산처분손실

유형자산처분이익을 계산한 것과 같이 유형자산의 처분가치가 장부가치보다 작으면 유형자산처분손실이 발생하게 된다. 유형자산을 처분할 때에는 처분시점을 기준으로 기초시점부터 유형자산을 사용한 만큼 감가상각비를 인식하여 장부가치를 산출해야 한다. 다음의 〈예제 8〉을 통해 유형자산처분손실을 계산해 보자.

예제 8

금오(주)는 20×5년 1월 1일에 2,000,000원의 비품을 취득하였다. 내용연수는 4년이고 잔존가치는 200,000원으로 추정하였다. 금오(주)는 정액법을 이용하여 감가상각을 하고 있으며 20×7년 6월 30일에 이 비품을 800,000원에 처분하였다. 비품 처분과 관련하여 발생한 손익을 계산해 보자.

금오(주)는 정액법으로 감가상각을 실시하기 때문에 매년 450,000원씩 감가상각비를 인식하며 처분시점인 20×7년 6월 30일에 6개월에 해당하는 감가상각비 225,000원을 계산해야 한다. 따라서 비품의 장부가액은 총 875,000원이고 처분가액은 800,000원이므로 비품 처분으로 인해 유형자산처분손실이 75,000원 발생하였다.

연도별 감가상각비＝(취득원가－잔존가치) / 내용연수
＝(2,000,000－200,000) / 4＝450,000

20×7년 6월 30일 처분시점의 장부금액
＝취득원가－처분시점까지 감가상각누계액
＝2,000,000－1,125,000
＝875,000

처분시점까지 감가상각누계액
＝20×5년 1년분 감가상각누계액＋20×6년 1년분 감가상각누계액
＋20×7년 6개월분 감가상각누계액
＝450,000＋450,000＋225,000＝1,125,000

유형자산처분손실＝처분가액－장부가액
＝800,000－875,000
＝－75,000

## (4) 선급비용

보험료와 같이 사전에 미리 비용을 지급하는 경우가 있다. 사전에 1년분에 해당하는 보험료를 미리 지급함으로써 해당 보험기간에 교통사고 등이 발생하였을 때 사고처리 서비스 등을 받을 권리가 발생한다. 이처럼 사전에 지급한 보험료는 선

급보험료로 자산으로 회계처리 된다. 선급으로 지급한 후 기간이 경과함에 따라 선급부분에 대한 권리가 소멸되기 때문에 사용한 만큼 비용이 발생한다. 예를 들어, 보험료를 1년분 미리 지급하여 선급보험료라는 자산이 발생하였지만 6개월이 지나면 선급보험료 중 이미 50%에 해당하는 부분을 사용하였기 때문에 보험료라는 비용이 발생하고 선급보험료가 감소하게 된다. 다음은 선급으로 미리 비용을 지급하였으나 당기에 해당비용을 인식하지 않은 사례를 제시한 것이다. 사용한 부분만큼 당기에 인식해야 할 비용을 계산하여 손익계산서에 보고해야 한다.

**예제 9**

금오(주)는 20×5년 10월 1일에 120,000원에 1년분에 해당하는 보험료를 지급하고 이를 선급보험료라는 자산으로 회계처리 하였다. 20×5년 12월 31일 금오(주)가 손익계산서에 보고해야 할 보험료는 얼마인가?

연간 보험료는 120,000원이 발생한다. 월 단위로 표시하면 매월 보험료가 10,000원(120,000×1/12) 발생한다. 연간 보험료 중 20×5년에 해당하는 기간은 3개월이다. 20×5년 금오(주)가 손익계산서에 보험료로 보고해야 할 금액은 3개월에 해당하는 30,000원이고, 나머지 90,000원은 20×5년도 보험료로 인식한다.

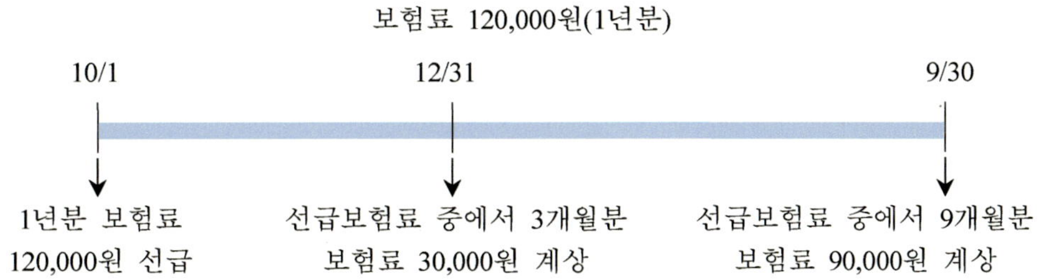


### (5) 당기손익인식금융자산평가손실

회계연도 말 결산을 할 때 당기손익인식금융자산을 보유하고 있으면 이를 공정가치로 평가해야 하며 당기손익인식금융자산의 공정가치가 장부가치보다 낮으면 당기손익인식금융자산평가손실이 발생한다.

당기손익인식금융자산평가손실 : 공정가치 < 장부가치

예제 10

금오(주)는 20×5년 10월 1일에 K사 주식 100주를 취득 후 당기손익인식금융자산으로 분류하여 20×5년 12월 31일 현재에도 그대로 보유하고 있다. 취득시의 K사 주식의 공정가치와 12월 31일 시점에서 공정가치는 다음과 같다.

| | 취득시 공정가치(20×5.10.1) | 기말 공정가치(20×5.12.31) |
|---|---|---|
| K사 주식 | 500,000원 | 450,000원 |

K사 주식의 회계연도 말의 공정가치는 450,000원으로 취득시의 공정가치 500,000원보다 50,000원 낮다. 따라서 금오(주)는 12월 31일에 당기손익인식금융자산에 대해서 50,000원만큼 당기손익인식금융자산평가손실을 계산하여 손익계산서의 비용항목으로 보고한다.

**기초 다지기 1**

1. 해피금고에 예치해둔 정기예금에 대해 당기 이자에 대한 수익이 발생하였으나 아직 지급받지 못한 부분은 (　　　)으로 회계처리한다.
2. (　　　)은 당기에 구입한 소모품 중 사용한 부분을 비용으로 인식한 것이다.
3. 당기손익인식금융자산은 공정가치로 평가하기 때문에 회계연도말 장부금액과 공정가치를 비교하여 (　　　)을 인식한다.
4. (주)산동은 20×9년 4월 1일 튼튼은행으로부터 이자는 매년도말 10%를 지급하는 조건으로 3,000만원을 차입하였다. (주)산동의 20×9년 이자비용은 (　　　)이다.

**기초 다지기 2**

5. (주)맛나라면은 판매하였다가 반품된 라면을 매출액에 포함하였다. (○, ×)
6. 유형자산을 처분할 때 처분시점을 기준으로 감가상각비를 인식하여 장부금액을 계산하여 처분금액과 장부금액 차이를 유형자산처분손익으로 인식한다. (○, ×)
7. 발생기준에서는 선수수익이 아직 실현되지 않았기 때문에 수익으로 인식하지 않는다. (○, ×)
8. 20×9년 10월 1일 1년분에 해당하는 빅데이터 수강료 600,000원을 지급하고 이를 전액 교육비로 비용처리하였다. (○, ×)

**기초 다지기 3**

9. 다음 자료를 이용하여 순매출액을 계산하면 얼마인가?

| | | | |
|---|---|---|---|
| 총매출액 | 500,000원 | 기말상품 재고액 | 110,000원 |
| 매출에누리 | 5,000원 | 매출할인 | 20,000원 |
| 매입할인 | 5,000원 | 총매입액 | 200,000원 |
| 매입환출 | 5,000원 | 기초상품 재고액 | 100,000원 |

① 475,000원　　② 480,000원
③ 470,000원　　④ 495,000원

**10.** 회사는 20×9년 7월 1일에 (주)완판 주식 100주, (주)대박 주식 100주를 단기매매 목적으로 취득하였다. 다음과 같은 상황일 때, 20×9년 12월 31일에 인식해야 할 손익으로 옳은 것은?

| | 취득시 공정가치 | 12월 31일 공정가치 |
|---|---|---|
| (주)완판 주식 | 300,000 | 400,000 |
| (주)대박 주식 | 700,000 | 650,000 |

① 당기손익인식금융자산평가이익 100,000원
② 당기손익인식금융자산평가이익 50,000원
③ 단기손익인식금융자산평가손실 50,000원
④ 인식할 손익 없음

**11.** (주)완판은 공장부속시설의 처분 대가로 현금 5,000만원과 어음 3,000만원을 받았다. 공장부속시설의 취득원가는 10,000만원이고 처분시점의 감가상각누계액은 5,000만원이다. 다음의 설명 중 옳지 않은 것은?

① 공장부속시설 처분으로 유형자산처분손실 5,000만원이 발생하였다.
② 공장부속시설 처분가액은 8,000만원이다.
③ 공장부속시설 처분으로 유형자산처분이익 3,000만원이 발생하였다.
④ 공장부속시설 장부금액은 5,000만원이다.

**12.** (주)완판은 20×9년 초 A4용지 100상자를 120만원에 구입하고 이를 소모품으로 회계처리하였다. 20×9년 회계연도 말 A4용지를 확인해보니 20상자가 창고에 남아 있고 나머지 80상자는 사용된 것으로 확인하였다. 다음 설명 중 옳지 않은 것은?

① 20×9년 동안 발생한 소모품비용은 96만원이다.
② 20×9년 말 재무상태표에 소모품 24만원으로 표시된다.
③ 20×9년 말 소모품을 120만원으로 자산으로 표시되면 이익이 96만원 과대 계산된다.
④ 20×9년도 손익계산서에 120만원을 모두 소모품비용으로 처리하였다.

**13.** 다음 빈칸의 내용 중 옳은 것은?

| | |
|---|---|
| | 매출액 |
| (−) | 매출원가 |
| | ( ① ) |
| (−) | 판매비와 관리비 |
| | ( ② ) |
| (+) | 금융수익 |
| (−) | 금융비용 |
| (+) | 기타수익 |
| (−) | 기타비용 |
| | ( ③ ) |
| (−) | 법인세비용 |
| | ( ④ ) |

① 당기순이익　　② 영업이익
③ 기타포괄손익　　④ 매출총이익

[**14~15**] 20×9년 7월 1일 (주)해강은 원리금과 함께 이자를 상환하는 조건으로 (주)완판에게 2,000만원을 만기 1년, 이율 5% 조건으로 대여하였다.

**14.** 다음 중 옳지 않은 것은?

① (주)완판은 부채 2,000만원이 증가하였다.
② (주)해강은 자산 2,000만원이 증가하였다.
③ 20×9년 말 (주)완판은 미지급이자비용으로 50만원 인식하였다.
④ (주)완판은 20×9년 손익계산서에 이자비용으로 100만원 인식하였다.

**15.** 20×9년 (주)해강 손익계산서에 이자수익으로 인식할 금액은 얼마인가?

① 1,500,000원　　② 1,000,000원
③ 500,000원　　④ 이자수익 없음

**정답**

**1.** 미수수익 **2.** 소모품비용 **3.** 당기손익인식금융자산평가손익 **4.** 2,250,000원 **5.** ×
**6.** ○ **7.** ○ **8.** × **9.** ① **10.** ② **11.** ① **12.** ④ **13.** ② **14.** ④ **15.** ③

## 제 6 절 기업사례 살펴보기

본절에서는 CU편의점으로 알려진 BGF리테일(주)의 포괄손익계산서의 사례를 살펴본다. BGF리테일(주)의 포괄손익계산서는 국제회계기준에 따라 최소 매출액, 금융비용, 당기순손익, 기타포괄손익, 총포괄손익을 구분하여 표시하고 있다. 전체적으로 BGF리테일(주)의 매출액이 2012년부터 꾸준히 증가하여 영업이익과 당기순이익이 높게 성장하고 있음을 알 수 있다. 특이한 점은 매출액이 증가하여도 BGF리테일(주)의 판매비와 관리비는 2012년부터 2014년까지 크게 증가하지 않고 약 6천억원 중반 수준을 유지하고 있다. 이와 같은 이유로 2014년에 BGF리테일(주)는 최대의 영업이익과 당기순이익을 나타내었다. 이를 통해 BGF리테일(주)는 다른 기업에 비해 마진이 적어 판매비와 관리비의 절약을 통해 영업이익을 보존하는 정책을 취하는 것으로 볼 수 있다.

그 밖의 정상적인 영업활동 이외에 기타비용과 금융원가 부분에 눈에 띄는 변화가 일부 보인다. 주석사항과 사업보고서의 세부내용을 확인해 보면 2012년과 2013년의 기타비용의 경우, 자본관리를 위한 자산매각과정에서 자산처분손실에 의해 증가되는 폭과 2013년 상생경영을 시작하면서 급격히 늘어난 기부금 지출에 의해 급격한 변화를 보여 증가한 것이다. 금융비용의 경우 전부 이자비용으로만 구성되어 있으며 이는 앞에서 보았던 지분매매계약에 의한 부채 발생으로 생긴 이자비용이 계상되어 있다가 해소되어 2014년에 대폭 감소하게 된 것이다.

### 포괄손익계산서

제21기 2014.01.01부터 2014.12.31까지
제20기 2013.01.01부터 2013.12.31까지
BGF리테일(주) 제19기 2012.01.01부터 2012.12.31까지 (단위 : 원)

| | 제21기 | 제20기 | 제19기 |
|---|---|---|---|
| 매출액 | 3,303,137,208,421 | 3,076,064,179,435 | 2,861,059,350,602 |
| 매출원가 | 2,530,828,382,172 | 2,357,821,202,001 | 2,200,855,560,262 |
| 매출총이익 | 772,308,826,249 | 718,242,977,434 | 660,203,790,340 |
| 판매비와 관리비 | 659,844,799,110 | 623,765,208,076 | 605,799,442,177 |
| 영업이익(손실) | 112,464,027,139 | 94,477,769,358 | 54,404,348,163 |
| 기타수익 | 14,104,950,821 | 14,110,931,355 | 10,976,366,222 |
| 기타비용 | 10,338,004,695 | 23,760,196,447 | 18,613,332,320 |
| 금융수익 | 17,760,567,842 | 15,576,599,927 | 18,175,720,113 |
| 금융원가 | 5,971,595,647 | 17,291,598,118 | 13,861,229,646 |
| 법인세비용차감전순이익(손실) | 128,019,945,460 | 83,113,506,075 | 51,081,872,532 |
| 법인세비용 | 30,453,956,629 | 22,049,710,242 | 16,024,298,992 |
| 당기(전기)순이익(손실) | 97,565,988,831 | 61,063,795,833 | 35,057,573,540 |
| 기타포괄손익 | (3,921,032,342) | 548,166,931 | (3,804,253,478) |
| 당기손익으로재분류되지 않는 항목 | (3,884,670,961) | 568,243,807 | (4,051,414,509) |
| 순확정급여부채의 재측정요소 | (3,884,670,961) | 568,243,807 | (4,051,414,509) |
| 후속적 당기손익으로 재분류되는 항목 | (36,361,381) | (20,076,876) | 247,161,031 |
| 해외사업환산손익 | (36,361,381) | (20,076,876) | 9,572,318 |
| 매도가능금융자산평가손익 | | | 237,588,713 |
| 총포괄손익 | 93,644,956,489 | 61,611,962,764 | 31,253,320,062 |
| 주당이익 | | | |
| 기본주당이익(손실) | 3,960 | 2,478 | 1,449 |
| 희석주당이익(손실) | 3,960 | 2,478 | 1,449 |

### 사례조사 및 함께 생각해보기

1. 관심기업의 포괄손익계산서를 보고 당기순이익과 기타포괄손익이 각각 얼마인지 확인해 보고 그 의미를 설명해 봅시다.
2. 관심기업의 포괄손익계산서를 보고 매출액, 매출원가, 판매비와 관리비, 영업이익의 금액과 비중이 각각 얼마인지 살펴보고 그 의미를 설명해 봅시다.
3. 관심기업의 포괄손익계산서를 보고 경쟁사 대비 특별한 사항이나 재무 컨설팅이 필요한 사항이 있는지 최종적으로 평가해봅시다.

CHAPTER

# 5

# 재무상태표와 포괄손익계산서 분석

제5장에서는 어떻게 정보이용자들의 의사결정에 회계정보가 활용되는지를 학습한다. 본장에서는 대표적인 회계정보로 재무상태표와 포괄손익계산서를 이용하여 주요 재무비율의 의미와 산출과정을 설명한다. 또한 실제 기업사례를 제시하여 재무비율을 직접 분석하고 해석한다.


제 1 절 재무제표 분석

제 2 절 유동성 분석

제 3 절 레버리지 분석

제 4 절 활동성 분석

제 5 절 수익성 분석

제 6 절 기업사례 분석

## 제 1 절 재무제표 분석

기업은 투자자나 채권자 등과 같은 정보이용자들이 의사결정에 이용할 수 있도록 회계정보인 재무제표를 제공하며, 이를 통해 자금이나 인력 등의 필요한 자원을 조달받는다. 재무제표 분석이란 재무상태표, 포괄손익계산서, 현금흐름표, 자본변동표 등의 기업이 공시하는 재무제표를 이용하여 기업의 경영성과나 재무상태 등 필요한 회계정보를 추출하여 기업의 경영활동 결과를 해석하는 것이다. 재무제표를 분석하는 가장 기본적인 방법이 재무비율을 분석하는 것이다. 재무비율은 재무제표상에 제시된 관련 항목들을 대응시켜 비율을 산정하고 이를 통해 기업의 수익성이나 위험성 등을 평가하는 것이다. 재무비율 분석은 쉽고 간편하게 이용되기 때문에 가장 기초적인 기업분석도구로 활용되고 있다.

이처럼 간단한 계산절차를 통해 산출한 재무비율은 산업이나 동종업계 등의 표준비율과 비교하여 해당기업의 수익성이나 성장성, 재무건전성 등이 양호한지 불량인지를 판단하며, 재무제표를 분석하는 절차는 다음과 같다.

첫째, 분석대상기업의 수익성, 유동성, 활동성, 성장성, 위험 등을 나타내는 주요 재무비율을 계산절차에 따라 산출한다.

둘째, 산출된 주요 재무비율을 표준비율과 비교한다. 표준비율은 한국은행에서 제공하는 '기업경영분석'에서 제시한 산업비율이나 동종업계의 평균비율 등을 이용할 수 있다.

셋째, 표준비율과 비교하여 분석대상기업의 양호여부를 판단한다. 이때 단순히 비율만을 검토하는 것이 아니라 시장점유율, 경쟁력, 업계 현황, 비전 등의 비계량적인 정보를 고려하여 종합적으로 평가해야 한다.

일반적으로 재무제표 분석을 통해 기업의 유동성, 활동성, 수익성, 성장성, 안전성 등을 평가하게 된다. 본장에서는 대표적으로 활용되는 이 비율들의 산출방법과 의미 등을 중점적으로 설명한다.

# 제 2 절 유동성 분석

유동성 분석(liquidity analysis)은 기업의 유동성을 나타내는 것으로 단기부채에 대한 상환능력을 분석하는 것이다. 만약 어떤 기업에 자금을 빌려준다면 이 기업이 자금을 상환할 능력을 보유하고 있는지를 평가하게 된다. 일반적으로 유동성이란 1년 이내에 현금화할 수 있는 능력으로 얼마나 많은 현금성 자산을 보유하고 있는지를 나타낸다. 기업의 유동성을 평가할 수 있는 대표적인 유동성 분석비율로는 유동비율, 당좌비율, 현금비율 등이 있다. 본절에서는 각 비율의 구체적인 의미와 계산절차를 살펴본다.

## 2.1 유동비율

유동비율(current ratio)은 유동자산을 유동부채로 나눈 값으로 기업의 단기부채 상환능력을 나타낸다. 즉, 기업이 차입금과 같이 정상영업주기 또는 1년 이내에 상환해야할 단기채무에 대해 상환할 충분한 자금을 보유하고 있는지를 평가한다. 통상적으로 유동자산은 1년 이내에 현금화가 가능한 자산이고, 유동부채는 1년 이내에 상환해야 할 부채이기 때문에 유동비율이 100%라면 단기채무를 상환하기 위해 보유하고 있는 유동자산을 모두 사용해야 하는 것이다. 그러나 유동자산 중에는 재고자산과 같이 1년 이내에 현금화할 수 있더라도 판매과정을 거쳐야 하기 때문에 장부에 표시되어 있는 재고자산 금액만큼 현금화가 어려울 수 있다. 이러한 이유로 유동비율을 평가할 때 유동비율이 100%라도 유동성이 충분한 것으로 해석하지 않는다. 산업특성이나 기업에 따라서 유동성이 달라지나 일반적으로 유동비율이 130% 이상이면 단기채무를 상환할 유동성이 양호한 것으로 해석한다.

| 유동비율 = 유동자산 / 유동부채 |
|---|

## 2.2 당좌비율

당좌비율(quick ratio)은 당좌자산을 유동부채로 나눈 값으로 기업의 유동성을 평가하는 지표 중 하나이다. 당좌자산이란 유동자산 중 현금화 속도가 늦은 재고자산을 제외한 자산을 의미한다. 왜냐하면 유동비율이 아무리 높을지라도 창고에 팔리지 않고 보유하고 있는 재고자산이 유동자산의 대부분을 구성한다면 유동비율이 높을지라도 실질적인 단기채무 상환능력이 현저히 낮아지기 때문이다. 기업의 유동성을 평가할 때 당좌비율을 이용하면 유동비율도 보다 보수적으로 평가할 수 있다. 이론적으로는 당좌비율이 100%이면 유동성을 충분히 확보했다고 평가하나 실무적으로 우리나라에서는 당좌비율이 80%이면 유동성이 양호하다고 해석하는 경우가 많다. 우리나라의 기업들은 과다한 재고자산 보유와 과다한 유동부채의 사용이 기업 경영환경을 악화시키는 주요 원인 중 하나이기 때문에 기업은 유동성이 부족하여 큰 어려움을 겪지 않도록 관리한다.

| 당좌비율 = 당좌자산 / 유동부채 |
|---|

## 2.3 현금비율

현금비율(cash ratio)은 유동성을 평가하는 가장 보수적인 재무비율로 현금및현금성자산을 유동부채로 나눈 비율이다. 즉, 유동부채를 커버하는 데 직접적으로 사용되는 것이 현금이기 때문에 관심을 갖는 유동비율이다. 현금비율에 대해서는 기준이 정해진 것이 없으나 유동성 유지를 위해 보통 20%에서 30%의 현금비율을 유지한다. 그러나 지나친 현금및현금성자산의 보유는 기업이 투자를 하지 않아 수익성에 부정적인 영향을 미치기 때문에 적정수준의 현금비율을 유지하고 관리하는 것이 중요하다.

| 현금비율 = 현금및현금성자산 / 유동부채 |
|---|

## 제 3 절 레버리지 분석

레버리지 분석(leverage analysis)은 기업이 타인자본인 부채를 얼마만큼 사용했는지를 나타낸다. 효율적인 부채의 사용은 수익성을 높이나 과다한 부채의 사용은 적은 자기자본으로 기업을 운영하기 때문에 기업을 위험에 빠트릴 수 있어 레버리지 비율은 위험을 나타내는 대용치로 사용되기도 한다. 다시 말해 레버리지 분석을 통해 기업 경영에 따른 위험을 누가 부담하고 있는지 알 수 있으며 손익확대효과를 평가할 수 있다. 레버리지를 나타내는 주요 비율로는 부채비율, 차입금의존도, 이자보상비율 등이 있으며 계산절차와 의미를 살펴본다.

### 3.1 부채비율

부채비율(debt ratio)은 타인자본인 부채를 자기자본으로 나눈 비율이며 어느 정도가 적정수준인지 정해진 것은 없으나 우리나라에서는 IMF 이후 부채비율이 100% 이하를 표준으로 보고 있다. 부채비율이 100%라는 의미는 자기자본으로 최소 타인자본을 모두 상환할 수 있음을 나타낸다. 채권자의 지분인 타인자본이 자기자본을 초과하게 되면 자기자본을 가지고 부채를 모두 상환할 수 없기 때문에 재무위험이 증가하여 지급위험이 높아지게 된다. 이와 같은 이유로 부채비율이 높아지게 되면 기업이 청산할 때 채권자에게 지급해야 할 금액이 커지기 때문에 100% 이하의 부채비율을 선호하게 되는 것이다. 즉, 부채비율이 높을수록 회사가 만기에 상환해야 할 부채가 많아져 상환위험이 높아지게 되고 기업의 재무건전성이 저하된다.

부채비율 = 부채 / 자기자본

이뿐 아니라 부채비율은 기업의 손익확대 효과를 나타내어 레버리지 효과를 평가할 수 있다. 예를 들어, 금오기업의 영업이익은 100만원이고 자기자본 300만원, 부채 600만원의 자본구조를 가지고 있다고 가정하자. 금오기업의 부채비율은 부채 600만원을 자기자본 300만원으로 나누면 200%가 된다. 만약 타인자본에 대한 이자율이 10%라고 가정하면, 금오기업의 경우 영업이익 100만원 중 채권자에게 이자비용으로 60만원(600만원×10%)이 귀속되고, 나머지 40만원이 주주에게 귀속된다. 주주 입장에서 보면 300만원을 투자해서 40만원의 수익을 얻게 된다. 즉, 자기자본이익률이 약 13.33%로 이자비용 10%를 상회한다. 반면에 경기가 악화되어 금오기업 영업이익이 60만원일 경우 채권자에게 이자비용으로 60만원을 지급하면 주주에게 귀속되는 부분은 0원으로 투자 대비 수익률은 0%가 된다. 경기가 호황이라서 충분히 이자를 커버할 이익을 보고하게 되면 주주에게 귀속되는 이익의 비중이 높아지나 불황으로 바뀌면 자기자본 대비 수익률은 현격하게 저하되어 손익이 확대되는 효과가 나타나게 된다. 이를 레버리지 효과라 부른다. 즉, 이익이 충분히 이자를 커버할 때에는 부채비율이 높을수록 주주에게 귀속되는 이익의 부분이 커지게 되나, 이자를 커버할 수 없을 때에는 주주의 지분을 오히려 크게 감소시키게 된다. 그 밖에 부채비율을 계산할 때 분모에 자기자본 대신 총자산을 사용하기도 한다. 총자산을 분모에 사용하는 경우에는 총자산 중 부채의 비중이 얼마인지를 나타낸다.

## 3.2 차입금의존도

차입금의존도는 총자산 중 이자비용이 동반되는 사채나 차입금 등이 차지하는 비중을 나타낸다. 부채 중 이자비용을 지급하는 차입금과 사채의 비중이 높아지게 되면 재무건전성에 미치는 영향이 크다. 즉, 차입금의존도가 높은 기업일수록 이자비용에 대한 비중이 커지게 되고 기업의 수익성은 낮아지게 되어 안정성은 저하된다.

차입금의존도＝장단기 차입금＋사채 / 총자산

차입금의존도에 대한 표준비율이 정해진 것은 없으나 과도한 차입금의존도는 기업의 재무건전도를 위협하기 때문에 기업의 안정성을 평가하는 주요 지표 중 하나로 사용된다.

## 3.3 이자보상비율

부채비율은 자기자본과 타인자본이 균형을 이루고 있는지를 나타내나 타인자본인 부채사용에 대한 이자비용을 지급할 수 있는지를 평가할 수 없다. 부채를 많이 사용하더라도 영업이익이 충분히 부채비용을 지급할 수 있는 능력이 있다면 단기적으로 높은 부채비율은 문제가 되지 않는다. 레버리지를 측정하는 주요 지표 중 하나가 바로 이자보상비율이다. 이자보상비율(interest coverage ratio)은 영업이익이 이자비용을 충분히 보상할 수 있는지를 나타낸 것으로 영업이익을 이자비용으로 나눈 값이다. 이자보상비율이 높을수록 부채에 대한 이자를 지급할 수 있는 능력이 충분하다는 것을 의미한다.

| 이자보상비율＝영업이익 / 이자비용 |
|---|

만약 이자보상비율이 1이라면 영업이익으로 이자비용을 지급하고 나면 영업이익 중 남은 것이 없다는 것이고, 1 이하라면 기업이 벌어들인 이익으로 이자비용을 지급하기에도 부족하다는 것을 의미한다. 일반적으로 이자보상비율이 최소 3배 이상이 되어야 채권자에게 이자비용을 지급하고 정상적으로 이익의 일부분이 주주에게 귀속될 수 있으며 타인자본의 원금을 상환할 능력을 축적한다고 해석한다. 이와 같은 이유로 이자보상비율을 부채비율보다 기업의 채무불이행과 더 직접적인 관련성이 있는 지표로 사용한다.

**예제 1**

(주)오대박의 20×9년 재무제표 중 일부이다. (주)오대박의 유동비율, 당좌비율, 부채비율, 이자보상비율을 계산해 보자.

(단위 : 천원)

재무상태표
20×9.12.31 현재

| | | | |
|---|---|---|---|
| **자산** | **102,550** | **부채** | **55,830** |
| 유동자산 | 46,400 | 유동부채 | 20,870 |
| • 현 금 | 11,050 | 비유동부채 | 34,960 |
| • 매출채권 | 19,950 | **자본** | **46,720** |
| • 재고자산 | 15,400 | 자본금 | 25,000 |
| 비유동자산 | 56,150 | 이익잉여금 | 21,720 |
| 자산 총계 | 102,550 | 부채와자본총계 | 102,550 |

손익계산서
20×9.1.1~20×9.12.31

| | |
|---|---|
| 매출액 | 39,810 |
| 매출총이익 | 24,976 |
| 영업이익 | 8,123 |
| 이자비용 | 2,876 |
| 당기순이익 | 3,757 |

| | 산 식 | 비 율 |
|---|---|---|
| 유동비율 | 유동자산/유동부채 | 46,400/20,870=222% |
| 당좌비율 | 당좌자산/유동부채 | (46,400-15,400)/20,870=148% |
| 부채비율 | 부채/자기자본 | 55,830/46,720=119% |
| 이자보상비율 | 영업이익/이자비용 | 8,123/2,876=2.82배 |

(주)오대박은 유동비율 222%, 당좌비율 148%로 유동성이 매우 높다. 부채비율은 119%로 타인자본이 자기자본보다 약간 높은 수준이고 이자보상비율은 2.82배로 충분히 영업이익을 가지고 이자비용 지급이 가능하다. (주)오대박은 단기적으로 부채를 상환할 능력이 충분히 높고 레버리지가 높지 않아 유동자산을 미래 투자를 위한 사업에 투자하여 수익성을 지속적으로 높이면서 타인자본의 부채를 상환하면 재무건전성이 개선될 것으로 보인다.

# 제 4 절 활동성 분석

활동성 분석(activity analysis)은 기업의 보유한 자산을 얼마나 효율적으로 잘 활용하고 관리하고 있는지를 평가한다. 기업이 자산을 보유하는 것은 궁극적으로 수익창출에 자산이 필요하기 때문이다. 즉, 자산을 효율적으로 활용할수록 수익성은 증가하기 때문에 자산의 효율적인 활용이 중요하다. 활동성 분석은 회전율과 회전기간으로 구분하여 분석할 수 있다. 회전율은 매출액을 사용된 자산으로 나눈 값이며, 1을 회전율로 나누면 회전기간이 된다. 활동성을 평가할 수 있는 대표적인 지표로는 총자산회전율, 총자산회전기간, 재고자산회전율, 재고자산회전기간, 매출채권회전율, 매출채권회전기간 등이 있다. 본절에서는 주요 활동성 지표들의 구체적인 의미와 계산절차를 살펴본다.

## 4.1 총자산회전율과 총자산회전기간

총자산회전율(total assets turnover)은 총자산을 매출액으로 나눈 값으로 기업이 매출액을 달성하기 위해 총자산을 얼마나 효율적으로 사용했는지를 나타낸다. 이 비율은 1년 동안 매출액을 달성하기 위해 총자산을 몇 번이나 회전했는지를 보여주는 것으로 쉽게 생각하면 음식점에서 테이블 회전율과 같은 의미이다. 예를 들어, 치킨집의 테이블 회전이 높다는 의미는 손님이 많이 와서 동일한 한 테이블을 그만큼 많이 사용했다는 것이다. 테이블 회전이 낮다는 것은 치킨집에 손님이 없어서 한 테이블에서 차지하는 시간이 길고 상대적으로 테이블을 효율적으로 사용하지 못했다는 것을 나타낸다. 총자산회전기간(total assets collection period)은 1을 총자산회전율로 나눈 것으로 보유한 총자산을 가지고 1년 동안 매출액을 달성하기 위해 얼마만큼의 시간이 소요되는지를 나타낸다.

만약 총자산회전율이 2회전이라면 1년 동안 보유한 총자산의 2배 규모에 해당하는 매출액을 달성했다는 것이다. 일반적으로 회전율이 높을수록 보유한 자산을 가지고 높은 매출액을 달성했기 때문에 효율적으로 사용했다고 평가한다.

| 총자산회전율＝매출액 / 총자산 |
|---|

총자산회전율이 2회전이라면 1을 2회전으로 나누면 총자산회전기간은 0.5년(182.5일)이다. 즉, 보유한 총자산에 해당하는 규모만큼 매출액을 실현하는 데 0.5년(182.5일)이 소요된다는 의미이다. 회전기간이 짧을수록 자산규모만큼 매출액을 실현하는 데 소요시간이 적게 필요하기 때문에 자산의 효율성이 높음을 나타낸다.

| 총자산회전기간＝1 / 총자산회전율 |
|---|

## 4.2 재고자산회전율과 재고자산회전기간

재고자산회전율(inventory turnover)은 재고자산을 매출액으로 나눈 값으로 재고자산의 회전속도를 나타낸다. 재고자산의 회전속도라는 것은 재고자산이 얼마나 빨리 판매되어 매출액으로 실현되는지를 보여준다. 재고자산회전율이 높을수록 재고자산을 적게 보유해서 높은 수준의 판매를 달성했기 때문에 재고자산을 효율적으로 관리하고 있다고 본다. 그러나 재고자산의 회전율이 낮다면, 재고자산 수준이 높아 판매로 연결되는 시간이 길어져 재고자산의 효율성이 떨어진다고 해석할 수 있다. 즉, 과다한 재고자산의 경우 판매부진이나 재고자산의 진부화 가능성을 내포할 수 있으므로 재고자산회전율은 효율적인 재고자산의 관리를 나타내는 비율로 이용된다.

재고자산회전기간(inventory collection period)은 재고자산만큼 매출액으로 실현하는 데 얼마의 시간이 소요되는지를 나타내는 것으로 재고자산회전기간이 길어질수록 자금압박을 받게 된다. 즉, 재고자산이 매출액으로 실현되는 데 시간이 오래 걸리게 된다. 동종업계나 산업평균과 비교하였을 때 재고자산회전기간이 길다면 창고에 쌓여 있는 재고로 인해 자금이 융통되지 않아 재고자산을 비효율적으로 관리한 것으로 평가한다.

| 재고자산회전율 = 매출액 / 재고자산 |
|---|

| 재고자산회전기간 = 1 / 재고자산회전율 |
|---|

예를 들어, 매출액이 500만원이고 재고자산이 80만원이라고 가정하자. 재고자산회전율은 6.25(500만원/80만원)회전이며, 재고자산회전기간은 0.16년(58.4일)이다. 1년 동안 재고자산의 6.25배만큼 매출액이 실현되었고, 500만원에 해당하는 매출을 실현하기 위해 0.16년(58.4일)이 소요된다는 의미이다.

기업의 특성이나 계절적인 요인 등에 따라 재고자산의 잔액이 달라질 수 있기 때문에 일반적으로 재고자산회전율과 재고자산회전기간을 계산할 때 전기와 당기의 재고자산의 평균액을 사용한다. 또한 물가의 변동이 심한 경우에는 매출액은 시가로 표시되고 재고자산은 장부가로 표시되기 때문에 매출액 대신 매출원가를 사용하는 것이 합리적이다.

## 4.3 매출채권회전율과 매출채권회전기간

매출채권회전율(account receivables turnover)은 매출채권을 매출액으로 나눈 값으로 외상으로 판매한 매출채권이 현금화되는 속도를 나타낸다. 기업이 얼마나 효율적으로 매출채권을 관리하고 있는지를 보여준다. 일반적으로 매출채권회전율이 높다는 것은 매출채권의 현금화 속도가 빨라 매출채권이 잘 관리된다는 것을 의미한다. 반대로 매출채권회전율이 낮다면 매출채권이 현금으로 회수되는 속도가 늦어 자금압박을 받게 된다.

매출채권회전기간(account receivables collection period)은 매출채권회전율의 역수로 구한다. 즉, 매출채권회전기간은 매출채권이 현금으로 회수되는 기간을 의미한다.

매출채권회전율＝매출액 / 매출채권

매출채권회전기간＝1 / 매출채권회전율

만약 매출채권회전율이 7회전이라면 1년 동안 매출채권의 7배에 해당하는 매출액을 달성했음을 나타내며, 회전율의 역수를 계산하면 매출채권회전기간은 0.14년(52.1일)이다. 다시 말해 이는 매출채권 규모만큼 매출액을 실현하는 데 0.14년(52.1일)이 소요된다는 의미이다.

매출채권회전율이나 매출채권회전기간을 계산할 때 매출채권은 일정시점의 금액이고 매출액은 1년 동안의 기간의 개념이므로 매출채권의 평균잔액(당기 및 전기 매출채권/2)을 이용하기도 한다. 매출채권의 평균잔액을 사용하게 되면 평균적으로 회사가 회계기간 동안 매출채권을 몇 번이나 회수했는지를 보여주게 된다.

매출채권회전율이나 매출채권회전기간은 기업의 신용정책이나 산업특성에 영향을 받기 때문에 단순 비교시 주의해야 하며 산업특성이나 기업의 신용정책 등을 고려하여 평가해야 한다.

## 제 5 절 수익성 분석

수익성 분석(profitability analysis)은 기업의 이익창출능력을 나타낸다. 기업의 궁극적인 목표는 이익창출이기 때문에 경영자나 주주뿐만 아니라 이해관계자들은 수익성 지표에 관심을 갖는다. 기업의 수익성을 평가하는 수익성 비율들은 일정기간 동안 기업의 경영성과를 측정한다. 대표적인 수익성 비율로 매출액총이익률, 매출액영업이익률, 매출액이익률, 자기자본이익률, 총자산이익률 등이 있으며 구체적인 의미와 계산절차를 살펴보면 다음과 같다.

## 5.1 매출액총이익률

매출액총이익률(gross profit to sales ratio)은 매출액 대비 매출총이익이 얼마인지를 나타낸다. 매출액총이익률은 매출액에서 매출원가를 차감한 매출총이익을 매출액으로 나눈 값이다. 매출총이익은 얼마에 구입해서 얼마에 판매하였는지, 얼마에 생산해서 얼마에 판매하였는지를 나타내기 때문에 기업의 가장 기본적인 이익의 근원이 된다. 매출총이익이 높을수록 판매된 상품에 대한 마진이 높기 때문에 관심을 갖는 중요한 수익성 지표이다. 매출총이익률은 매출총이익을 매출액으로 나눈 비율로 제품 생산 활동에 대한 마진(production margin)을 의미하는 것으로, 매출총이익률이 높을수록 제품의 생산 활동 수익성이 높다고 평가한다.

매출액총이익률＝매출총이익 / 매출액

예를 들어, 매출액총이익률이 30%라면 매출액 100만원 중 매출원가로 70만원을 지출하고 30만원의 이익이 남았다는 것이다. 제품을 생산하고 남은 마진 30%를 가지고 제품의 판매와 관리를 위한 비용을 지출하게 되는 것이다. 매출액총이익률이 클수록 제품의 판매와 관리에 소요되는 비용 부분을 커버할 능력이 크다고 볼 수 있다.

## 5.2 매출액영업이익률

매출액영업이익률(operating profit to sales ratio)은 영업이익을 매출액으로 나눈 값이다. 매출액 대비 영업이익의 비중이 얼마인지를 보여준다. 영업이익은 매출총이익에서 제품의 판매와 관리에 소요되는 판매비와 관리비를 차감한 값으로 영업활동의 수익성을 나타내는 지표이다. 즉, 매출액영업이익률은 매출액 1원당 얼마만큼의 영업이익을 창출했는지를 보여주어 기업의 고유 영업마진(operating margin)을 평가한다. 매출총이익률이 상품이나 제품 그 자체의 마진을 나타낸다면 매출액영업이익률은 상품이나 제품 그 자체의 능력뿐 아니라 기업의 영업활동 및 관리활동의 효율성을 포함한 수익성을 나타낸다.

매출액영업이익률＝영업이익 / 매출액

## 5.3 매출액이익률

매출액이익률(earnings after tax to sales ratio)은 당기순이익을 매출액으로 나눈 비율이다. 당기순이익은 기업의 최종적인 마진을 나타내는 것으로 기업의 수익활동인 매출액에서 제조활동에 대한 매출원가, 영업활동과 관리활동에 대한 판매관리비, 재무활동에 소요되는 이자비용 등 모든 비용을 차감하고 남은 부분이다. 당기순이익은 1년 동안 기업이 최종적으로 창출한 경영성과를 나타낸다. 즉, 매출액이익률은 매출액 1원당 당기순이익을 얼마만큼 창출했는지를 보여준다. 매출액이익률이 높을수록 매출액 대비 순이익의 비중이 높다는 것을 의미한다.

매출액이익률＝당기순이익 / 매출액

제4장에서 제시한 CU편의점 제21기 손익계산서를 이용하여 매출액총이익률, 매출액영업이익률, 매출액순이익률을 계산해 보면 다음과 같다. CU의 21기 매출액총이익률은 23.38%, 매출액영업이익률은 3.40%, 매출액이익률은 2.95%이다. 판매한 상품의 기본적인 자체 마진은 23.38%로 높으나 최종적으로 남은 마진은 2.95%로 매우 감소함을 알 수 있다.

| | 제21기 |
|---|---|
| 매 출 액 | 33,031억원 |
| 매 출 원 가 | 25,308억원 |
| 매출총이익 | 7,723억원 |
| 판매비와 관리비 | 6,598억원 |
| 영업이익(손실) | 1,124억원 |
| 당기순이익 | 975억원 |

| | 산식 | 수익성비율 |
|---|---|---|
| 매출액총이익률 | 매출총이익/매출액 | 7,723/33,031＝23.38% |
| 매출액영업이익률 | 영업이익/매출액 | 1,124/33,031＝3.40% |
| 매출액이익률 | 당기순이익/매출액 | 975/33,031＝2.95% |

## 5.4 자기자본이익률

자기자본이익률(return on equity)은 자기자본 대비 순이익의 비중이 얼마인지를 나타낸다. 즉, 자기자본이익률은 주주가 기업에 투자한 자본에 대해 이익을 얼마만큼 벌어들였는지를 나타내는 수익성 지표이다.

자기자본이익률＝당기순이익 / 자기자본

자기자본이익률이 높을수록 주주가 투자한 자본이 잘 활용되어 높은 수익성을 달성했다고 평가할 수 있다.

## 5.5 총자산이익률

총자산이익률(return on assets)은 ROA라 부르며 당기순이익을 총자산으로 나눈 비율이다. 회계등식에 따라 총자산은 타인자본인 부채와 자기자본인 자본을 합한 것으로 조달된 총자본과 같다. 즉, ROA는 투하된 총자산(총자본)을 가지고 얼마만큼의 당기순이익을 창출했는지를 보여준다. 회계학에서 ROA는 투자액 대비 이익의 비율을 나타내는 수익성 지표로 ROI(return on investment)와 같이 사용된다. ROA는 1930년대 종합화학회사인 듀퐁(Du pont)사에 의해 처음으로 개발되어 듀퐁시스템(Du pont System)이라고도 한다. 즉, ROA는 투자액 대비 이익의 비율을 나타내지만 기업 전체 관점에서 이익은 회계상의 이익의 측정치를 나타내기 때문에 기업의 재무 및 경영성과를 파악할 수 있다.

총자산이익률 = 당기순이익 / 총자산

ROA 산식은 매출액이익률과 총자산회전율로 구분하여 도출할 수 있다. 앞에서 설명한 것처럼 매출액이익률은 매출액에 대한 이익의 마진을 나타내고, 총자산회전율은 매출액을 달성하기 위해 총자산을 얼마나 효율적으로 활용했는지를 나타낸다. ROA를 높이기 위해서는 매출액이익률을 높이거나 총자산회전율을 높이면 된다. 현실적으로 매출액이익률과 총자산회전율을 동시에 증가시키는 것은 어렵기 때문에 순차적으로 어디에 중점을 두고 ROA를 향상시킬 것인가를 고민하게 된다. 왜냐하면 이익의 마진율을 높이기 위해 판매가격을 올리면 매출액이 감소하고, 매출액을 증가시키기 위해 마진율을 낮추면 이익률이 감소하기 때문이다. 그러나 기업은 매출액이익률은 낮으나 총자산의 회전속도를 높여서 자산수익률을 향상시킬 수 있다. 저렴하게 많이 판매하는 박리다매 전략이 바로 매출액이익률은 낮으나 총자산의 회전속도를 높이는 것이라 할 수 있다. 이처럼 기업이 수익성을 평가하거나 검토할 때 저마진 고회전을 선택하거나 고마진 저회전을 의사결정하는 것은 다양한 기업의 특성과 재무적 환경 등의 경영 여건을 고려해서 판단하게 된다.

$$
\begin{aligned}
\text{총자산이익률(ROA)} &= \text{매출액이익률} \times \text{총자산회전율} \\
&= \frac{\text{순이익}}{\text{매출액}} \times \frac{\text{매출액}}{\text{총자산}} \\
&= \text{이익의 마진율} \times \text{총자산회전속도}
\end{aligned}
$$

예제 2

다음의 자료는 (주)빛나라 20×9년 재무제표 중 일부이다. (주)빛나라의 활동성과 수익성을 분석해 보자.

(단위 : 천원)

재무상태표
20×9.12.31 현재

| 자산 | 120,000 | 부채 | 75,000 |
|---|---|---|---|
| 유동자산 | 72,000 | 유동부채 | 35,000 |
| • 현금 | 15,000 | 비유동부채 | 40,000 |
| • 매출채권 | 27,000 | **자본** | **45,000** |
| • 재고자산 | 30,000 | 자본금 | 25,000 |
| 비유동자산 | 48,000 | 이익잉여금 | 20,000 |
| 자산 총계 | 120,000 | 부채와자본총계 | 120,000 |

손익계산서
20×9.1.1~20×9.12.31

| 매출액 | 139,000 |
|---|---|
| 매출총이익 | 54,000 |
| 영업이익 | 18,000 |
| 이자비용 | 12,000 |
| 당기순이익 | 9,000 |

| | 산식 | 비율 |
|---|---|---|
| 총자산회전율 | 매출액/총자산 | 139,000/120,000=1.16회전 |
| 재고자산회전율 | 매출액/재고자산 | 139,000/30,000=4.63회전 |
| 매출채권회전율 | 매출액/매출채권 | 139,000/27,000=5.15회전 |
| 매출액총이익률 | 매출총이익/매출액 | 54,000/139,000=38.85% |
| 매출액영업이익률 | 영업이익/매출액 | 18,000/139,000=12.95% |
| 매출액이익률 | 당기순이익/매출액 | 9,000/139,000=6.5% |
| 자기자본이익률 | 당기순이익/자기자본 | 9,000/45,000=20% |
| 총자산이익률 | 당기순이익/총자산 | 9,000/120,000=7.5% |

(주)빛나라의 활동성 분석 지표로 총자산회전율 1.16회전, 재고자산회전율 4.63회전, 매출채권회전율 5.15회전이다. 매출액을 달성하기 위해 최소 총자산을 1번은 사용했고 회전속도가 높지는 않다. (주)빛나라는 재고자산의 4.63배, 매출채권의 5.15배에 해당하는 매출을 당기에 실현하였다. 이 수치는 동종업계의 표준비율과 비교하여 활동성이 양호한지 부족한지를 평가해야 한다. 수익성 지표로 매출액총이익률 38.85%로 기본 마진이 높고, 매출액영업이익률 12.95%이다. 매출액이익률 6.5%로 매출액 대비 제품이나 상품을 판매하고 최종적으로 남는 마진 비율이 6.5%이다. 총자산이익률은 7.5%인데 자기자본이익률이 20%로 총자산이익률보다 높은 것은 부채로 인해 레버리지 효과가 발생했기 때문이다. 수익성 분석 지표도 표준비율과 비교하여 양호 여부를 판단해야 한다.

## 제 6 절 기업사례 분석

본절에서는 지금까지 학습한 재무제표 분석을 이용하여 실제 기업의 사례를 분석하여 학습자의 이해를 높이고 회계정보가 어떻게 활용되고 해석되는지를 살펴본다. 사례기업으로 백화점 산업을 주도하고 있는 신세계와 현대백화점의 2011년부터 2013년도의 재무제표를 이용하여 분석하며, 백화점이 속한 산업평균의 자료와 함께 비교 분석한다. 두 기업의 재무비율을 분석하기 위해 이용한 재무제표는 요약 재무상태표와 요약 포괄손익계산서이다. 2011년부터 상장기업은 연결재무제표를 기본 재무제표로 하나 본절에서는 개별재무제표를 이용하여 분석한다.

〈표 5-1〉과 〈표 5-2〉는 2011년, 2012년, 2013년 현대백화점의 재무제표이고, 〈표 5-3〉과 〈표 5-4〉는 신세계의 재무제표이다.

〈표 5-1〉 현대백화점 재무상태표 (단위 : 천원)

| | 2011 | 2012 | 2013 |
|---|---|---|---|
| 자산 | | | |
| 유동자산 | 448,089,308 | 801,569,667 | 892,318,617 |
| 현금및현금성자산 | 7,695,828 | 58,352,116 | 58,007,347 |
| 매 출 채 권 | 367,607,691 | 362,439,463 | 398,976,322 |
| 재 고 자 산 | 34,126,334 | 34,476,709 | 41,325,901 |
| 비유동자산 | 3,074,832,184 | 3,089,557,385 | 3,231,786,704 |
| 자산총계 | 3,522,921,492 | 3,891,127,052 | 4,124,105,321 |
| 부채 | | | |
| 유동부채 | 792,985,507 | 749,482,076 | 994,310,739 |
| 매 입 채 무 | 323,624,884 | 326,742,299 | 350,613,104 |
| 단기차입금 | 106,500,000 | – | – |
| 비유동부채 | 554,829,269 | 760,906,407 | 462,534,703 |
| 부채총계 | 1,347,814,776 | 1,510,388,483 | 1,456,845,442 |
| 자본 | | | |
| 자 본 금 | 117,012,205 | 117,012,205 | 117,012,205 |
| 자본잉여금 | 612,115,810 | 612,115,810 | 697,301,146 |
| 이익잉여금 | 1,441,903,876 | 1,650,717,849 | 1,864,420,077 |
| 자본총계 | 2,175,106,716 | 2,380,738,569 | 2,667,259,879 |
| 부채와 자본 총계 | 3,522,921,492 | 3,891,127,052 | 4,124,105,321 |

〈표 5-2〉 현대백화점 손익계산서 (단위 : 천원)

| | 2011 | 2012 | 2013 |
|---|---|---|---|
| 매 출 액 | 959,778,417 | 1,026,100,820 | 1,126,786,722 |
| 매 출 원 가 | 191,881,816 | 179,668,008 | 186,819,822 |
| 매출총이익 | 767,896,601 | 846,432,812 | 939,966,900 |
| 판매관리비 | 508,369,515 | 567,211,543 | 649,165,764 |
| 영 업 이 익 | 259,527,086 | 279,221,269 | 290,801,136 |
| 기 타 수 익 | 24,369,150 | 20,664,128 | 19,952,740 |
| 기 타 비 용 | 15,811,896 | 12,189,320 | 26,527,641 |
| 금 융 수 익 | 22,907,622 | 15,472,808 | 25,729,882 |
| 이 자 수 익 | 1,771,332 | 7,923,529 | 11,818,799 |
| 금 융 비 용 | 12,873,350 | 9,935,151 | 6,931,448 |
| 이 자 비 용 | 12,873,350 | 9,935,151 | 6,931,448 |
| 법인세차감전순이익 | 345,842,012 | 293,233,734 | 303,024,669 |
| 법인세비용 | 83,167,201 | 70,485,450 | 74,386,619 |
| 당기순이익 | 262,674,811 | 222,748,284 | 228,638,050 |
| 기타포괄손익 | (9,739,261) | (2,143,560) | (12,329,205) |
| 총포괄이익 | 252,935,550 | 220,604,724 | 216,308,845 |

〈표 5-3〉 신세계 재무상태표 (단위 : 원)

| | 2011 | 2012 | 2013 |
|---|---|---|---|
| 자산 | | | |
| 유동자산 | 208,781,699,023 | 202,116,582,699 | 197,094,013,723 |
| 현금및현금성자산 | 62,733,006,681 | 6,057,223,597 | 6,685,074,105 |
| 매 출 채 권 | 79,758,035,504 | 106,150,460,385 | 94,732,293,570 |
| 재 고 자 산 | 42,948,350,210 | 55,392,599,749 | 59,472,775,051 |
| 비유동자산 | 3,491,091,990,538 | 5,009,227,245,476 | 5,182,607,517,104 |
| 자산총계 | 3,699,873,689,561 | 5,211,343,828,175 | 5,379,701,530,827 |
| 부채 | | | |
| 유동부채 | 1,153,790,143,853 | 1,237,948,039,438 | 1,042,315,560,331 |
| 매 입 채 무 | 237,729,904,228 | 237,513,006,479 | 235,944,455,036 |
| 단기차입금 | 299,841,250,376 | 340,289,563,217 | 129,259,325,678 |
| 비유동부채 | 635,836,567,412 | 1,867,321,332,134 | 2,065,613,178,410 |
| 부채총계 | 1,789,626,711,265 | 3,105,269,371,572 | 3,107,928,738,741 |
| 자본 | | | |
| 자 본 금 | 49,225,905,000 | 49,225,905,000 | 49,225,905,000 |
| 자본잉여금 | (6,676,264,264,369) | 365,839,189,932 | 365,839,189,932 |
| 이익잉여금 | 8,058,463,557,253 | 1,142,448,421,300 | 1,253,664,095,367 |
| 자본총계 | 1,910,246,978,296 | 2,106,074,456,603 | 2,271,772,792,086 |
| 부채와 자본 총계 | 3,699,873,689,561 | 5,211,343,828,175 | 5,379,701,530,827 |

〈표 5-4〉 신세계 손익계산서 (단위 : 원)

| | 2011 | 2012 | 2013 |
|---|---|---|---|
| 매 출 액 | 1,430,633,570,600 | 1,520,339,333,989 | 1,543,719,663,133 |
| 매 출 원 가 | 363,577,623,354 | 391,090,294,491 | 395,671,911,578 |
| 매출총이익 | 1,067,055,947,246 | 1,129,249,039,498 | 1,148,047,751,555 |
| 판매관리비 | 863,355,441,263 | 933,092,216,660 | 944,704,726,666 |
| 영 업 이 익 | 203,700,505,983 | 196,156,822,838 | 203,343,024,889 |
| 기 타 수 익 | | | |
| 기 타 비 용 | | | |
| 금 융 수 익 | 25,425,493 | 28,740,053,849 | 36,995,342,243 |
| 이 자 수 익 | | | |
| 금 융 비 용 | 33,027,284,392 | 47,656,558,250 | 75,721,594,676 |
| 이 자 비 용 | | | |
| 법인세차감전순이익 | 206,318,273,678 | 180,943,205,334 | 75,721,594,676 |
| 법인세비용 | 48,129,769,603 | 43,023,387,852 | 38,216,562,121 |
| 당기순이익 | 3,381,885,609,090 | 137,919,817,482 | 120,288,669,348 |
| 기타포괄손익 | (149,842,799,645) | 65,284,972,075 | 55,246,081,135 |
| 총포괄이익 | 3,232,042,809,445 | 203,204,789,557 | 175,534,750,483 |

## 6.1 유동성 분석 사례

유동비율, 당좌비율, 현금비율을 중심으로 두 기업의 유동성을 분석해 보면 다음과 같다.

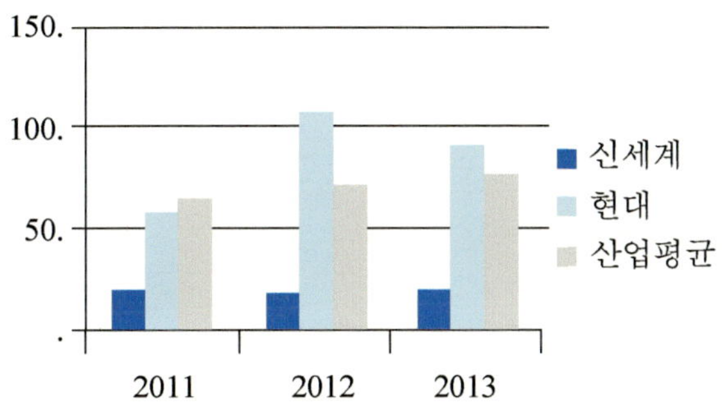


[그림 5-1] 유동비율

신세계의 유동비율은 2011년 18%, 2012년 16%, 2013년 18%로 산업평균에 비해 현저히 낮다. 그러나 현대백화점의 유동비율은 2011년 56%, 2012년 106%, 2013년 89%로 2011년도에는 산업평균에 미치지 못했으나, 2012년에는 급격히 증가했고 2013년도에 조금 낮아지긴 했으나 산업평균보다는 높은 수준을 유지했다. 상대적으로 현대백화점은 단기채무상환에 대해 지급능력은 높고 신세계는 낮다는 것을 알 수 있다.

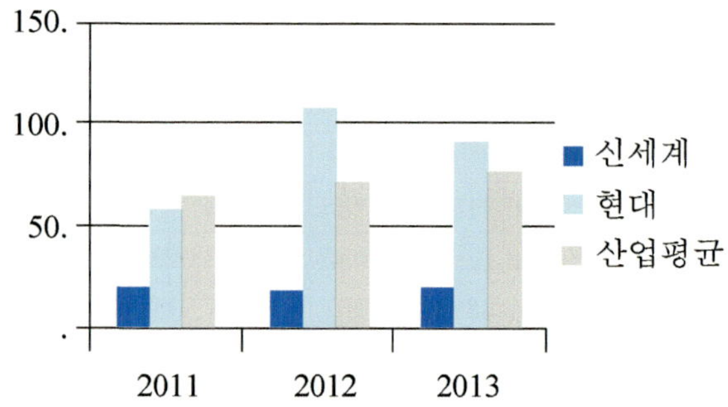

[그림 5-2] 당좌비율

현금화 속도가 상대적으로 낮은 재고자산의 비중을 유동자산에서 제외한 당좌자산을 기준으로 유동성을 살펴보면, 신세계의 2011년, 2012년, 2013년의 당좌비율은 각각 14%, 11%, 13%로 유동비율과 같이 당좌비율 역시 낮은 것을 볼 수 있다. 현대백화점의 당좌비율은 유동비율과 비슷한 그래프의 움직임을 보이며 2011년 52%, 2012년 102%, 2013년 85%로 신세계보다 매우 높고 최소 산업평균 수준 이상을 유지하고 있다. 유동비율과 당좌비율의 그래프 패턴이 유사한 것으로 보아 재고자산이 유동자산에서 차지하는 비중이 크지 않음을 유추할 수 있다. 보통 백화점이라고 하면 재고자산에 계상되는 금액이 많을 것이라 생각하지만, 재무상태표를 살펴보면 실제로 신용판매로 인한 매출채권이 많고 재고자산의 비중이 높지 않음을 확인할 수 있다.

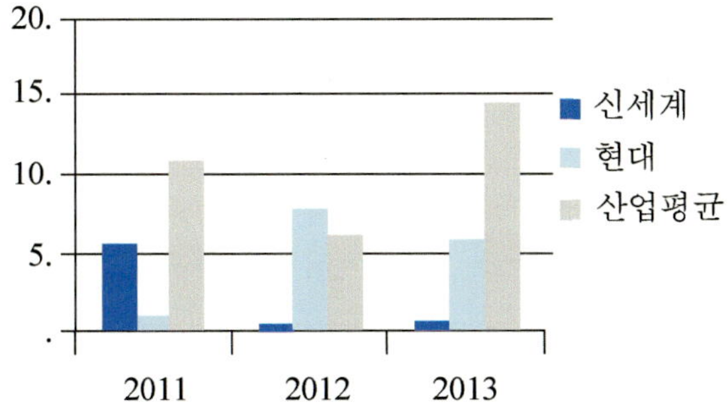


[그림 5-3] 현금비율

가장 보수적인 현금비율을 보면 신세계와 현대백화점 모두 전반적으로 현금비율이 산업평균에 비해 낮다. 신세계의 현금비율은 2011년에는 5%를 상회하고 2012년 0.4%, 2013년 0.5% 정도이며, 현대백화점의 현금비율은 2011년은 1% 이내이며, 2012년 7%, 2013년 5%이다. 신세계와 현대백화점은 반대의 현금흐름을 가지고 있다. 2011년도에는 유동비율과 당좌비율이 낮았던 신세계가 현대백화점에 비해 현금비율은 많았으나, 2012년도부터는 또다시 현대백화점이 높아지고 신세계가 낮아졌음을 알 수 있다. 기업은 투자를 할 때 내부현금을 먼저 사용하는데, 신세계가 사업확장을 위해 투자를 많이 함에 따라 현금비율이 낮아진 것으로 보인다.

## 6.2 레버리지 분석 사례

레버리지를 분석하는 대표적 재무비율인 부채비율, 이자보상비율을 이용하여 신세계와 현대백화점의 레버리지 분석을 하고 그 의미를 살펴보면 다음과 같다.

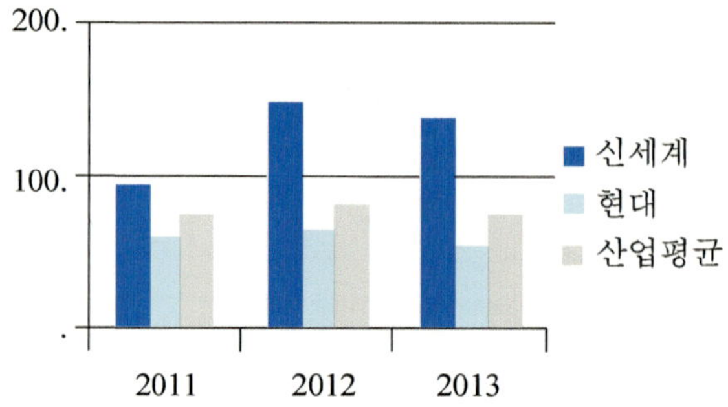


[그림 5-4] 부채비율

부채비율은 자기자본의 비중과 타인자본의 비중이 얼마인지를 보여준다. 현대백화점의 부채비율은 2011년 61%, 2012년 63%, 2013년 54%이며, 신세계의 부채비율은 2011년 93%, 2012년 147%, 2013년 136%이다. 부채비율이 높다는 것은 타인자본에 의존하는 정도가 높다는 의미인데, 현대백화점은 산업평균보다도 낮은 부채비율을 유지하고 있는 반면 신세계는 높은 부채비율을 가지고 있다.

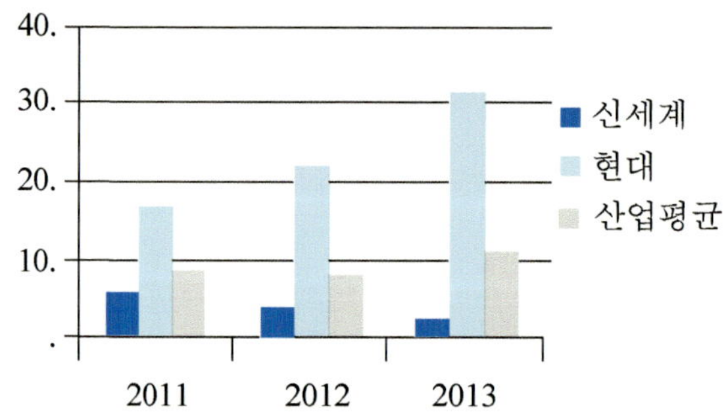


[그림 5-5] 이자보상비율

이자보상비율은 영업이익이 이자비용을 얼마나 보상가능한지를 나타내는 지표이다. 신세계의 이자보상비율은 2011년 6.15배, 2012년 4.17배, 2013년 2.7배이며, 현대백화점의 이자보상비율은 2011년 21.5배, 2012년 28.1배, 2013년 42배이다. 현대백화점의 이자보상비율이 산업평균보다 매우 높고 경쟁사인 신세계와 확연히 다른 그래프를 보여주고 있다. 이는 현대백화점의 부채비율이 신세계보다 낮아 이자를 수반하는 부채의 비중이 작으며 이자비용도 적어 현대백화점이 산업평균보다 훨씬 높은 이자보상비율을 가지고 있음을 나타낸 것이다. 상대적으로 신세계는 이자지급능력이 산업평균보다 낮은 수준이며 급격히 떨어짐을 알 수 있다.

## 6.3 활동성 분석 사례

총자산회전율, 재고자산회전율, 매출채권회전율을 이용하여 자산의 효율적인 사용 여부를 살펴보도록 한다.

신세계의 총자산회전율은 2011년 0.38회전, 2012년 0.29회전, 0.28회전이며, 현대백화점의 2011년 총자산회전율은 0.27회전, 2012년 0.26회전, 2013년 0.27회전이다. 백화점 산업의 평균 총자산회전율이 약 28%~30%인 점을 감안할 때 두 기업 모두 산업평균과 유사하다. 전반적으로 두 기업 모두 자산의 활용도가 낮음을 알 수 있다. 이는 다른 산업에 비해 백화점 산업의 경우 자산의 비중이 높기 때문에 보유한 자산만큼 매출액으로 실현하는 것이 어렵다는 것을 보여주는 것이다.

신세계의 재고자산회전율은 2011년 34회전, 2012년 27회전, 2013년 26회전이다. 현대백화점의 재고자산회전율은 대략 2011년 28회전, 2012년 30회전, 2013년 27회전이며, 산업평균의 재고자산회전율은 30회전 전후이다. 두 기업 모두 산업평균과 비교했을 때 신세계의 2011년 재고자산회전율을 제외하면 산업평균보다 낮은 수준을 보이고 있다. 재고자산이 매출로 연결되기까지의 기간이 길다는 의미이다. 두 기업 모두 효율적인 재고자산 관리를 위해 재고를 소진할 수 있는 판매전략 등이 필요할 것이다.

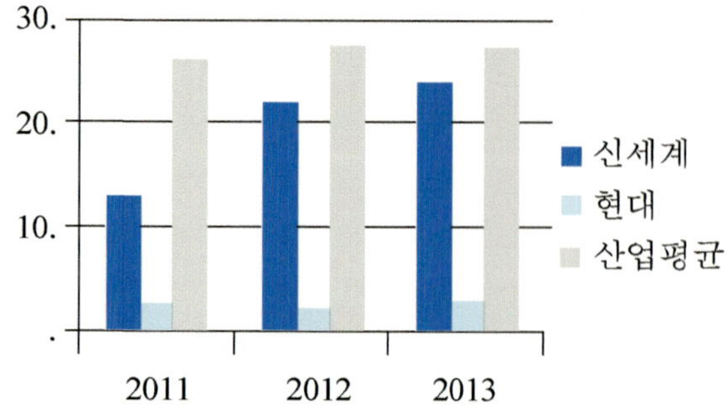


[그림 5-6] 매출채권회전율

신세계의 매출채권회전율은 2011년 18회전, 2012년 14회전, 2013년 16회전이다. 현대백화점의 매출채권회전율은 2011년 2.61회전, 2012년 2.83회전, 2013년 2.82회전이다. 현대백화점의 매출채권회전율이 신세계보다 매우 낮을 뿐만 아니라 산업평균보다 현격하게 떨어진다. 이는 신용판매로 인한 비중이 과하여 매출채권의 현금화 속도가 매우 느려짐을 의미한다. 자금이 풍부하여 유동성의 문제가 없다면 낮은 매출채권회전율이 문제시되지 않지만 자금사정이 여유롭지 않을 경우 매출채권의 비중을 줄일 필요가 있을 것이다.

## 6.4 수익성 분석 사례

매출액총이익률, 매출액영업이익률, 매출액이익률, ROE, ROA를 이용하여 두 기업의 수익성을 분석하면 다음과 같다.

신세계의 매출액총이익률은 약 74% 수준을 유지하고 있고, 현대백화점의 매출액총이익률은 2011년 79.9%, 2012년 74.2%, 2012년 74.4%로 두 기업 모두 높은 수익률을 나타내고 있다. 이와 같은 현상은 백화점 산업의 경우 매출원가 대비 높은 생산마진을 얻고 있다는 것을 의미한다. 산업평균이 약 60%인데, 이와 비교해도 두 기업의 상품 자체에 대한 마진이 높아 수익성에 유리한 영향을 줄 수 있다.

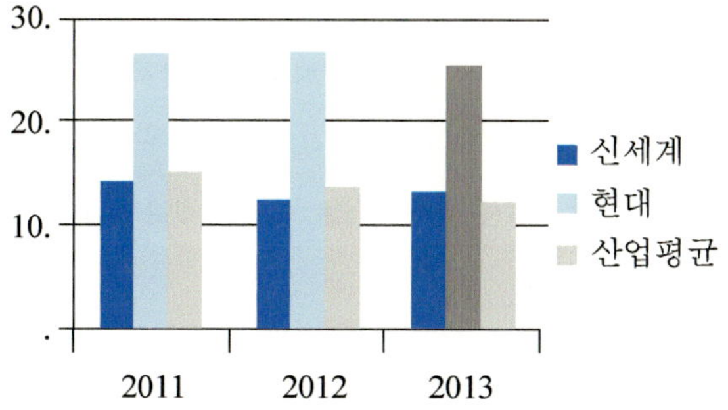


[그림 5-7] 매출액영업이익률

생산마진에서 판매 및 관리에 소요된 판매관리비를 제외한 영업이익 마진을 살펴보면, 신세계는 현대백화점보다 훨씬 낮은 매출액영업이익률을 보이고 있다. 신세계의 매출액영업이익률은 2011년 14%, 2012년 12%, 2013년 13%, 현대백화점의 경우 약 27% 수준을 유지하고 있다. 이는 신세계가 주요 영업활동으로 인한 마진이 낮다는 것을 의미한다. 손익계산서에서 구체적 항목을 살펴보면, 신세계가 현대백화점보다 훨씬 더 많은 판매관리비가 계상되어 있음을 확인할 수 있다.

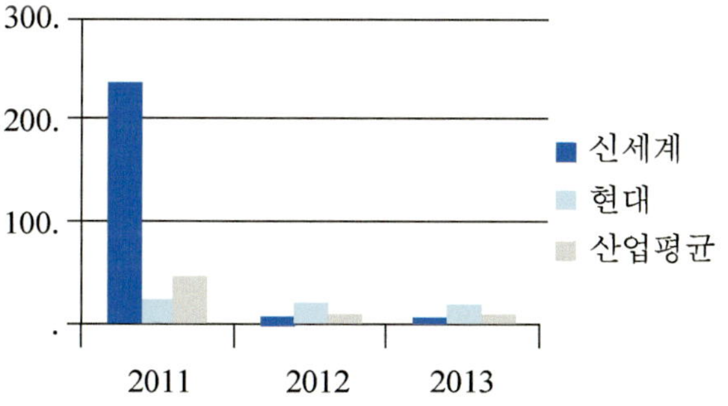


[그림 5-8] 매출액이익률

기업의 최종 마진을 나타내는 매출액이익률을 살펴보면, 2011년 현대백화점의 경우 27%, 2012년 21%, 2013년 26%이다. 신세계의 매출액이익률은 2011년 236%, 2012년 9%, 2013년 7%이다. 신세계의 2011년 매출액이익률이 높은 것은 이마트 분할로 인한 중단영업처분이익 3,223,687백만원이 포함되어, 일시적으로 당기순이익이 이 금액만큼 늘어났기 때문이다. 이후 신세계의 매출액이익률은 2012

년과 2013년에는 큰 폭으로 하락한 모습을 보여주고 있다.

두 기업의 총자산수익률인 ROA를 살펴보면, 신세계의 경우 2011년에는 이마트의 분할로 인한 중단영업처분이익으로 ROA가 매우 높은 수치인 91%이며, 2012년 2.6%, 2013년 2.2%이다. 현대백화점은 약 2011년 7.4%, 2012년 5.7%, 2013년 5.5%이다.

2013년을 기준으로 신세계와 현대백화점의 ROA를 활동성과 수익성 측면에서 원인을 찾아 분석하면 다음과 같다. 두 기업 모두 자산의 활용성이 비슷하여 자산회전율은 0.27, 0.28로 별 차이가 없으나 수익성 측면에서 신세계가 매우 열악한 것으로 분석된다. 현대백화점의 수익성이 약 20% 정도라면 신세계의 수익성은 7% 수준으로 현대백화점과 큰 차이를 보인다. 신세계가 수익성을 개선하기 위해서는 무엇보다도 자산의 효율적인 사용보다는 매출액을 증가시키거나 비용을 절감하여 이익을 개선하는 활동이 필요할 것이다.

다시 말하면, 전체적으로 두 기업 모두 매출액 대비 매출원가의 비중은 비슷하지만 경쟁사인 현대백화점에 비해 신세계의 판매관리비의 지출이 매우 크고 높은 부채비율로 이자비용 등이 높아 수익성이 떨어진다. 신세계는 영업활동에 더 많은 집중과 효율적인 운영으로 수익성이 향상되면 부채상환, 이자지급능력 및 자본구조 개선으로 연결되는 방향으로 기업전략이 요구될 것이다.

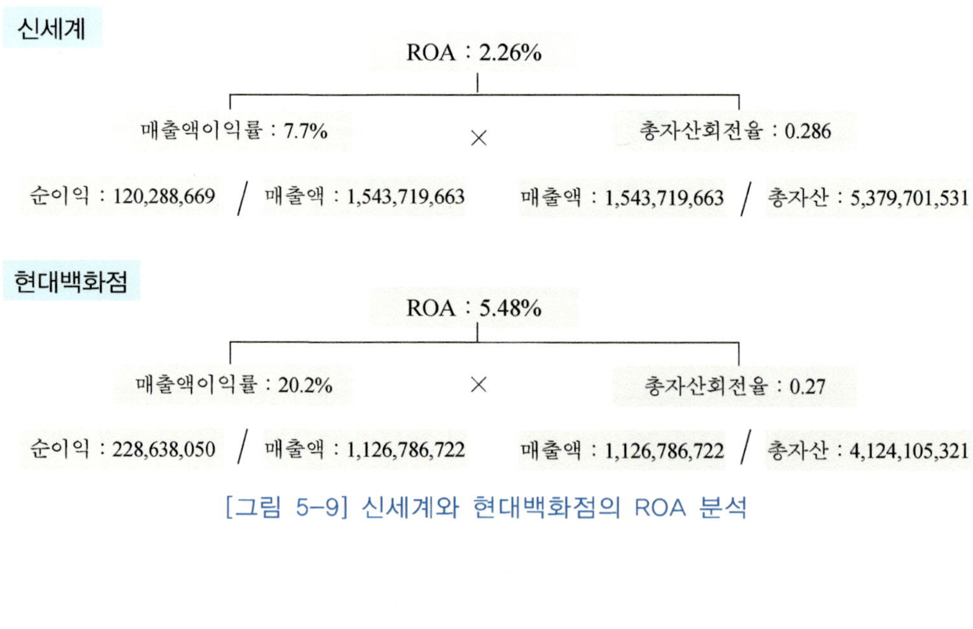


[그림 5-9] 신세계와 현대백화점의 ROA 분석

**기초 다지기 1**

1. 유동비율은 유동자산과 유동부채 간의 비율을 나타내고 당좌비율은 유동자산에서 (　　　)을 차감한 당좌자산과 유동부채 간의 비율을 나타낸다.
2. (　　　)은 단기지급능력을 나타내는 지표로 유동비율, 당좌비율 등을 이용하여 분석한다.
3. 부채비율이 높을수록 이익의 변동성이 높아지기 때문에 이를 (　　　)이라 하며 기업이 부채를 얼마나 사용했는지를 나타낸다.
4. 이자보상비율은 영업이익을 가지고 이자비용을 충분히 지불할 능력이 있는지를 평가하는 지표로 이자보상비율이 (　　　)보다 작으면 기업이 벌어들인 이익을 가지고 타인자본비용을 지급함에 있어 부족함을 의미한다.
5. (　　　)은 당기순이익을 총자산으로 나눈 비율이며 회계학에서 이를 ROA라고 한다.
6. (　　　)은 기업의 보유한 자산을 얼마나 효율적으로 잘 활용하고 관리하고 있는지를 평가하는 것으로 '회전율'과 '회전기간'으로 평가한다.
7. (　　　)은 주주가 기업에 투자한 자본에 대해 이익을 얼마만큼 벌어들였는지를 나타내는 수익성 지표이다.

**기초 다지기 2**

8. 자기자본은 상환할 의무가 없는 자금이기 때문에 자기자본비율이 높다는 것은 그만큼 재무 안전성이 높다고 평가할 수 있다. (○, ×)
9. 부채비율이 높지 않으면 차입금의존도가 높을지라도 이자비용에 대한 비중이 높지 않아 수익성에 미치는 영향은 미비하다. (○, ×)
10. 재무비율은 재무상태표나 손익계산서상에 제시된 관련 항목들을 대응시켜 비율을 산정하고 이를 통해 기업의 수익성이나 위험성 등을 평가하는 것이다. (○, ×)
11. 현금비율은 유동성을 평가하는 가장 보수적인 지표이기 때문에 일반적으로 50%를 상회해야 유동성이 양호하다고 평가한다. (○, ×)
12. 총자산이익률은 매출액이익률이 증가하면 높아지지만, 총자산회전율이 증가하면 변하지 않는다. (○, ×)
13. 부채비율은 타인자본인 부채를 자기자본으로 나눈 비율이며, 기업의 손익확대 효과를 나타내어 레버리지 효과를 평가할 수 있다. (○, ×)

14. 재고자산회전율은 기업의 특성이나 계절적인 요인 등에 따라 재고자산의 잔액이 변화할 수 있기 때문에 재고자산의 평균잔액을 이용해서 계산해도 무방하다. (○, ×)

**기초 다지기 3**

15. 다음 중 재무제표를 분석하는 과정에 대한 설명으로 옳지 않은 것은?
① 산출된 재무비율은 한국은행 등에서 제시한 표준비율을 참고하여 지표의 양호 여부를 판단한다.
② 재무제표분석은 재무상태표와 손익계산서만을 이용하여 재무비율을 산출한다.
③ 기업분석은 재무제표를 분석한 정량적 분석뿐 아니라 시장 환경, 경쟁사 동향 등 정성적 분석을 포함한다.
④ 재무비율 분석을 통해 기업의 유동성, 활동성, 수익성, 성장성, 안정성 등을 평가할 수 있다.

16. 다음 중 활동성 분석에 포함되는 것은?
① 차입금의존도　　② 재고자산회전율
③ 현금비율　　④ 유동비율

17. 다음 중 수익성을 나타내는 재무비율이 아닌 것은?
① 총자산이익률　　② 매출액이익률
③ 총자산회전율　　④ 자기자본이익률

18. 현재 기업의 상황이 다음과 같을 때, 다음 중 옳지 않은 것은?(제시된 자료 이외의 수익, 비용 자료는 없다고 가정한다.)

| | | | |
|---|---|---|---|
| 자기자본 | 3,000,000 | 부　　채 | 6,000,000 |
| 이 자 율 | 10% | 영업이익 | 1,000,000 |

① 부채비율은 200%이다.
② 이자보상비율은 약 1.67배이다.
③ 자기자본이익률은 약 33.33%이다.
④ 총자산이익률은 자기자본이익률보다 높다.

[19～21] 다음은 (주)완판의 재무자료를 나타낸 것이다. 단, 제시된 자료 이외의 자산, 부채, 자본, 수익, 비용에 관한 자료는 없다고 가정한다.

| 항목 | 금액 | 항목 | 금액 |
|---|---|---|---|
| 현금 | 100,000원 | 관계회사투자주식 | 800,000원 |
| 전환사채 | 2,500,000원 | 매입채무 | 300,000원 |
| 단기차입금 | 1,500,000원 | 영업권 | 500,000원 |
| 기계장치 | 2,000,000원 | 토지 | 5,000,000원 |
| 이자비용 | 240,000원 | 재고자산 | 3,000,000원 |
| 매출채권 | 500,000원 | 영업이익 | 2,050,000원 |
| 단기미지급비용 | 200,000원 | 매출액 | 7,500,000원 |
| 당기순이익 | 1,100,000원 | | |

**19.** 다음의 내용 중 유동성 분석과 관련성이 없는 것은?

① 유동자산은 4,400,000원이고 유동부채는 2,000,000원이다.
② 유동비율은 180%로 단기적으로 부채를 상환할 능력은 충분하다.
③ 현금비율은 5%로 매우 저조하다.
④ 당좌비율은 30%로 유동성에 문제가 발생할 수도 있다.

**20.** 다음의 내용 중 옳지 않은 것은?

① 총자산은 11,900,000원이고 부채는 4,500,000원이다.
② 총자산회전율은 1보다 작아 효율적으로 자산을 활용하지 못하였다.
③ 부채비율은 약 61%로 자기자본 대비 타인자본의 비중이 높다.
④ 이자보상비율은 약 8.54배로 충분히 이자비용을 지급할 능력을 갖추고 있다.

**21.** 다음의 내용 중 수익성과 활동성 분석과 관련성이 없는 것은?

① 매출액이익률은 약 14.7%이고 총자산이익률은 약 9.2%이다.
② 총자산회전율은 0.63회전으로 수익성을 높이기 위해서 제품 마진보다 회전율을 높여야 한다.
③ 자기자본이익률(ROE)은 약 14.9%이다.
④ 총자산회전율은 0.63회전으로 수익성을 높이기 위해서 회전율보다 매출액이익률을 높여야 한다.

**▌정답**

**1.** 재고자산 **2.** 유동성 분석 **3.** 레버리지 분석 **4.** 1 **5.** 총자산이익률 **6.** 활동성 분석 **7.** 자기자본이익률(ROE) **8.** ○ **9.** × **10.** ○ **11.** × **12.** × **13.** ○ **14.** ○ **15.** ② **16.** ② **17.** ③ **18.** ④ **19.** ① **20.** ③ **21.** ④

### 사례조사 및 함께 생각해보기

1. 관심기업의 재무제표를 이용하여 유동성 분석을 실시하고 유동성을 개선시킬 수 있는 방안에 대해 논의해 봅시다.
2. 관심기업의 재무제표를 이용하여 활동성 분석을 실시하고 활동성을 개선시킬 수 있는 방안에 대해 논의해 봅시다.
3. 관심기업의 재무제표를 이용하여 수익성 분석을 실시하고 수익성을 개선시킬 수 있는 방안에 대해 논의해 봅시다.
4. 관심기업의 재무제표를 이용하여 레버리지 분석을 실시하고 재무건전성을 개선시킬 수 있는 방안에 대해 논의해 봅시다.
5. 1번부터 4번의 내용을 토대로 관심기업을 종합적으로 평가해 봅시다.

CHAPTER

# 6

# 원가관리회계의 기초개념

제6장에서는 내부회계정보이용자를 위한 원가관리회계가 무엇인지 기초개념을 살펴보고, 원가의 개념을 설명한다. 그리고 원가의 개념을 파악하면 원가가 어떻게 분류될 수 있는지를 학습한다. 마지막으로 제조원가의 흐름에 대해 설명한다.

제 1 절 관리회계 기본개념

제 2 절 원가의 개념

제 3 절 원가의 분류

제 4 절 제조원가의 흐름

# 제 1 절 관리회계 기본개념

## 1.1 관리회계의 의미

관리회계(managerial accounting)는 기업 내부회계정보이용자들의 의사결정에 유용한 정보를 제공하는 것이다. 내부회계정보란 기업의 계획(plan) 수립을 위한 정보나 통제(control), 그리고 효과적인 의사결정(do)을 위한 정보제공을 의미한다. 즉, 관리회계정보는 주로 기업 내부의 의사결정을 하는 데 필요한 정보로 계획, 통제, 의사결정을 위해 사용된다.

계획(plan)은 기업이 달성하고자 하는 구체적인 목표를 설정하고 이를 달성하기 위해 수행해야 할 구체적인 지시사항이나 세부적인 방법을 의미한다. 예를 들어, 목표매출액이나 목표이익을 설정하고 이를 달성하기 위해 구체적으로 몇 개를 얼마의 가격에 팔아야 하는지, 이를 위해 얼마의 예산이 책정되어야 하는지 등을 검토하고 제시하여 설계하는 것이다.

기업은 계획을 세우고 이에 따라 얼마나 이행을 하였는지 살펴보게 된다. 통제(control)는 계획에 맞게 실행되고 있는지를 모니터링하게 되는데, 이러한 모든 행동과 행위들을 통제라 한다. 통제는 계획으로 수립된 목표와 실행된 결과물인 실적을 비교분석하여 실시한다. 예를 들어, 예산 대비 실적을 서로 비교 평가하는 것과 기업의 경영성과를 평가하는 제반의 과정 등을 칭한다.

의사결정(decision making)은 다수의 대안 중에서 하나를 선택하는 과정을 의미한다. 관리회계정보 중 자체생산이나 외부조달(아웃소싱), 신기계의 도입여부, 제품라인의 폐쇄나 추가 신설, 새로운 생산라인이나 시설 등 설비에 대한 투자 등과 관련된 전략적 의사결정을 의미한다.

### 1.2 관리회계와 원가회계

넓은 의미에서 원가회계와 관리회계는 같은 것으로 보나 좁은 의미에서 관리회계는 원가회계정보를 이용하여 의사결정에 활용하는 것이다. 원가회계(cost accounting)는 주로 원가의 측정이나 원가의 계산을 목적으로 원가관리에 사용되는 회계정보이다. 예를 들어, 제품의 제조원가가 얼마인지를 계산하거나 측정하여 관리하는 것이다. 관리회계는 원가회계정보를 이용하여 주로 경영자나 관리자의 전략적 의사결정과 통제, 계획에 필요한 정보를 제공하는 것이다.

협의의 의미에서는 원가회계와 관리회계가 구분 가능하지만 보통 관리회계가 원가회계를 포함하는 개념이므로 원가관리회계, 관리회계, 원가회계 명칭으로 혼용되어서 사용되고 있다. 어느 명칭을 사용하더라도 대부분 원가회계 및 관리회계의 주제가 모두 포함되어 사용되기 때문에 무방하다. 참고로 공인회계사 2차 시험은 원가회계라는 명칭을 사용하나 관리회계와 원가회계를 모두 포함하고 있다.

## 제 2 절 원가의 개념

관리회계의 주요 역할과 기능 중 하나는 제품이나 서비스, 고객 등에 대한 원가를 결정해서 내부의사결정자와 이해관계자들에게 정보를 제공하는 것이다. 따라서 다양한 원가의 의미와 의사결정에 따라 원가정보가 어떻게 사용되어야 하는지를 이해하는 것이 무엇보다도 필요할 것이다.

우리는 주변에서 '원가처분' '원가이하 판매'라는 문구를 쉽게 접한다. 기업은 '원가절감' '원가관리'의 필요성을 임직원들에게 요구한다. 그러나 원가가 무엇인지 질문을 하면 대답하기가 어렵다. 원가라는 개념은 단순한 것 같지만 여러 가지 의미로 사용될 수 있다. 재화나 용역을 판매할 때 대응되는 원가는 '매출원가'로 부르고 제품을 생산하기 위해 투입되는 원가는 '제조원가'로 부른다. 생산활동에 투입되는 것 이외에 판매와 관리활동에 투입되는 원가는 '판매비와 관리비'라 한다. 원가와 비용이 같은 개념인지 원가는 성격에 따라 다른 명칭으로 구분되는 것인지 다음 절에서 구체적으로 살펴보도록 한다.

## 2.1 원가의 의의

경제활동을 수행하는 기업이나 사람들은 특정 재화나 용역을 얻기 위해서는 반드시 그에 대한 대가를 치러야 한다. **원가**(cost)란 특정 재화나 용역을 얻기 위해 사용한 모든 자원의 대가를 화폐액으로 표시한 것이다.

원가와 **비용**(expense)은 같은 뜻으로 사용하기도 하나 엄격히 구별하여 사용하는 경우도 있다. 원가는 재화나 용역을 취득한 대가로 지급한 금액이고, 비용은 취득된 재화나 용역이 수익을 얻기 위해 소비 혹은 사용된 가치를 말한다. 즉 원가는 자원의 취득시점에서 발생하고, 비용은 자원의 사용시점에서 발생한다. 예를 들면 건물이나 기계장치를 구입하면 취득원가가 발생하고 이를 일정기간 동안 사용하면 감가상각비가 발생한다. 원가가 비용을 포함하는 더 상위의 개념이다. 엄격한 의미에서는 원가와 비용은 다르나 일반적으로 원가와 비용은 같은 개념으로 혼용해서 사용되고 있다.

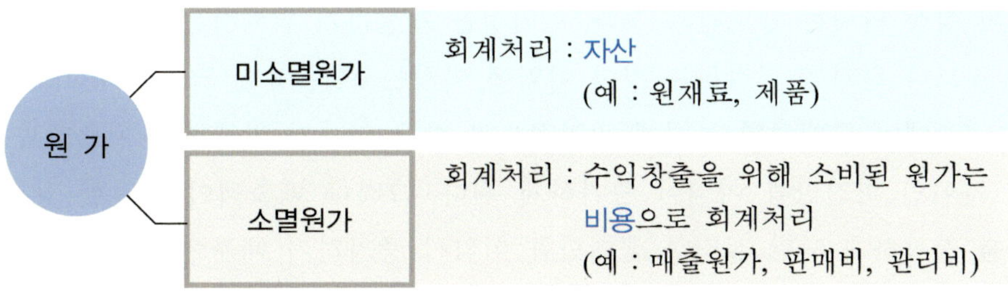


원가대상(cost objects)은 원가를 계산하고 집합하는 대상으로 제품이나 부서, 프로젝트, 지역, 공장 등이 될 수 있다. 이처럼 경영자는 기업이 생산하는 제품뿐 아니라 다양한 프로젝트의 원가를 알고자 한다. 기업이 어떠한 의사결정을 내리기 위해서 원가를 측정하고자 하는 목적이나 대상이 바로 원가대상이 된다. 대학에서 봄이나 가을에 학교축제를 개최하면 천막, 무대장치 등 여러 가지 시설들을 사용하고 설치기사, 학생도우미, 전문가 초청 등 많은 인력들이 행사를 위해 동원된다. 학교축제가 바로 원가대상이 되고 학교축제를 위해 투입된 시설 및 인력 등과 같은 사용된 모든 자원들을 화폐로 측정하여 학교축제 원가를 계산한다.

## 2.2 원가계산 목적

우리가 원가를 계산하고자 하는 가장 큰 목적으로 재고자산을 평가하거나 가격을 결정하기 위해 필요하다. 이뿐 아니라 상품, 제품, 서비스, 프로젝트 등의 수익성을 분석하고 원가를 절감하기 위해서 필요하다. 기업에서는 재화나 용역의 원가를 알아야 적정하게 가격을 산정할 수 있을 것이다. 왜냐하면 재화나 용역의 가격은 원가에 일정수준의 마진을 가산하여 책정되어야 수익을 창출할 수 있기 때문이다. 만약에 원가를 모른다면 얼마의 가격으로 판매를 해야 수익성이 있는지를 알 수 없으며 기업을 경영하는 데 또한 어려움을 느끼게 된다.

대부분의 기업에서는 기업의 경쟁력을 높이는 방안으로 원가절감을 임직원 모두에게 요구하고 있다. 원가를 절감하기 위해서는 원가가 어디서 어떻게 발생하는지를 알아야 절감을 할 수 있다. 특히 눈에 보이지 않는 원가가 곳곳에 많이 존재하고 있기 때문에 원가를 계산하는 것이 무엇보다 중요하다. 원가절감은 모든 기업이 항상 외치는 슬로건과 같다. 수익성을 개선하기 위해서는 매출액을 증대시키는 것보다 원가를 절감하는 것이 이익에 미치는 효과가 더 크기 때문이다. 왜냐하면 매출액이 증대하면 동시에 필연적으로 함께 원가가 발생하여 매출액과 원가 간의 차이인 마진만큼 이익이 증가하게 된다. 그러나 매출액이 동일한 상황에서 원가를 절감하게 되면 절감한 금액만큼 이익이 증가하기 때문에 그 효과가 더 높게 발생하는 것이다.

다음의 표는 (주)금오의 매출액, 원가, 이익 간의 관계를 나타낸 것이다. (주)금오의 현재 매출액은 150만원이고, 매출액 150만원을 달성하기 위해 지출한 총금액은 105만원이며 이익은 45만원이다. 원가는 모두 매출액에 비례해서 발생하는 원가라 가정하자. (주)금오의 매출액이 10% 증가하면 원가도 10% 증가하고 이익도 10% 증가하지만 매출액 변화 없이 원가를 10%를 감소시키면 이익이 23% 증가함을 알 수 있다.

| | 매출액<br>10% 증가 | 현 재 | 원가<br>10%감소 |
|---|---|---|---|
| 매출액 | ₩1,650,000(+10%) | ₩1,500,000 | ₩1,500,000 |
| (−)원가 | ₩1,155,000(+10%) | ₩1,050,000 | ₩945,000(−10%) |
| 이익 | ₩495,000(+10%) | ₩450,000 | ₩555,000(+23%) |

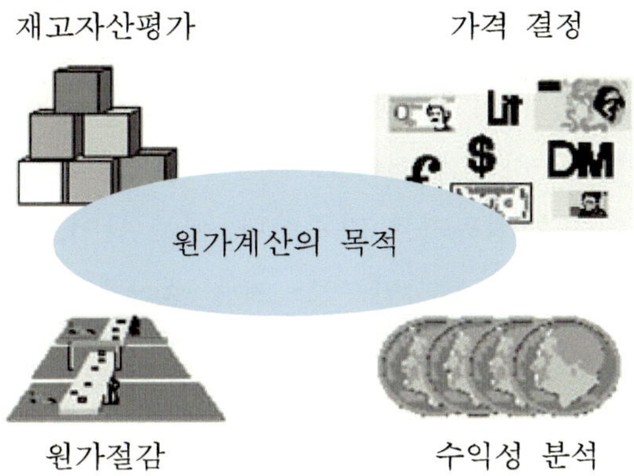


## 제 3 절 원가의 분류

원가는 여러 가지 방법을 통해서 분류할 수 있다. 추적가능성에 따라 직접원가와 간접원가로 분류할 수 있으며 제조활동에 따라 제조원가와 비제조원가로 구분할 수 있다. 또한 원가행태에 따라 고정원가와 변동원가로 분류할 수 있다.

### 3.1 직접원가와 간접원가

직접원가와 간접원가는 원가대상별로 원가를 직접적으로 추적할 수 있느냐 없느냐에 따라서 분류한다. 즉, 원가의 추적가능성 여부에 따라서 직접원가와 간접원가로 구분된다.

**직접원가**(direct cost)는 원가대상에 쉽게 직접적으로 추적할 수 있는 원가이다. 예를 들어 베이커리 제조회사에서 제빵의 원가를 계산하는 경우를 생각해 보자. 이 경우의 원가대상은 제빵이며 빵을 만드는 과정에 소요된 밀가루, 우유, 버터, 크림 등이 직접원가이다. 왜냐하면 소요된 밀가루, 우유, 버터 등은 어느 빵을 만드는 데 소요되었는지 추적하여 확인할 수 있기 때문이다. 직접원가는 각 제품별로 추적할 수 있으므로 원가대상에 **직접 부과**시킬 수 있다. 직접원가는 개별 원가대상에 개별적으로 구분되어 포함되므로 개별원가라 한다.

**간접원가**(indirect cost)는 원가대상과 관련을 맺고 있지만 추적이 불가능한 원가이다. 또한 추적이 가능하다 하더라도 추적에서 얻는 효익이 추적에 소요되는 비용보다 적은 경우에는 간접원가로 간주한다. 예를 들어, 제빵 제조에 소요된 전기료는 제빵 생산과 관련되어 있지만 어느 제품 생산에 소요되었는지는 직접적으로 추적할 수 없다. 또한 제빵 제조에 소요된 오븐, 거품기, 반죽기 등의 원가는 어느 제품에 소요되었는지 추적할 수는 있지만 추적의 효익이 비용보다 적은 경우이므로 간접원가로 분류한다. 간접원가는 모든 원가대상에 공통적으로 포함되는 원가이므로 공통원가라 한다.

[그림 6-1]과 같이 직접원가는 원가대상에 직접 부과할 수 있으나 간접원가는 공통적으로 발생하는 원가이기 때문에 원가의 배분절차를 필요로 한다. **원가배분**(cost allocation)은 합리적이고 편리한 원가배분기준에 따라 간접원가를 원가대상에 할당하는 절차를 의미한다. 원가를 배분할 때에는 원가를 발생시키는 인과관계 등의 기준에 따라 적용하게 된다.

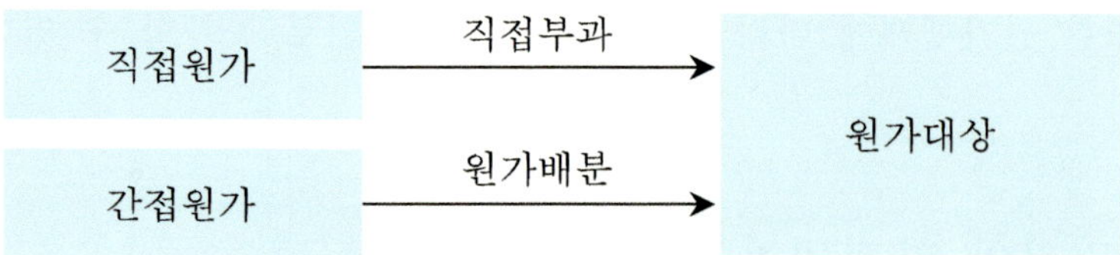


[그림 6-1] 직접원가와 간접원가

## 3.2 제조원가와 비제조원가

원가는 제조활동과의 관련성에 따라 제조원가와 비제조원가로 분류된다. 제조원가(manufacturing cost)는 제품을 생산하는 과정에서 소요되는 모든 원가를 의미한다. 제조원가는 근로자가 노동을 투입하고 생산설비를 이용하여 원재료를 제품으로 가공시키는 제조활동에서 발생하는 원가이다. 제조원가는 원재료를 투입해서 가공 단계를 거쳐 제품으로 완성되기 때문에 원재료와 관련된 재료원가, 가공과 관련하여 노무원가, 제조경비로 구성되어 있다. 이는 제품이라는 자산에 내재화되어 있다가 판매될 때 매출원가로 비용처리된다.

재료원가

노무원가

제조경비

일반적으로 제조원가는 제품의 추적가능성 여부에 따라 직접재료원가, 직접노무원가 및 제조간접원가로 구분한다.

직접재료원가(direct material cost)는 제품의 생산에 사용된 재료원가 중 직접적으로 제품별로 사용금액을 추적할 수 있는 재료원가를 말한다. 그 예로 제빵의 밀가루, 우유, 버터 등의 원가를 들 수 있다.

직접노무원가(direct labor cost)는 제품의 생산에 투입된 노무원가를 직접적으로 추적할 수 있는 원가를 말한다. 예를 들면, 특정 제품별을 제조하는 데 근로자를 투입하여 소요한 시간을 시간급으로 지불한 경우이다.

제조간접원가(manufacturing overhead cost)는 직접재료원가와 직접노무원가를 제외하고 제품에 사용되었으나 직접적으로 추적할 수 없는 모든 제조원가를 의미한다. 제조간접원가는 다음과 같이 세 가지로 구분할 수 있다.

(1) 간접재료원가는 제품별로 추적이 불가능하거나 추적의 효익이 없는 재료

원가로서 접착제, 나사, 못 등의 원가가 해당된다.

(2) 간접노무원가는 여러 제품의 생산에 소요되는 공장장의 인건비나 관리자, 경비원 등의 인건비가 있다.

(3) 제조간접원가는 공장 건물이나 기계에 대한 임차료, 보험료, 감가상각비, 재산세, 수도광열비, 윤활유비 등의 원가가 해당된다.

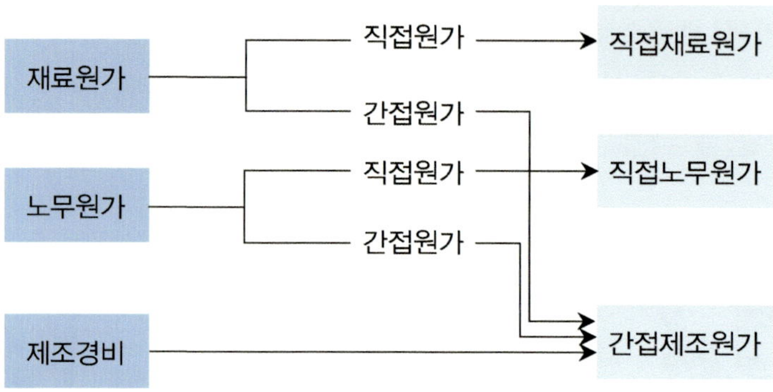


비제조원가(nonmanufacturing cost)는 제조활동 이외에 발생하는 원가로 판매활동과 관리활동에서 발생하는 원가이다. 비제조원가에는 판매활동에서 발생하는 판매원수수료, 운송비, 광고비 등의 판매비와, 경영자와 관리사원의 급여 등 관리활동에서 발생하는 관리비가 있다. 판매비와 관리비는 발생한 기간의 수익창출에 기여하므로 발생하는 즉시 비용으로 회계처리되기 때문에 이를 기간원가(period cost)라고도 한다.

요약하면, 제조원가는 제품을 만드는 과정에서 발생된 원가이기 때문에 이를 제품원가(product cost)라 하며, 비제조원가는 제품을 관리하고 판매하는 활동에 소요되고 바로 발생한 즉시 비용으로 처리되기 때문에 이를 기간원가라 한다.

## 3.3 기초원가와 가공원가

회계학에서 제조원가 항목 중 직접재료원가와 직접노무원가는 제품을 만들기 위해 가장 기본적으로 필요로 하는 사항이기 때문에 이를 기초원가(prime cost)라 한다. 그리고 원재료를 가지고 제품을 만들기 위해서는 가공이라는 프로세스를 거쳐야 하므로 직접노무원가와 제조간접원가를 가공원가(conversion cost)라 한다. 즉, 가공원가는 원재료가 제품으로 전환하기 위해서는 기본적으로 노동력과 시설 등의 설비 자원이 필요하기 때문에 직접노무원가와 제조간접원가를 합한 금액을 가공원가라 하는 것이다.

| 기초원가＝직접재료원가＋직접노무원가 |
|---|

| 가공원가＝직접노무원가＋제조간접원가 |
|---|

## 3.4 변동원가와 고정원가

변동원가와 고정원가는 원가의 행태에 따라 분류된다. 원가행태(cost behavior)란 활동수준의 변화에 따라 원가가 어떻게 움직이는지를 나타낸다. 대표적으로 활동수준은 생산량, 판매량, 작업시간 등의 수준을 의미한다. 변동원가는 활동수준에 따라 변하는 원가를 말하고 고정원가는 활동수준과 무관하게 발생하는 원가를 의미한다.

변동원가(variable cost)는 활동수준이 증가하면 이에 따라 원가의 총액도 비례하여 증가하고, 활동수준이 감소하면 이에 따라 원가의 총액도 비례적으로 감소하는 원가이다.

예를 들어 제품 1개를 생산하는 데 ₩1,000의 원가가 발생한다면, 제품 100개를 생산하는 데에는 ₩100,000의 원가가 발생하는 경우이다. 변동원가 총액은 활동수준의 변화에 비례하여 변동하지만, 단위당 변동원가는 활동수준과 관계없이 항상 ₩1,000으로 일정하다.

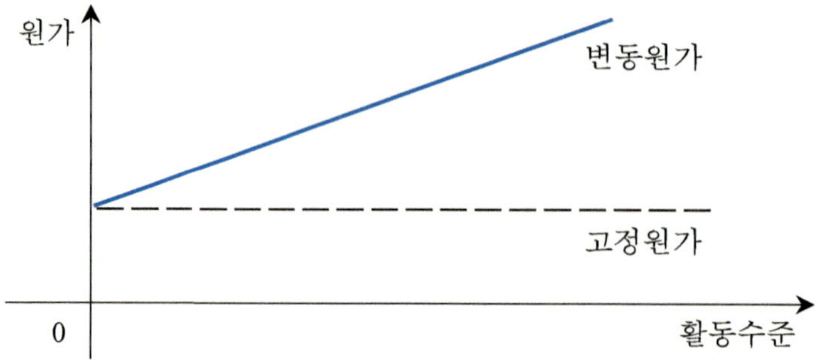


[그림 6-2] 고정원가와 변동원가

고정원가(fixed cost)는 활동수준의 변화와 관계없이 원가총액이 일정하게 발생한 원가이다. 예를 들어 공장의 화재보험료 ₩100,000을 지급한 경우, 제품 1개를 생산하든 100개를 생산하든 원가총액은 ₩100,000으로 일정하므로 고정원가이다. 그러나 단위당 고정원가는 활동수준이 증가할수록 감소한다. 위 예에서 단위당 고정원가는 제품 1개를 생산할 때에는 ₩100,000이지만, 100개를 생산할 때에는 ₩1,000(₩100,000÷100개)으로 감소한다. 이를 그림으로 표시하면 [그림 6-3]과 같다.

변동원가는 활동수준 증감에 대하여 비례적으로 증감하는 원가이고 고정원가는 활동수준 증감에 대하여 상관없이 일정하게 발생하는 원가이다. 그러나 단위당 고정원가는 활동수준이 증가할수록 나누어지는 값이 작아지기 때문에 감소하나, 단위당 변동원가는 활동수준 증감과 상관없이 일정한 기울기를 가져 동일하다.

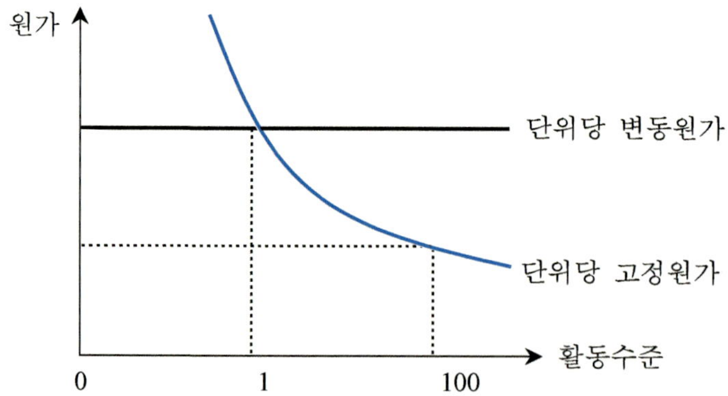


[그림 6-3] 단위당 고정원가와 단위당 변동원가

요약하면 원가는 성격에 따라 각각 다른 명칭으로 구분된다. 제조활동 유무에 따라 제조원가, 비제조원가로 구분할 수 있고, 추적가능성에 따라 직접원가, 간접원가로 분류되며, 원가행태에 따라 변동원가와 고정원가로 구분된다. 기업은 이와 같이 원가 성격에 따라 원가를 분류하여 관리하는 것이 원가관리의 가장 기초 단계이다.

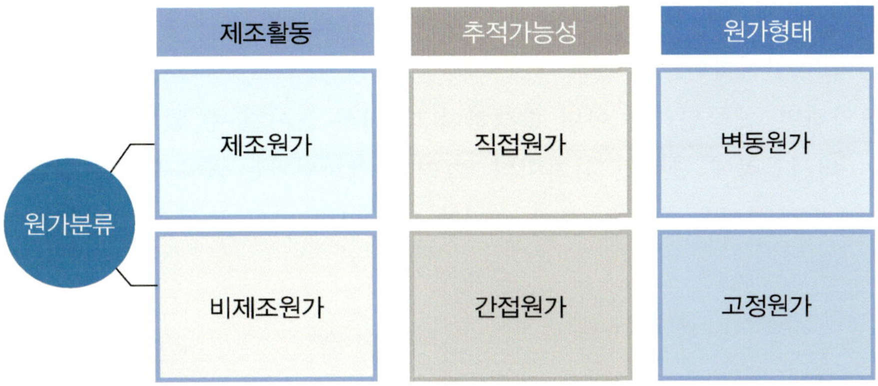


## 3.5 관련원가와 비관련원가

원가는 의사결정의 관련성에 따라 관련원가와 비관련원가로 구분할 수 있다. 1년 전에 자동차를 2,000만원에 구입하여 사용하고 있다고 가정하자. 처음 생각과는 달리 승차감도 좋지 않고 일부 특수 기능의 내용이 빠져 있다는 것을 알게 되었고, 다른 자동차회사의 영업사원 소개로 더 좋은 자동차가 출시되었다는 것을 알게 되었다. 이때 이미 구입한 자동차를 계속 이용할 것인가 아니면 더 좋은 자동차를 다시 구매할 것인가? 대부분의 사람들은 자동차 구입비용 2,000만원이 아까워서 구입한 자동차를 계속 사용할 것이다.

위의 예의 경우 이미 지출한 자동차의 가격 2,000만원은 환불이 되지 않으므로 이를 기발생원가(sunk cost) 또는 매몰원가라 한다. 이미 2,000만원은 발생하여 없어진 금액이므로 더 이상 미련을 남기지 말아야 한다. 왜냐하면 이미 자동차는 구입하였고 의사결정과는 무관하게 발생한 원가이기 때문이다. 매몰원가는 대표적인 비관련원가(irrelevant cost)이기 때문이다.

새 자동차를 구입할 것인가 여부의 결정에는 새 자동차의 가격과 지금 보유하고 있는 자동차를 이용하면서 소비된 시간과 노력의 가치 등이 고려되어야 한다. 이러한 것들은 의사결정에 필요한 **관련원가**(relevant cost)이다. 이미 구매한 비효과적인 자동차 때문에 낭비되어 발생하는 시간과 노력의 가치가 바로 **기회원가**(opportunity cost)이다. 기회원가는 측정하기는 어렵지만 중요한 원가개념이다. 만약 새 자동차에 대한 나의 시간과 노력의 가치가 더 높다면 새 자동차를 구입하는 의사결정이 바람직하다.

요약하면, 매몰원가는 이미 발생하여 더 이상 돌이킬 수 없는 원가이며, 관련원가는 의사결정에 관련된 원가이다. 그리고 기회원가는 A와 B라는 두 가지 대안 중 A라는 대안을 선택을 하여 포기한 B 대안의 가치가 기회원가이다.

## 제 4 절 제조원가의 흐름

### 4.1 제조원가의 흐름

제조활동에서 발생하는 모든 원가가 제조원가이다. 제조원가의 흐름이란 원재료를 투입하고 이를 가공하여 제품으로 생산하여 외부에 판매하는 일련의 과정을 의미한다. 제조원가의 흐름은 [그림 6-4] 및 [그림 6-5]와 같이 나타낼 수 있다.

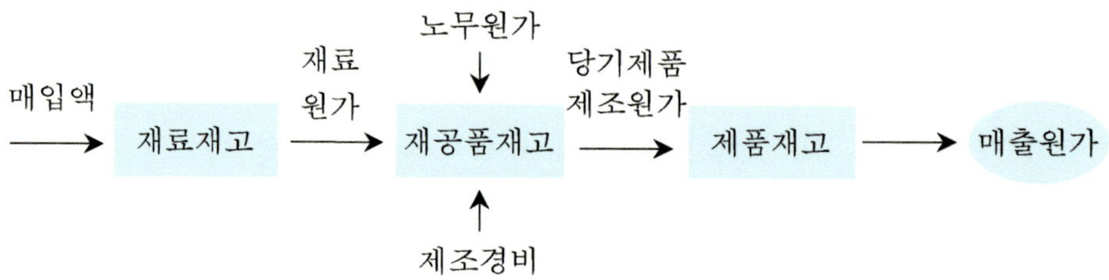


[그림 6-4] 제조원가의 흐름

**재료재고**

| 차변 | 대변 |
|---|---|
| 기초재료 | 재료원가 |
| 매입액 | |
| 기말재료 | |

**재공품재고**

| 차변 | 대변 |
|---|---|
| 기초재공품 | 당기제품 제조원가 |
| 재료원가 | |
| 노무원가 | |
| 제조경비 | |
| 기말재공품 | |

**제품재고**

| 차변 | 대변 |
|---|---|
| 기초제품 | 매출원가 |
| 당기제품 제조원가 | |
| 기말제품 | |

[그림 6-5] 제조원가의 재고계정간 흐름

제조기업의 경우 재고자산을 크게 세 가지로 분류할 수 있는데, 바로 주요 재고자산이 재료, 재공품, 제품 재고이다. 제조원가는 이 세 가지 재고자산을 차례대로 거치면서 흘러가다가 제품이 팔리면 매출원가라는 비용으로 손익계산서에 표시된다.

제조원가 흐름의 첫 번째 부분은 재료원가를 계산한다. 재료원가(material cost)는 생산과정에 투입된 재료의 원가이다. 재료는 생산에 투입되기 전에 미리 구입되어 재료재고계정에 기록되어 있다가 필요할 때 생산활동에 사용된다. 따라서 당기에 사용된 재료원가를 계산하기 위해서는 재료재고의 변화와 당기의 매입액을 이용한다. 즉, 재료재고의 기초잔액에 당기의 재료매입액을 가산하고 기말재료재고액을 차감하면 재료원가가 산출된다.

> 재료원가＝기초재료재고액＋당기재료매입액－기말재료재고액

둘째, 제조원가명세서의 노무원가는 제조활동과 관련된 직원들의 인건비를 나타낸다. 근무한 시간에 따라 지급되는 임금, 월급으로 일정하게 고정급으로 지급하는 급여, 근무하는 회사를 퇴직할 때 지급되는 퇴직금을 미리 인건비로 반영하는 퇴직급여, 상여금과 수당이 노무원가에 해당된다.

셋째, 제조경비이다. 제조경비는 제조원가 중 재료원가와 노무원가를 제외한 나머지 원가로 제조경비 중 제조설비의 감가상각비가 대체로 가장 큰 금액이다. 앞에서 학습한 내용을 적용하면 제조간접원가에 제조경비와 간접재료원가, 간접노무원가가 포함되는 것이다.

당기총제조원가(total manufacturing cost)는 재료원가, 노무원가, 제조경비를 합한 금액이다. 즉, 이번 회계연도에 발생한 모든 제조원가가 바로 당기총제조원가이다.

| 당기총제조원가＝재료원가＋노무원가＋제조경비 |
|---|

생산과정 중 회계연도 말까지 완성되지 못하면 재공품(work in process)이라는 재고로 분류된다. 재공품은 당기에 제조를 시작했으나 아직 완성하지 못한 미완성품으로 재고로 분류되었다가 다음 기의 생산에 투입되어 완성된다. 따라서 당기에 완성된 제품의 원가를 당기제품제조원가라 한다. 당기제품제조원가는 기초재공품에 당기총제조원가를 가산하고 기말재공품을 차감하여 계산한다.

| 당기제품제조원가＝기초재공품＋당기총제조원가－기말재공품 |
|---|

제품이 판매되면 매출원가라는 비용항목이 손익계산서에 보고된다. 매출원가는 당기에 완성된 당기제품제조원가에 전기에 팔다 남은 기초제품재고액을 가산하고 이번 기에 팔고 남은 기말제품재고액을 차감하여 계산한다.

| 매출원가＝기초제품재고액＋당기제품제조원가－기말제품재고액 |
|---|

## 4.2 제조원가명세서

제조원가명세서는 당기제품제조원가를 구하는 과정을 상세하게 나타낸 보고서이다. 우리나라의 경우 제조원가명세서의 외부공시를 더 이상 의무적으로 적용하지 않으므로, 일부 기업만이 제조원가명세서를 공시한다. 제조원가명세서에서 산출한 당기제품제조원가는 판매된 경우 손익계산서에 매출원가로 표시된다. 따라서 제조기업의 손익계산서를 작성하기 위해서는 사전에 제조원가명세서를 작성해야 한다.

(주)KNK는 연료전지를 제조 판매하고 있으며 20×5년 원가 자료를 토대로 제조원가명세서를 작성하고 매출원가를 계산해 보자.

| | | | |
|---|---|---|---|
| 기초재료재고액 | 70,000 | 원재료 매입액 | 500,000 |
| 기말재료재고액 | 90,000 | 공장근로자 급여 | 250,000 |
| 기초재공품재고액 | 120,000 | 공장수도광열비 | 15,000 |
| 기말재공품재고액 | 135,000 | 공장소모품비 | 20,000 |
| 기초제품재고액 | 110,000 | 기계장치감가상각비 | 50,000 |
| 기말제품재고액 | 150,000 | 수선비 | 35,000 |

재료원가는 기초재료재고액에 원재료 매입액을 합한 금액에서 기말재료재고액을 차감한 480,000원(70,000+500,000−90,000)이다. 노무원가는 공장근로자의 급여 250,000원이다. 제조경비는 공장수도광열비 15,000원, 공장소모품비 20,000원, 기계장치감가상각비 50,000원, 수선비 35,000원을 합한 120,000원이다. 당기총제조원가는 20×5년 제조에 투입한 재료원가 480,000원, 노무원가 250,000원, 제조경비 120,000원을 합한 850,000원이다. 당기에 완성한 제품 원가를 의미하는 당기제품제조원가는 기초재공품재고액 120,000원에서 당기총제조원가 850,000원을 더한 금액에서 당기에 완성하지 못한 기말재공품재고액 135,000원을 차감한 835,000원이다. 매출원가는 기초제품재고액 110,000원에서 당기제품제조원가 835,000원을 더하고 기말제품재고액 150,000원을 뺀 795,000원(110,000+835,000−150,000)이다.

제조원가명세서

(주)KNK　　20×5.1.1부터 12.31까지　　(단위 : 원)

| 과 목 | 금 액 |
|---|---|
| Ⅰ. 재료원가 | 480,000 |
| 1. 기초재료재고액 | 70,000 |
| 2. 당기재료매입액 | 500,000 |
| 3. 기말재료재고액 | 90,000 |
| Ⅱ. 노무원가 | 250,000 |
| 1. 공장근로자급여 | 250,000 |
| Ⅲ. 제조경비 | 120,000 |
| 1. 공장수도광열비 | 15,000 |
| 2. 공장소모품비 | 20,000 |
| 3. 기계장치감가상각비 | 50,000 |
| 4. 수선비 | 35,000 |
| Ⅳ. 당기총제조원가 | 850,000 |
| Ⅴ. 기초재공품재고액 | 120,000 |
| Ⅵ. 기말재공품재고액 | 135,000 |
| Ⅶ. 당기제품제조원가 | 835,000 |

**기초 다지기 1**

1. (        )는 기업 내부 회계정보이용자들이 의사결정을 하는 데 필요한 정보로 계획, 통제, 의사결정을 위해 사용된다.
2. (        )는 특정 재화나 용역을 취득한 대가로 지급한 금액이고, (        )은 취득된 재화나 용역이 수익을 얻기 위해 소비 혹은 사용된 가치이다.
3. 기초원가는 제품을 만들기 위해 가장 기본적으로 필요로 하는 것으로 이루어진 원가로 (        )와 (        )의 합으로 구성되어 있다.
4. 원가대상별로 원가의 발생여부를 확인할 수 있는지를 나타내는 추적가능성 여부에 따라 (        )와 간접원가로 구분한다.
5. (        )는 당기총제조원가와 기초재공품재고액을 합한 금액에 기말재공품재고액을 차감하여 구한다.

**기초 다지기 2**

6. 재고자산의 평가, 가격 결정, 수익성 분석, 원가 절감 등을 수행하기 위해 원가 계산이 필요하다. (○, ×)
7. 고정원가는 활동수준의 변화와 관계없이 단위당 원가가 일정하게 발생하는 원가이다. (○, ×)
8. 당기제품제조원가는 재료원가, 노무원가, 제조경비를 합한 금액이다. (○, ×)
9. 가공원가는 원재료를 제품으로 가공하는 데 드는 원가로 기초원가와 직접노무원가로 구성되어 있다. (○, ×)
10. 제조원가명세서는 당기제품제조원가를 산출하는 과정을 상세히 나타내는 보고서로 국제회계기준에 기본재무제표로 지정되어 있다. (○, ×)

**기초 다지기 3**

11. 다음 괄호 A, B, C에 적합한 것은 ?

| 재료재고 | |
|---|---|
| 기초재료 | 재료원가 |
| 매입액 | 기말재료 |

| 재공품재고 | |
|---|---|
| 기초재공품 | ( B ) |
| ( A ) | 기말재공품 |

| 제품재고 | |
|---|---|
| 기초제품 | ( C ) |
| ( B ) | 기말제품 |

① A : 원재료 매입 B : 당기총제조원가 C : 당기제품제조원가
② A : 노무원가 B : 제조경비 C : 당기총제조원가
③ A : 당기총제조원가 B : 당기제품제조원가 C : 매출원가
④ A : 당기제품제조원가 B : 당기총제조원가 C : 매출원가

**12**. (주)햇빵은 크림빵을 제조하여 판매한다. 다음 중 원가의 성격이 다른 것은?
① 공장 건물의 전기료
② 빵 만드는 데 필요한 밀가루
③ 본사 회계부서 직원 급여
④ 공장 기계 감가상각비

[**13**~**17**]. (주)금오의 20×9년 12월 매출원가는 3,500,000원이었다. 제조간접원가는 직접노무원가의 25%이고 20×9년 12월 중 직접재료 구입액은 1,500,000원이다. (주)금오의 재료원가와 노무원가는 모두 직접원가에 해당하며 재고 현황은 다음과 같다.

| (단위 : 원) | 20×9년 12월 1일 | 20×9년 12월 31일 |
|---|---|---|
| 직접재료 | 200,000 | 300,000 |
| 재 공 품 | 300,000 | 500,000 |
| 제 품 | 1,200,000 | 800,000 |

**13**. (주)금오의 직접재료원가는 얼마인가?
① 1,400,000원 ② 1,500,000원
③ 1,700,000원 ④ 1,800,000원

**14**. (주)금오의 당기제품제조원가는 얼마인가?
① 3,500,000원 ② 3,400,000원
③ 3,300,000원 ④ 3,100,000원

**15**. (주)금오의 당기총제조원가는 얼마인가?
① 3,500,000원 ② 3,400,000원
③ 3,300,000원 ④ 3,100,000원

**16**. (주)금오의 제조간접원가는 얼마인가?
① 350,000원 ② 380,000원
③ 400,000원 ④ 420,000원

17. (주)금오의 직접노무원가는 얼마인가?

① 1,520,000원 ② 1,380,000원
③ 1,340,000원 ④ 1,220,000원

18. 다음의 설명 중 옳지 않은 것은? 단, 생산 즉시 모두 판매한다고 가정한다.

| 매 출 액 | 5,000,000원 | 변동원가 | 1,000,000원 |
|---|---|---|---|
| 고정원가 | 2,000,000원 | 판매수량 | 1,000개 |

① 생산량이 늘어나면 변동원가와 고정원가가 증가한다.
② 생산량이 늘어나면 단위당 변동원가는 증가하지만, 단위당 고정원가는 감소한다.
③ 생산량이 줄어들면 변동원가는 줄어들지만, 고정원가는 늘어난다.
④ 생산량이 줄어들어도 단위당 변동원가는 변함없지만, 단위당 고정원가는 증가한다.

19. 다음 중 원가에 대한 설명으로 가장 옳은 것은?

① 제조원가는 재료원가와 직접노무원가로만 구성되어 있다.
② 제조간접원가는 기초원가와 가공원가에 모두 해당된다.
③ 의사결정의 관련성 여부에 따라 분류한 매몰원가는 의사결정과정에 영향을 미치는 원가를 말한다.
④ 비제조원가는 제조활동과 직접 관련 없는 판매활동과 일반관리활동에서 발생하는 원가로 기간원가라 한다.

**정답**

1. 관리회계 2. 원가, 비용 3. 직접재료원가, 직접노무원가 4. 직접원가 5. 당기제품제조원가 6. ○ 7. × 8. × 9. × 10. × 11. ③ 12. ③ 13. ① 14. ④ 15. ③ 16. ② 17. ① 18. ③ 19. ④

### 사례조사 및 함께 생각해 보기

1. 관리회계가 우리 주변에서 적용되고 있는 사례를 조사해서 살펴봅시다.
2. 김밥전문점이나 커피전문점을 대상으로 제조원가와 비제조원가를 구분해 봅시다.
3. 김밥전문점이나 커피전문점을 대상으로 재료원가에 해당하는 항목을 제시해 봅시다.
4. 김밥전문점이나 커피전문점을 대상으로 노무원가에 해당하는 항목을 제시해 봅시다.
5. 김밥전문점이나 커피전문점을 대상으로 제조경비에 해당하는 항목을 제시해 봅시다.
6. 김밥전문점이나 커피전문점을 대상으로 고정원가와 변동원가를 구분해 봅시다.
7. 김밥전문점이나 커피전문점을 대상으로 직접원가와 간접원가를 구분해 봅시다.

CHAPTER

# 7

# 개별원가계산

제7장에서는 가장 쉽게 사용되고 있는 개별원가계산제도의 의미와 계산절차 등에 대해 살펴본다. 작업별로 원가배부를 어떻게 하는지, 실제원가계산과 정상원가계산은 어떤 차이가 있는지 설명한다. 마지막으로 배부차이가 발생하는 이유와 조정방법에 대해 설명한다.

제 1 절　개별원가계산

제 2 절　실제원가계산과 정상원가계산

제 3 절　배부차이

# 제 1 절 개별원가계산

## 1.1 개별원가계산 의의

원가계산은 제품의 생산이 작업별로 이루어지거나 연속공정에 의해 원가가 집계되느냐에 따라 개별원가계산과 종합원가계산으로 구분할 수 있다. **개별원가계산(job-order costing)**은 고객의 주문이나 고객이 원하는 형태의 제품을 생산하는 기업들이 서로 다른 제품들을 작업별로 개별적으로 생산하는 경우에 적용하는 원가계산방법이다. 개별원가계산은 조선업, 건설업, 항공산업, 주문생산에 의한 가구제조업 등에서 사용되는 방법이다. 이뿐 아니라 우리가 쉽게 접할 수 있는 음식점의 음식원가도 개별원가계산을 이용하여 산출된다. 개별원가계산에서는 원가를 각각의 작업별로 집계하므로 주문작업별 원가계산이라고도 한다.

개별원가계산에서 작업(job)이란 재료나 노동력 등이 명확하게 구분되는 단위나 집합을 의미한다. 예를 들어, 여객선을 제조하는 조선업에서 배의 특성과 모양 등이 서로 다른 종류의 여객선을 생산한다면 각각의 여객선을 생산하는데 필요한 작업은 개별적으로 구별되어 수행된다.

개별원가계산은 개별작업별로 별도로 직접원가를 집계하고 공통으로 발생하는 간접원가는 제품별로 배분하여 원가를 계산하는 방법을 말한다.

## 1.2 개별원가계산 개요

개별원가계산에서 개별작업별 원가는 작업원가표라고 하는 양식에 집계된다. **작업원가표(job-cost sheet)**는 개별작업별로 소요되는 직접재료원가, 직접노무원가, 제조간접원가를 집계하는 표이다. 일반적으로 개별원가계산은 다음과 같은 단계에 따라 계산되며 구체적인 절차는 1.3에서 설명한다.

첫째, 원가계산대상이 되는 개별작업을 파악한다.

둘째, 개별작업에 대한 직접원가를 계산한다. 직접원가인 직접재료원가와 직접노무원가는 개별작업에 직접 부과한다.

셋째, 개별작업과 관련하여 발생한 제조간접원가를 파악한다. 제조간접원가는 공통적으로 발생한 원가로 원가대상에 직접적으로 추적할 수 없는 원가이다.

넷째, 제조간접원가를 원가대상에 배부하기 위해 배부기준을 선정해야 한다. 통상적으로 직접노동시간, 기계시간, 직접노무원가 등의 조업도 관련 배부기준이 많이 사용되고 있다.

다섯째, 원가배부기준에 따라 제조간접원가배부율을 계산하여 제조간접원가를 배부한다.

원가계산에서 간접원가를 배부하는 방법에 따라 제조원가가 달라지기 때문에 합리적인 배부기준에 의해 간접원가를 원가대상에 배부하는 것이 중요하다. 특히 다양한 제품을 생산하기 위해 공통으로 발생하는 간접원가를 각각의 제품에 정확하게 추적해서 발생한 부분을 확인하는 것이 어렵기 때문에 원가계산 과정 중 간접원가를 배부하는 프로세스를 거친다. 일반적으로 원인과 결과를 고려하는 인과관계기준, 수혜받은 효익의 정도를 고려하는 수혜기준, 부담능력기준 및 공정성기준 등이 원가배부기준으로 사용된다.

## 1.3 개별원가계산 절차

개별원가계산에서는 [그림 7-1]과 같이 작업별로 직접재료원가, 직접노무원가, 제조간접원가를 집계한다.

<table>
<tr><td colspan="10">작업원가표<br>작업번호 : K-123      작업개시일 : 년 월 일<br>부서명 :      작업완료일 : 년 월 일</td></tr>
<tr><td colspan="3">직접재료원가</td><td colspan="4">직접노무원가</td><td colspan="3">제조간접원가</td></tr>
<tr><td>재료단가</td><td>수량</td><td>금액</td><td>작업시간</td><td>시간당 임금</td><td>작업자 수</td><td>금액</td><td>작업시간</td><td>배부율</td><td>금액</td></tr>
<tr><td></td><td></td><td></td><td></td><td></td><td></td><td></td><td></td><td></td><td></td></tr>
</table>

[그림 7-1] 작업원가표

첫 번째 단계로 작업별로 필요한 재료를 파악하여 직접재료원가를 산정한다. 직접재료원가는 재료수량에 재료단위당 단가를 곱하여 계산한다. 예를 들어, #K-123 작업에 필요한 재료수량이 10kg이고 kg당 ₩1,000이라면 직접재료원가는 ₩10,000이 기록된다.

직접재료원가=재료수량×재료단위당 단가

두 번째 단계로 작업별로 직접노무원가를 산정한다. 직접재료원가는 재료수량에 재료단위당 단가를 곱하여 계산한다. 예를 들어, #K-123 작업에 시간당 ₩10,000의 임금을 받고 작업자 3명이 5시간 동안 노동을 제공하였다면 직접노동원가 ₩150,000이 집계된다.

직접노무원가=작업시간×시간당 임금×작업자 수

세 번째 단계로 작업별로 제조간접원가를 집계한다. 제조간접원가는 직접재료원가나 직접노무원가와 달리 각각의 작업별로 직접적으로 추적할 수 없으므로 여러 작업에 공통적으로 사용된 제조간접원가는 적정한 배부기준에 의하여 작업별로 배부한다. 보편적으로 가장 많이 사용하고 있는 배부기준은 생산량, 기계시간, 직접노무시간, 직접노무원가 등이다. 예를 들어, #K-123 작업은 직접노동시간에 의해 배부되고 제조간접원가배부율이 ₩500이라 가정하자. #K-123 작업은 총 15시간이 발생하였으므로 직접노동시간 15시간에 제조간접원가배부율 ₩500을 곱하면 ₩7,500이 계산된다.

제조간접원가=제조간접원가배부율×배부기준량

완성된 #K-123 작업원가표는 다음과 같다.

| 직접재료원가 | | | 직접노무원가 | | | | 제조간접원가 | | |
|---|---|---|---|---|---|---|---|---|---|
| 재료단가 | 수량 | 금액 | 작업시간 | 시간당 임금 | 작업자 수 | 금액 | 작업시간 | 배부율 | 금액 |
| 1,000원 | 10kg | 1만원 | 5 | 10,000원 | 3 | 15만원 | 15 | 500원 | 7,500원 |

## 1.4 원가배부

원가배부는 공통적으로 발생한 원가, 간접원가를 집계하여 합리적인 배부기준에 따라 원가대상에 원가를 부과하는 과정이다. 원가배부 목적은 6장 원가계산 목적에서 설명한 것처럼 다음과 같다. 첫째, 재고자산을 평가하고 매출원가를 계산하기 위해서 필요하다. 제조활동과 관련하여 발생한 원가는 외부보고의 재무제표 작성을 위해 재공품, 제품, 매출원가에 배부된다. 둘째, 경영자의 의사결정에 유용한 정보를 제공하기 위해 원가배부 절차가 필요하다. 제품의 제조원가 이외에 연구개발, 마케팅, 고객서비스 등 관련된 원가를 제조원가에 배부한다. 셋째, 부문책임자나 종업원들의 성과평가를 위해 정확한 원가계산이 필요하기 때문에 원가배부가 필요하다. 넷째, 원가산정을 위해서 기업의 원가를 보상받고 이익이 보장되는 가격을 결정하기 위해 원가배부가 필요하다.

원가배부방법은 원가대상과 원가배부대상액 사이에 인과관계가 존재한다면 간접원가(원가배부대상액)를 원가대상에 직접 부과하고, 인과관계가 존재하지 않는 경우 원가배부를 위해 인위적인 원가배부기준을 설정한다. 다음은 제조활동에 직접적으로 관여하지 않는 간접부문들의 원가배부기준들을 제시한 것이다.

| 간접부문 | 원가배부기준 |
|---|---|
| 동력부 | 전기사용량, 기계의 생산능력 |
| 수선유지부 | 수선유지시간, 기계시간, 총직접작업시간 |
| 구매부, 선적부, 창고부 | 취급물량, 구매건수, 재고자산의 부피 |
| 인사부 | 종업원 수 |
| 경비부서 | 부서별 면적 |

원가배부는 꼭 제조원가만을 배부하기 위해 필요한 것이 아니라는 점을 명심하자. 개별적으로 원가를 측정할 필요가 있는 원가대상에 원가 집계를 위해 필요한 것이다.

(주)금오는 A사업부와 B사업부가 있다. A사업부는 성장성이 높은 AI 제품을 생산하는 사업부로 연평균 종업원이 1,000명이고, B사업부는 cash cow 역할을 하는 카메라를 생산하는 사업부로 연평균 종업원이 1,000명이다. 본사 인사관리부는 신입사원을 채용해서 A사업부와 B사업부에 신입사원을 배치하는 업무를 수행하며 신입사원 채용과 관련하여 발생한 원가가 10만원이라 가정하자. 지난해 100명을 채용해서 A사업부에 90명 B사업부에 10명을 배치하였다. 인사관리부의 원가 10만원을 어떻게 배부하겠는가?

연평균 인원을 기준으로 원가를 배부한다면 A사업부와 B사업부는 동일하게 각각 5만원씩 배부받게 된다. 그러나 신규 배치인원을 기준으로 배부한다면 A사업부는 90%에 해당하는 9만원을 배부받고 B사업부는 10%에 해당하는 1만원을 배부받게 된다. A사업부와 B사업부는 직접적으로 채용과 관련해서 발생한 원가가 없지만 본사 인사관리부로부터 원가를 배부받게 되고 배부금액에 따라 사업부의 원가총액이 변화하기 때문에 성과평가 등에 영향을 미치게 된다.

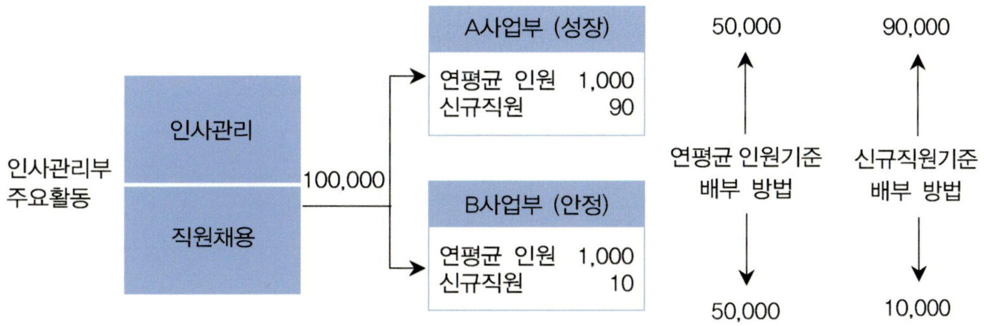

## 제 2 절 실제원가계산과 정상원가계산

실제원가계산(actual costing)은 직접재료원가, 직접노무원가, 제조간접원가 실제 발생한 원가를 이용하여 원가를 계산하는 것이고, 정상원가계산(normal costing)은 직접재료원가와 직접노무원가는 실제 발생한 원가를 이용하고 제조간접원가는 사전에 정해진 배부율을 이용하여 원가를 계산하는 것이다.

### 2.1 실제원가계산

실제원가계산에서는 실제 발생한 직접재료원가와 직접노무원가는 제품별로 집계되고 제조간접원가는 제조간접원가 실제배부율이 사용되어 가산된다. 제조간접원가 실제배부율(overhead actual allocation rate)은 실제 발생한 총제조간접원가를 실제 발생한 총배부기준량으로 나눈 값이다.

$$\text{실제제조간접원가배부율} = \frac{\text{총실제제조간접원가}}{\text{총실제배부기준량}}$$

$$\text{제조간접원가} = \text{실제제조간접원가배부율} \times \text{실제배부기준량}$$

실제개별원가계산을 사용할 경우 원가계산이 지연되는 문제점이 발생한다. 직접재료원가나 직접노무원가는 작업별로 제품별로 발생하였을 때 바로 파악할 수 있으나 제조간접원가는 다른 제품이나 작업에도 공통으로 소요되기 때문에 실제로 발생한 제조간접원가는 회계연도 말이 되어야 파악할 수 있다. 그러나 경영자는 기말이 되기 이전에 회계기간 중에 제품별 원가를 알고자 하기 때문에 실제개별원가계산을 사용하게 되면 회계기간 중에는 제품이나 작업의 원가를 파악할 수 없다. 즉, 실제개별원가계산을 적용하게 되면 의사결정에 필요한 적시에 원가정보를 제공할 수 없다.

둘째, 실제원가계산을 사용하게 되면 계절적인 수요 등에 의해 제품의 단가가 변동되는 문제점이 발생한다. 예를 들어, 초콜릿과 사탕을 제조하는 기업은 발렌타인데이와 화이트데이가 있는 2월과 3월에 총실제제조간접원가가 높게 집계되어 배부기준량이 큰 폭으로 변화하게 된다. 즉, 매월 실제원가계산을 사용하게 되면 안정성 있는 원가정보를 제공할 수 없게 된다.

따라서 많은 기업들은 적시성이 있고 안전성이 있는 원가정보를 필요로 하기 때문에 직접재료원가와 직접노무원가는 실제 발생한 원가를 집계하고 제조간접원가는 사전에 미리 정해진 배부율에 따라 배부한 금액을 사용하는 정상개별원가계산을 사용한다.

사례를 통해서 실제원가계산이 어떻게 우리 실생활에 적용되고 있는지를 살펴보자.

**기업사례**

정통핫도그 맛을 살린 통통한 소시지를 이용하여 시중에 판매되고 있는 핫도그를 제조하여 학교 안에서 1일 사업을 수행하였던 핫도그의 제조원가를 개별원가계산을 이용하여 제시한 것이다. 먼저 SET 1(단품)은 핫도그만을 단품으로 판매하는 경우이고, SET 2(콜라세트)는 음료수와 핫도그를 묶어서 판매하는 제품이다. 실제개별원가계산을 적용하여 실제재료원가, 실제노무원가, 실제제조간접원가, 제품별 실제제조원가명세서(SET 1 / SET 2)를 정리하면 다음과 같다.

핫도그를 총 30개를 만들 때 소요된 실제직접재료원가는 다음과 같다. 30개의 핫도그를 생산할 때 지불한 직접재료원가 총액은 핫도그 빵과 소스 재료, 음료 등을 포함하여 66,450원이다.

그리고 30개를 제조하는 데 걸린 시간은 1시간이며 작업자 2명이 핫도그를 만들었기 때문에 직접노무원가는 총 10,000원이 발생하였다.

〈실제직접재료원가〉

| 개당 재료비 수량 | 개 당 | 총수량 | 단위당 금액 | 총 액 |
|---|---|---|---|---|
| 핫도그 빵(F) | 1개 | 36개 | 208원/개 | 7,500원 |
| 소시지(F) | 1개 | 30개 | 472원/개 | 12,800원 |
| 까몽 치즈(V) | 50g | 2,500g | 6.36원/g | 15,900원 |
| 머스터드 소스(V) | 8ml | 265ml | 8.49원/ml | 2,250원 |
| 매운 바비큐 소스(V) | 40g | 2,000g | 4.3원/g | 8,600원 |
| 다진 마늘(V) | 6g | 200g | 14.5원/g | 2,900원 |
| 다진 양파(V) | 70g | 3,000g | 1.33원/g | 4,000원 |
| 콜라(F) | 185ml | 30개 | 417원/개 | 12,500원 |
| 계 | | | | 66,450원 |

〈실제직접노무원가〉

| 작업지시서 | 예산수량 | 시간당 비용 | 소요시간 | 인 원 | 총 액 |
|---|---|---|---|---|---|
| 핫도그제조 | 30개 | 5,000원 | 1시간 | 2명 | 10,000원 |
| 계 | | | | | 10,000원 |

두 시간 동안 핫도그 30개를 만들기 위해서는 칼, 도마, 프라이팬, 집게, 버너, 앞치마 등의 조리도구, 전자레인지 등의 제조를 위한 간접원가 등이 발생한다. 전기료의 경우 주택용 전력(저압) 기준으로 측정하였고, 전자레인지는 대여한 비용을 산정한 것이다. 실제로 발생한 총제조간접원가는 2,581.88원이다.

〈실제제조간접원가〉

| | 금 액 | 비 고 |
|---|---|---|
| 조리도구(F) | 20.5원 | |
| 비닐장갑(F) | 1,000원 | 100매 |
| 일회용 수저(F) | 150원 | 50원/개×3개 |
| 일회용 접시(F) | 800원 | |
| 전자레인지(V) | 555원 | 1시간 사용 |
| 전기료(V) | 42.49원 | |
| 수도세(V) | 13.89원 | |
| 계 | 2,581.88원 | |

〈실제제조원가명세서 SET 1〉

| Item number 핫도그set_1 | | | |
|---|---|---|---|
| 날짜 | | 20151106 | |
| 수량 | | 10 | |
| | 세부항목 | 수량 | 총액 |
| 재료원가 | 핫도그 빵 | 10개 | 2,080 |
| | 소시지 | 10개 | 4,270 |
| | 까몽 치즈 | 500g | 3,180 |
| | 머스터드 소스 | 80g | 679 |
| | 매운 바비큐 소스 | 400g | 1,720 |
| | 다진 마늘 | 60g | 870 |
| | 다진 양파 | 700g | 931 |
| 계 | | | 13,730 |
| 노무원가 | | | 5,000 |
| 제조간접원가 | | | 860 |
| 총제조원가 | | | 19,590 |
| 단위당 제조원가 | | | 1,959 |

실제제조원가명세서 SET 1은 총 사용된 직접재료원가, 직접노무원가, 제조간접원가를 이용하여 이를 합한 결과를 보여준다. 핫도그를 단품으로 판매하는 경우 핫도그 10개를 제작하기 위해 총 1시간이 소요되어 직접노무원가가 5,000원이 발생하였고 제조간접원가는 SET 1과 SET 2에 공통으로 사용되었기 때문에 배부해야 한다. 본 사례에서 제조간접원가 배부는 생산수량을 기준으로 배부한다. 실제 발생한 제조간접원가 2,582원을 30개로 나누면 단위당 제조간접원가는 약 86원이고 SET 1에 배부되는 제조간접원가는 860원이다. 따라서 SET 1의 총제조원가는 19,590원이고 제품단위당 제조원가는 1,959원이다.

〈실제제조원가명세서 SET 2〉

| Item number 핫도그set_2 | | | |
|---|---|---|---|
| 날짜 | | 20151106 | |
| 수량 | | 20 | |
| | 세부항목 | 수량 | 총액 |
| 재료원가 | 핫도그 빵 | 20개 | 4,160 |
| | 소시지 | 20개 | 8,530 |
| | 까몽 치즈 | 1,000g | 6,360 |
| | 머스터드 소스 | 160g | 2,158 |
| | 매운 바비큐 소스 | 800g | 3,440 |
| | 다진 마늘 | 120g | 1,740 |
| | 다진 양파 | 1,400g | 1,862 |
| | 콜라 | 20개 | 8,340 |
| 계 | | | 36,590 |
| 노무원가 | | | 5,000 |
| 제조간접원가 | | | 1,720 |
| 총제조원가 | | | 43,310 |
| 단위당 제조원가 | | | 2,165.5 |

실제제조원가명세서 SET 2는 SET 1과 동일하나 음료부분의 콜라 원가가 추가로 포함된다. 그리고 제조간접원가를 SET 2에 1,720원만큼 배부한다. SET 2의 총제조원가는 43,310원이고 생산량 20개를 나누어 제품단위당 제조원가는 2,165.5원이다.

## 2.2 정상원가계산

정상원가계산은 직접재료원가, 직접노무원가는 실제 발생한 원가를 이용하고 제조간접원가는 예정제조간접원가배부율을 이용하여 배부된 제조간접원가를 계산하여 합산하는 원가계산이다. 예정제조간접원가배부율은 발생할 총예정제조간접원가를 추정하여 총예정배부기준량으로 나눈 값이다. 이 값에 실제배부기준량을 곱하여 계산한 것이 정상원가계산에서 도출한 제조간접원가이다.

$$\text{예정제조간접원가배부율} = \frac{\text{총예정제조간접원가}}{\text{총예정배부기준량}}$$

$$\text{제조간접원가} = \text{예정제조간접원가배부율} \times \text{실제배부기준량}$$

## 제 3 절 배부차이

정상원가계산의 장점은 경영자가 원하는 시점에 안정적으로 적시에 제조원가 정보를 제공할 수 있다는 것이다. 그만큼 정상원가계산제도가 편리하나 실제제조간접원가를 사용하는 것이 아니고 추정된 제조간접원가를 사용하는 것이기 때문에 실제로 발생한 제조간접원가와 차이가 발생할 수 있다. 기말에 발생한 실제 여러가지 방법을 통해서 분류할 수 있다. 즉, 연초에 산정한 예정제조간접원가배부율과 연말에 계산된 실제제조간접원가배부율이 같지 않을 가능성이 높다.

### 3.1 배부차이

연중에 배부한 제조간접원가 배부액과 연말에 집계한 제조간접원가 실제배부액의 차이를 배부차이라 한다. 제조간접원가 과대배부액은 회계기간 동안 적용한 제조간접원가 예정배부액이 회계기말에 집계된 실제제조간접원가 배부액보다 많은 경우를 말한다. 반대로 제조간접원가 과소배부액은 회계기간 동안 적용한 제조간접원가 예정배부액이 회계기말에 집계된 실제제조간접원가 배부액보다 적은 경우를 말한다.

제조간접원가 과대배부가 발생한 경우에는 실제보다 높게 집계되었으므로 제조원가에서 차감해주는 조정 작업이 필요하다. 반면에 제조간접원가 과소배부가 발생한 경우에는 실제 발생한 제조간접원가가 배부된 제조원가 금액보다 작으므로 제조원가에 가산하는 조정작업이 필요하다. 배부차이 조정에 대한 자세한 사항은 3.2 배부차이 조정에서 다룬다.

지금까지 학습한 내용을 〈예제 1〉을 통해서 정리하면 다음과 같다.

**예제 1**

(주)IB는 스마트폰케이스를 제조 판매한다. 스마트폰케이스 생산과정은 작업 #201과 #301로 구성되어 있으며 개별원가계산을 실시하고 있다. 20×5년 10월 동안 총 10,000개의 제품을 생산하였고, 작업 #201과 #301에서 발생한 원가자료는 다음과 같다. (주)IB의 제조간접원가는 예상작업시간에 근거하여 제조간접원가를 예정배부한다.

| | 작업 #201 | 작업 #301 |
|---|---|---|
| 실제직접재료원가 | ₩1,764,000 | ₩294,000 |
| 실제직접노무원가 | ₩1,531,250 | ₩1,041,250 |
| 실제제조간접원가 | ₩2,706,000 | ₩1,560,000 |
| 실제시간당 노무원가 | ₩6,125 | ₩6,125 |
| 실제작업시간 | 250시간 | 170시간 |

1) (주)IB의 연간 제조간접원가예산은 ₩5,000,000이고 예상작업시간이 500시간이다. 제조간접비 예정배부율을 구하고 작업 #201과 #301에 배부되는 제조간접원가는 각각 얼마인가?

   제조간접비 예정배부율은 제조간접원가예산 ₩5,000,000을 배부기준인 예상작업시간 500시간으로 나누어 산출하면 ₩10,000(=₩5,000,000/500)이다.

   따라서 작업 #201과 #301에 소요된 실제작업시간을 곱하면 정상제조간접원가는 다음과 같이 도출된다. 즉, 작업 #201에는 ₩2,500,000이 배부되고 작업 #301에는 ₩1,700,000이 배부된다.

   #201=₩10,000×250=₩2,500,000

   #301=₩10,000×170=₩1,700,000

2) 스마트폰케이스에 배부된 제조간접원가는 얼마만큼 과대 또는 과소 배부되었는가?

   작업 #201의 경우 실제로 발생한 제조간접원가는 ₩2,706,000이고, 작업 #301은 ₩1,560,000 발생하였다. 따라서 작업 #201은 ₩206,000 과소배부되었고, #301은

₩140,000 과대배부되었다.

작업 #201의 제조간접원가 배부액은 ₩2,500,000이고, 실제 발생한 제조간접원가는 ₩2,706,000이기 때문에 작업 #201은 ₩206,000 과소배부되었다.

작업 #301의 제조간접원가 배부액은 ₩1,700,000이고, 실제 발생한 제조간접원가는 ₩1,560,000이기 때문에 #301은 ₩140,000 과대배부되었다.

(주)IB의 스마트폰케이스는 전체적으로 ₩66,000 과소배부되었다.

3) 스마트폰케이스의 총제조원가는 얼마인가?

작업 #201의 총제조원가는 직접재료원가, 직접노무원가, 제조간접원가를 모두 합산한 금액 ₩6,001,250(=1,764,000+1,531,250+2,706,000)이며, 작업 #301의 총제조원가는 ₩2,895,250(=294,000+1,041,250+1,560,000)이다.

## 3.2 배부차이 조정

제조간접원가 배부액이 실제제조간접원가보다 크면 그 차이 금액을 과대배부액이라 하고 배부액이 실제제조간접원가보다 작으면 그 차이 금액을 과소배부액이라 한다.

제조간접원가 배부차이＝제조간접원가 배부액－실제제조간접원가

〈표 7-1〉 제조간접원가 과소배부와 과대배부

| | 제조간접원가 과대배부 | 제조간접원가 과소배부 |
|---|---|---|
| 원가 | 정상원가>실제원가 | 정상원가<실제원가 |
| 차이 방향 | 제조간접원가 예정배부액> 실제 발생한 제조간접원가 | 제조간접원가 예정배부액< 실제 발생한 제조간접원가 |
| 계산오류 | 정상제조원가 과대계산 | 정상제조원가 과소계산 |
| 원가조정 | 매출원가, 제품, 재공품 하향조정 | 매출원가, 제품, 재공품 상향조정 |

제조간접원가 과대배부액이 있으면 과대배부된 금액만큼 매출원가, 재공품재고원가, 제품재고원가를 감소시키는 하향조정을 해야 한다. 제조간접원가 과소배부액이 있으면 과소배부된 금액만큼 매출원가, 재공품재고원가, 제품재고원가를 증가시키는 상향조정을 해야 한다. 보통 편의상 매출원가가 차지하는 비중이 가장 높기 때문에 과대배부액은 매출원가에서 차감하고 과소배부액은 매출원가에 가산하여 조정한다. 이를 매출원가조정법이라 한다. 그러나 제조간접원가가 매출원가뿐만 아니라 재공품재고, 제품재고 등에 포함되어 있기 때문에 각각의 비중별로 가중평균하여 안분하여 배부하기도 한다.

**기초 다지기 1**

1. (　　　)은 개별적으로 원가를 측정할 필요가 있는 항목을 의미한다.
2. (　　　)은 고객의 주문이나 고객이 원하는 형태의 제품을 생산하는 기업들이 다양한 제품들을 작업별로 개별적으로 생산하는 경우에 적용하는 원가계산방법이다.
3. (　　　)은 직접재료원가, 직접노무원가는 실제로 발생한 원가를 이용하고 제조간접원가는 예정제조간접원가배부율을 이용하여 사전에 배부된 제조간접원가를 계산하여 합산하는 원가계산이다.
4. 연중에 배부한 제조간접원가배부액과 연말에 집계한 제조간접원가실제배부액의 차이를 (　　　)라고 한다.
5. 공통적으로 발생한 원가를 집계하여 합리적인 배부기준에 따라 원가 대상에 부과하는 과정을 (　　　)라고 한다.

**기초 다지기 2**

6. 과대배부액은 제조간접원가 예정배부액이 실제제조간접원가배부액보다 많은 경우이며, 과소배부액은 제조간접원가 예정배부액이 실제제조간접원가배부액보다 적은 경우이다. (○, ×)
7. 정상원가계산은 직접재료원가, 직접노무원가, 제조간접원가를 사전에 계획된 금액과 배부율로 원가를 계산하는 방식이다. (○, ×)
8. 정상원가계산은 추정된 제조간접원가를 사용하는 것이기 때문에 실제로 발생한 제조간접원가와 차이가 발생할 수 있으며, 회계연도 말에 이를 조정할 필요가 있다. (○, ×)
9. 정상개별원가계산에 있어서 제조간접원가는 '배부기준의 실제발생액 × 예정배부율'로 배부한다. (○, ×)
10. 제조원가가 과대배부된 경우 매출원가는 조정이 가능하지만 재공품재고, 제품재고 조정은 불가능하다. (○, ×)

**기초 다지기 3**

11. 다음 중 개별원가계산에 대한 설명으로 틀린 것은?
① 작업별로 발생한 원가를 작업원가표에 집계한다.
② 주문제작에 적합한 업종에 사용된다.
③ 제조간접원가는 원가대상에 배부하는 절차를 거친다.
④ 원가계산시 완성도의 계산이 중요하다.

**12**. 다음 중 개별원가계산 절차에 대하여 올바르게 짝지어진 것은?

> (가) 원가계산대상이 되는 개별 작업을 파악한다.
> (나) 개별 작업과 관련하여 발생한 제조간접원가를 파악한다.
> (다) 제조간접원가 배부기준을 선정한다.
> (라) 제조간접원가배부율을 계산하여 제조간접원가를 배부한다.
> (마) 개별 작업에 대한 직접원가를 계산한다.

① (가)-(나)-(다)-(라)-(마) ② (나)-(다)-(라)-(가)-(마)
③ (가)-(마)-(나)-(다)-(라) ④ (가)-(마)-(다)-(나)-(라)

[**13**~**14**]. (주)금오의 7월 초 재고는 없었으며, 7월 중 다음의 작업이 진행되었다. 제조간접원가의 배부기준은 직접노동시간을 사용하며, 7월 중 제조간접원가를 집계한 결과 900,000원이 발생하였다.

| | 작업 #701 | 작업 #702 | 작업 #703 | 합 계 |
|---|---|---|---|---|
| 직접재료원가 | 300,000원 | 150,000원 | 150,000원 | 600,000원 |
| 직접노무원가 | 150,000원 | 300,000원 | 250,000원 | 700,000원 |
| 직접노동시간 | 150시간 | 250시간 | 200시간 | 600시간 |

**13**. 작업별 제조간접원가를 계산하면 얼마인가?

| | 작업 #701 | 작업 #702 | 작업 #703 |
|---|---|---|---|
| ① | 225,000원 | 375,000원 | 300,000원 |
| ② | 300,000원 | 150,000원 | 150,000원 |
| ③ | 450,000원 | 400,000원 | 450,000원 |
| ④ | 150,000원 | 300,000원 | 250,000원 |

**14**. 제조원가가 가장 많이 발생한 작업과 제조원가가 가장 적게 발생한 작업의 원가 차이는 얼마인가?

① 125,000원 ② 150,000원
③ 100,000원 ④ 25,000원

**15**. 정상원가계산을 적용한 상태에서 제조간접원가와 관련된 정보가 다음과 같다, 제조간접원가 배부차이는 얼마인가?

> 제조간접원가 : 200,000원 + (기계시간 × 8원)
> 예상가동시간 : 12,000기계시간 실제가동시간 : 14,000기계시간

① 8,000원 과대배부　　② 8,000원 과소배부
③ 16,000원 과소배부　　④ 16,000원 과대배부

**정답**

1. 원가대상 2. 개별원가계산 3. 정상원가계산 4. 배부차이 5. 원가배부 6. ○ 7. × 8. ○ 9. ○ 10. × 11. ④ 12. ④ 13. ① 14. ② 15. ③

## 사례조사 및 함께 생각해 보기

1. 우리 주변에서 개별원가계산제도가 적용되는 사례를 조사해 발표해 봅시다.
2. 개별원가계산제도를 이용하여 김밥전문점이나 커피전문점의 제품별 작업원가표를 작성해 봅시다.
3. 개별원가계산제도를 이용하여 커피전문점의 카페라떼, 아메리카노의 원가를 추정해 봅시다.
4. 개별원가계산제도를 이용하여 김밥전문점의 소고기김밥, 참치김밥의 원가를 추정해 봅시다.
5. 2번부터 4번까지의 결과를 토대로 원가차이가 왜 발생하는지 논의해 봅시다.

CHAPTER

# 8

# 원가-조업도-이익 분석

제8장에서는 공헌이익의 개념을 설명하고 원가와 조업도, 이익 간의 관계를 살펴본다. 판매량이 증가하거나 감소할 때 원가와 이익이 얼마나 증가하고 감소하는지를 분석한다. 그리고 최소 얼마를 판매해야 이익과 손실이 발생하지 않는지 손익분기점이 무엇인지 설명한다. CVP 분석을 수행할 때 점검해야 할 체크 리스트를 살펴본다.


제 1 절 CVP 분석의 기초개념

제 2 절 손익분기점 분석

제 3 절 민감도 분석

제 4 절 CVP 분석 체크 리스트

# 제 1 절 CVP 분석의 기초개념

원가-조업도-이익(Cost-Volume-Profit : CVP) 분석은 조업도인 생산량, 판매량의 변화에 따라서 원가가 어떻게 변화하고, 궁극적으로 이익이 어떻게 변화하는지를 분석하는 것이다. 이 중 수익과 비용이 일치하여 이익이 발생하지 않는 손익분기점(Break Even Point : BEP)은 수익성을 분석하는 대표적인 CVP 분석이라 할 수 있다.

손익분기점을 분석함으로써 실제 매출액이 기업의 목표이익에 도달하기 위해 얼마만큼 판매량을 증가시켜야 하는지 아니면 얼마만큼의 원가를 절감해야 하는지 등을 판단할 수 있다. 손익분기점 분석을 위해서는 원가를 변동원가와 고정원가로 분류해야 한다. 본절에서는 원가를 변동원가와 고정원가로 구분한 후 새롭게 공헌이익이라는 이익의 개념을 학습한다.

## 1.1 공헌이익

CVP 분석은 원가를 판매량의 변화와 상관없이 일정하게 발생하는 고정원가와 판매량의 증감에 대해 비례적으로 증감하는 변동원가로 구분하는 것을 기본가정으로 한다. 일반적으로 기업은 변동원가와 고정원가가 함께 발생하는 혼합원가구조를 갖고 있다.

CVP 분석에서 원가(cost)는 변동원가와 고정원가로 구성되어 있고, 조업도(volume)는 생산량 또는 판매량을 나타내며, 이익(profit)은 공헌이익과 영업이익으로 구분된다. **공헌이익**(contribution margin)은 매출액에서 변동원가를 차감한 값으로 매출액에서 매출액에 따라 비례적으로 발생하는 변동원가를 초과하는 부분이다. 즉, 매출액을 창출하는 데 소요된 모든 변동원가를 차감하고 남은 부분이다. 매출액에서 변동원가를 차감한 공헌이익은 고정원가를 보상하고 이익을 창출하는 데 얼마만큼 공헌하는지를 화폐금액으로 나타낸 것이다.

다음은 공헌이익을 도출하는 과정을 수식으로 표시한 것이다. 매출액을 S라 하고, 변동원가를 VC라 하면 공헌이익(CM)은 매출액에서 변동원가를 차감한 값이다.

> 공헌이익(CM) = 매출액(S) − 변동원가(VC)

공헌이익이 총액의 개념이라면 단위당 공헌이익은 단위 개념으로 단위당 판매가격에서 단위당 변동원가를 차감한 값이다. 즉, 단위당 판매가격은 단위당 공헌이익과 단위당 변동원가로 구성되어 있다.

단위당 판매가격을 P라 하고 단위당 변동원가를 V라 가정하면 단위당 공헌이익(Unit CM)은 아래의 수식과 같다.

> 단위당 공헌이익(Unit CM) = 단위당 판매가격(P) − 단위당 변동원가(V)

공헌이익률(CM Ratio)은 공헌이익을 매출액으로 나눈 비율 개념이다. 공헌이익률은 1에서 단위당 변동원가율을 차감한 값과 동일하며, 수식으로 표시하면 다음과 같다.

$$\text{공헌이익률(CM Ratio)} = \frac{\text{단위당 공헌이익(Unit CM)}}{\text{단위당 판매가격(P)}}$$
$$= (P - V) / P$$
$$= 1 - V / P$$

예를 들어, 오금(주)가 단위당 판매가격이 ₩1,000이고, 변동원가가 ₩600인 크림빵을 생산하여 판매한다면 단위당 공헌이익은 ₩400이며, 공헌이익률은 40%가 된다. 만약 오금(주)의 크림빵 판매량이 손익분기점을 초과했다면 더 이상 추가적으로 발생하는 고정원가가 없기 때문에 추가적으로 크림빵을 한 단위 더 생산하여 판매할 때마다 ₩600의 변동원가가 발생하므로, 판매가격과 변동원가의 차이인 ₩400만큼 이익이 증가된다.

## 1.2 공헌이익계산서

CVP 분석에서 단위당 판매가격인 P는 일정하다고 가정하므로, 총수익인 매출액은 단위당 판매가격 P에 판매량 Q를 곱한 값이다. 총원가는 단위당 변동원가(V)에 판매량을 곱한 변동원가(VC)와 판매량과 상관없이 일정하게 발생하는 고정원가(FC)를 합한 것이 된다. 따라서 이익은 총매출액에서 총원가를 차감한 값으로 다음의 산식으로 표시된다.

> 이익 = 총매출액 − 총원가
> = (단위당 판매가격 × 판매량) − (변동원가 + 고정원가)
> = (단위당 판매가격 × 판매량) − [(단위당 변동원가 × 판매량) + 고정원가]
> = 단위당 공헌이익 × 판매량 − 고정원가
> = 공헌이익 − 고정원가
> $= P \times Q - [(V \times Q) + FC]$
> $= (P - V)Q - FC$

위의 산식에서 보는 것처럼 공헌이익은 고정원가를 고려하기 전의 이익이므로 영업이익은 공헌이익에서 고정원가를 차감하여 계산한다. 만약 공헌이익이 고정원가를 모두 회수하지 못한다면 손실이 발생하게 되고, 충분히 고정원가를 모두 회수한다면 이익이 발생하게 된다. 그래서 공헌이익은 고정원가를 회수하는 데 공헌하는 정도를 표시하게 된다. 이를 공헌이익계산서로 표시하면 다음과 같다. 공헌이익계산서는 일반 손익계산서와 달리 비용을 고정원가와 변동원가로 구분 표시하고, 공헌이익과 영업이익을 구분하여 공헌이익이 고정원가를 얼마만큼 충당하는지를 나타낸다.

| 공헌이익계산서 |
|---|
| 매출액 |
| −변동원가 |
| 공헌이익 |
| −고정원가 |
| 영업이익 |

지금까지 학습한 공헌이익과 공헌이익계산서 작성과정을 구체적으로 〈예제 1〉을 통해 살펴보면 다음과 같다.

**예제 1**

다음은 20×5년 오금(주)의 판매와 비용에 관한 자료이다.

| | |
|---|---:|
| 판매량(개) | 1,000 |
| 단위당 판매가격(원/개) | ₩2,000 |
| 단위당 변동원가(원/개) | ₩1,400 |
| 고정원가(원) | ₩500,000 |

(1) 공헌이익, 단위당 공헌이익, 공헌이익률을 구하시오.

오금(주)의 공헌이익, 단위당 공헌이익 및 공헌이익률은 다음과 같이 계산할 수 있다.

공헌이익(CM)＝매출액－변동원가
＝₩2,000,000－₩1,400,000
＝₩600,000

단위당 공헌이익(Unit CM)＝단위당 판매가격－단위당 변동원가
＝₩2,000－₩1,400
＝₩600

공헌이익률(CM Ratio)＝단위당 공헌이익 / 단위당 판매가격
＝₩600 / ₩2,000
＝30%

(2) 공헌이익계산서를 작성하시오.

오금(주) 공헌이익계산서

| | | |
|---|---|---:|
| 매출액 | 1,000×₩2,000 | ₩2,000,000 |
| 변동원가 | 1,000×₩1,400 | 1,400,000 |
| 공헌이익 | 1,000×₩600 | ₩600,000 |
| 고정원가 | | 500,000 |
| 영업이익 | | ₩100,000 |

오금(주)의 매출액은 ₩2,000,000, 공헌이익은 ₩600,000이며, 모든 비용을 차감하고 남은 영업이익은 ₩100,000이다.

## 제 2 절 손익분기점 분석

손익분기점(Break Even Point : BEP)이란 수익인 총매출액과 총원가가 동일하여 이익이 0이 되는 지점을 말한다. 즉, 최소 몇 개를 팔아야 투입된 모든 원가를 회수할 수 있는지를 나타낸다. 예를 들어, 2015년 여름에 개봉한 영화 '베테랑'의 손익분기점 관객수를 600만명이라고 가정하자. 영화 티켓의 평균값을 7,000원이라 할 때 영화 베테랑과 관련하여 발생한 총원가는 600만명에 7,000원을 곱하면 420억원이 산출된다. 최소 600만명이 영화를 보면 총제작비인 420억원을 회수하여 이익도 손실도 발생하지 않지만, 관객수가 600만명 이하이면 영화제작에 소요된 총원가를 회수하지 못하기 때문에 손실이 발생한다. 그러나 관객수가 600만명을 초과한다면 영화 제작에 소요된 모든 총원가를 회수하기 때문에 이익이 발생하게 된다. 이처럼 손익분기점은 수익과 비용 및 이익 간의 관계에 대한 분석이므로 이를 원가-조업도-이익(CVP) 분석이라 한다.

### 2.1 손익분기점

손익분기점은 첫째, 총수익과 총원가가 동일한 매출액과 판매량을 나타낸다. 둘째, 이익도 손실도 발생하지 않은 매출액(판매량) 수준이다. 셋째, 공헌이익과 고정원가가 같아 공헌이익을 가지고 고정원가를 모두 회수할 수 있는 매출액(판매량) 수준으로 표시된다. 이를 그림으로 표시한 것이 [그림 8-1]이다. [그림 8-1]에서 보는 것과 같이 총매출액과 총원가가 교차하는 지점이 바로 손익분기점(BEP)이다. 판매수량이 손익분기점을 초과하면 총매출액 그래프가 총원가 그래프보다 높아 이익이 발생하나, 손익분기점에 미달되면 손실이 나타나게 된다.

손익분기점에 관심을 갖는 주된 이유는 기업을 경영함에 있어 어느 판매량 수준에서 이익이 발생하는지를 아는 것이 중요하기 때문이다. 또한 기업이 신규 투자를 수행하거나 신제품을 개발할 때 손실을 회피하기 위해서 달성해야 할 최소의 매출액(판매량) 수준을 나타내주기 때문이다.

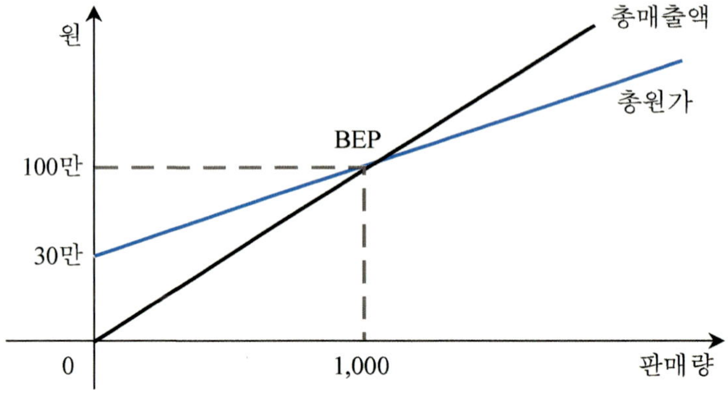


[그림 8-1] 손익분기점(BEP) 도표

만약 기업이 신규 투자를 실시하여 공헌이익이 고정원가보다 높게 되면 이익이 발생하게 되고, 공헌이익이 고정원가보다 낮게 되면 손실이 발생하게 된다. 경영자는 공헌이익이 최소 고정원가를 회수할 수 있는 투자안에 의사결정을 할 것이다.

> 공헌이익과 고정원가의 관계
> -공헌이익 > 고정원가 : 이익 발생
> -공헌이익 = 고정원가 : 손익분기점 (이익=0)
> -공헌이익 < 고정원가 : 손실 발생

## 2.2 손익분기점 도출

손익분기점은 총매출액과 총원가가 동일하여 이익이나 손실이 발생하지 않는 매출액 수준이다. 즉, 이익이 0인 매출액 수준으로 다음과 같이 산출할 수 있다.

| | | |
|---|---|---|
| P＝단위당 판매가격 | V＝단위당 변동원가 | Q＝판매량 |
| CM＝공헌이익 | VC＝총변동원가 | FC＝총고정원가 |
| Unit CM＝단위당 공헌이익 | TR＝총수익(매출액) | |

총매출액＝총원가
총매출액＝변동원가＋고정원가
단위당 판매가격×판매량＝(단위당 변동원가×판매량)＋고정원가
판매량＝고정원가 / (단위당 판매가격－단위당 변동원가)
　　　＝고정원가 / 단위당 공헌이익

$$P \times Q = V \times Q + FC$$
$$(P - V)Q = FC$$
$$Q = FC / (P - V)$$
$$Q = FC / \text{Unit CM}$$

손익분기점에서 이익은 0이므로 총매출액과 총원가는 동일하다. 총매출액은 단위당 판매가격(P)에 판매량(Q)을 곱한 값이다. 총원가는 변동원가(VC)와 고정원가(FC)를 합한 금액이다. 이 중 변동원가는 판매량에 따라서 비례하는 원가이므로 단위당 변동원가(V)에 판매량(Q)을 곱한 금액이다. 이를 판매량(Q)에 대해서 풀면 손익분기점(BEP)은 고정원가를 단위당 공헌이익으로 나눈 값이 된다.

위의 계산식을 보면 고정원가가 높아지거나 단위당 변동원가가 높아지면 손익분기점이 증가하고, 단위당 판매가격이 감소하면 손익분기점이 높아지는 것을 알 수 있다. 반면에 고정원가가 낮아지거나 단위당 변동원가가 줄어들면 손익분기점이 감소한다. 또한 단위당 판매가격이 증가하면 손익분기점이 감소하는 것을 알 수 있다.

손익분기점 매출액＝손익분기점 판매량×단위당 판매가격
　　　　　　　　＝고정원가 / 공헌이익률

손익분기점을 수량이 아닌 금액으로 표시한 것이 손익분기점 매출액이다. 손익분기점 매출액은 손익분기점 수량에 단위당 판매가격을 곱하거나, 고정원가를 공헌이익률로 나누어서 구할 수 있다.

앞의 〈예제 1〉의 자료를 이용하여 손익분기점을 구하면 다음과 같다.

| | 20×5년 |
|---|---:|
| 판매량(개) | 1,000 |
| 단위당 판매가격(원/개) | ₩2,000 |
| 단위당 변동원가(원/개) | ₩1,400 |
| 고정원가(원) | ₩500,000 |

단위당 판매가격 P=₩2,000, 단위당 변동원가 V=₩1,400이므로 단위당 공헌이익 Unit CM=₩600이며, 그리고 고정원가 FC=₩500,000이다.

이를 수식으로 정리하면 다음과 같다.

$$₩2{,}000 \times Q = ₩1{,}400 \times Q + ₩500{,}000$$
$$(₩2{,}000 - ₩1{,}400)Q = ₩500{,}000$$
$$Q = ₩500{,}000 / (₩2{,}000 - ₩1{,}400) = 833.33\text{단위}$$

손익분기점 수량은 약 833.33단위이다. 그리고 손익분기점 매출액은 ₩1,666,666 (₩2,000×833.33)이다.

또는 손익분기점 매출액은 고정원가를 공헌이익률로 나눈 값으로 ₩500,000 / 0.3=₩1,666,666으로 구할 수 있다.

## 2.3 목표이익과 손익분기점

오금(주)는 약 833개를 판매해야 손익분기점에 도달하는 것을 알았다. 그러면 ₩100,000의 목표이익을 얻기 위해서는 몇 개를 판매해야 하는가? 목표이익을 위한 판매량은 다음과 같이 계산할 수 있다.

| 이익＝단위당 공헌이익×판매량－고정원가<br>단위당 공헌이익×판매량＝이익＋고정원가<br>판매량＝(이익＋고정원가) / 단위당 공헌이익 |
|---|

| Q＝(FC＋목표이익) / Unit CM |
|---|

Q＝(₩500,000＋₩100,000) / ₩600＝1,000단위

오금(주)는 1,000개를 판매해야 손익분기점에 도달하고 이익 ₩100,000을 창출하게 되는 것이다.

즉, 1,000개의 판매량 중에 833개가 손익분기점을 달성하고 추가적인 167개가 이익 ₩100,000을 달성한다. 손익분기점에 도달하고 나면 고정원가는 모두 회수되었기 때문에 1단위를 추가적으로 판매할 때마다 단위당 공헌이익인 ₩600만큼 이익이 증가하여 목표이익을 달성하는 데 사용된다.

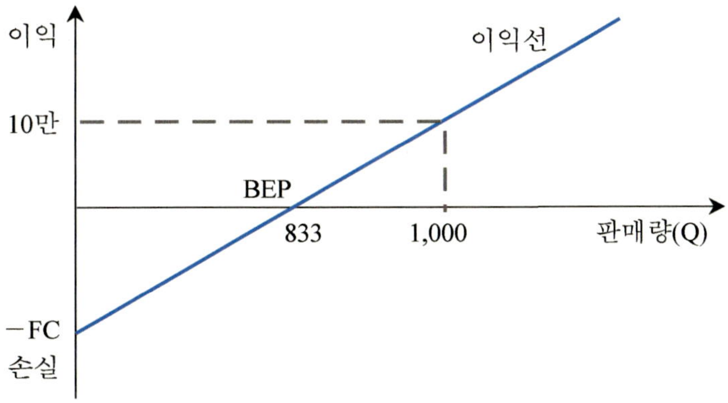

## 2.4 세후 목표이익과 손익분기점

만약 기업이 이익을 창출하면 이익에 해당하는 만큼 세금을 납부해야 한다. 세금(tax)은 판매량이 증가한다고 해서 비례적으로 증가하는 것도 아니고 그렇다고 일정한 금액을 동일하게 항상 납부하는 것이 아니다. 판매량이 많다 하더라도 손실이 발생하게 되면 납부하는 세금은 0이 되기 때문에 세금은 변동원가나 고정원가가 아니다. 기업이 이익을 창출한 경우 세금을 고려하여 세후이익을 계산하면 다음과 같다. 세후이익은 세금을 차감하기 전 이익에 대하여 일정세율(t)을 곱하여 세금을 납부하고 남은 이익이다. 따라서 세전이익은 세후이익을 (1－세율)로 나눈 값이 된다.

$$\begin{aligned}\text{세후이익} &= \text{세전이익} - \text{세금}\\ &= \text{세전이익} - (\text{세전이익} \times \text{세율})\\ &= (1 - \text{세율}) \times \text{세전이익}\end{aligned}$$

$$\text{세전이익} = \frac{\text{세후이익}}{(1 - \text{세율})}$$

만약 세금이 0이라면 세전이익이나 세후이익은 동일하기 때문에 달성하기 위한 판매량은 같다. 그러나 세금이 존재하는 경우에는 세금을 고려한 이익을 계산해야 한다. 그러면 세금을 납부한 후 목표이익에 도달하기 위해서는 몇 개를 판매해야 하는가? 세후 목표이익을 달성하기 위해서는 세전이익으로 환산하여 판매량을 구하면 된다. 세금을 납부하기 전의 세전이익은 세후이익을 (1－세율)로 나눈 값이다.

다음은 20%의 세율이 존재하는 경우 목표이익 ₩100,000을 달성하기 위해 오금(주)가 판매해야 할 수량을 도출한 것이다. 오금(주)는 세후 ₩100,000의 목표이익을 얻기 위해서 세금을 납부하기 전의 이익은 ₩125,000이 되어야 한다. ₩125,000에 대해 20%를 세금으로 ₩25,000을 납부하면 목표이익 ₩100,000을 달성할 수 있다.

오금(주)는 세후 목표이익 ₩100,000을 달성하기 위해서는 1,041개를 판매해야 한다. 이처럼 세금을 고려하는 경우에는 1,000개에서 추가적으로 41개를 더 팔아야 함을 알 수 있다.

| Q=(FC+세전 목표이익) / Unit CM |
|---|

세전이익=₩100,000 / (1−0.2)=₩125,500

Q=(₩500,000+₩125,000) / 600=1,041단위

## 2.5 안전여유

현재의 매출수준을 이용하여 얼마만큼 손익분기점을 초과했는지, 아니면 미달했는지를 파악할 수 있다. 안전여유(margin safety)란 손익분기점을 초과하는 매출수준이다. 안전여유를 이용하면 기업의 실제 매출수준에 대해 얼마만큼 여유가 있는지를 평가할 수 있기 때문에 현 상황에서 손실을 발생시키지 않으면서 허용될 수 있는 최대한의 매출감소 수준을 나타내준다. 즉, 안전여유는 기업 입장에서 손실을 회피할 수 있는 최소한의 마진이라 볼 수 있다. 일반적으로 안전여유 수준이 높을수록 매출수준의 안전성이 높다고 평가한다.

[그림 8-2]를 보면 손익분기점 판매량은 833개이고 현재 달성한 판매량은 1,000개이므로 안전여유는 167개이다.

| 안전여유=매출액−손익분기점 매출액<br>=판매량−손익분기점 판매량<br>안전여유율=(매출액−손익분기점 매출액) / 매출액 |
|---|

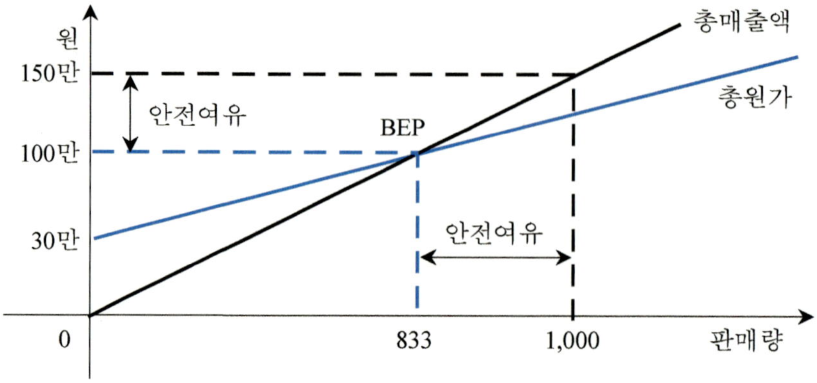


[그림 8-2] 안전여유와 손익분기점

안전여유율(margin of safety ratio)은 매출액에 대한 안전여유를 비율로 나타낸 것이다. 즉, 안전여유율은 매출액이 감소할지라도 손실이 발생하지 않는 최대한의 비율이다. 그러므로 안전여유율이 클수록 기업의 안전성이 증가한다고 평가할 수 있다. 만약 안전여유율이 낮으면 손익분기점의 매출수준이 커지기 때문에 고정원가를 줄이는 정책을 시행하여 손익분기점 매출수준을 낮추거나, 실제 판매량을 증가시키려는 노력을 수행해야 한다. 또한 공헌이익률이 낮은 경우에는 손익분기점 매출액이 높기 때문에 판매가격을 올려 공헌이익률을 개선하거나 변동원가를 줄여 공헌이익률을 높이는 전략이 필요할 것이다.

## 2.6 CVP 분석과 의사결정

신규로 사업을 시작하거나 제품을 시장에 출시할 때 얼마를 팔아야 손실이 발생하지 않고 이익이 발생하는지를 알아야 한다. 손익분기점은 경영자가 달성해야 할 최소한의 매출수준을 제시해주기 때문에 제품의 가격결정, 사업계획 수립이나 신규사업 시뮬레이션 등에 활용된다. 이뿐 아니라 CVP 분석은 현재 보유하고 있는 제품군 중 어떤 제품의 생산을 확장해야 수익성이 높아지는지, 어떤 제품을 지속적으로 생산해야 하는지 아니면 중지해야 하는지 등의 의사결정에 사용된다.

CVP 분석이 의사결정에 어떻게 활용되는지 예를 들어 살펴보자. (주)QNQ는 스텐머그컵과 유리머그컵을 생산해서 판매한다. 지금까지 (주)QNQ는 스텐머그컵과 유리머그컵의 판매량과 판매가격을 같은 수준으로 유지하는 정책을 시행해왔다. 최근 에코캠페인이 확대됨에 따라 머그컵 시장이 증가할 것으로 예측하여 어느 제품군을 확대 생산하여 판매할지를 고민중이다. (주)QNQ의 머그컵 판매가격과 원가구조는 다음과 같다. (주)QNQ의 공헌이익계산서에서 보듯이 현재 스텐머그컵과 유리머그컵의 영업이익은 1,250만원으로 동일하다.

| | | 스텐머그컵 | 유리머그컵 |
|---|---|---|---|
| 판매량(개) | Q | 5,000 | 5,000 |
| 단위당 판매가격(원/개) | P | ₩15,000 | ₩15,000 |
| 단위당 변동원가(원/개) | V | ₩10,500 | ₩7,500 |
| 단위당 공헌이익(원/개) | Unit CM | ₩4,500 | ₩7,500 |
| 고정원가(원) | FC | ₩10,000,000 | ₩25,000,000 |

| 공헌이익계산서 | | | | |
|---|---|---|---|---|
| | | 스텐머그컵 | 유리머그컵 | 합계 |
| 매출액 | Q×P | ₩75,000,000 | ₩75,000,000 | ₩150,000,000 |
| 변동원가 | V×Q | ₩52,500,000 | ₩37,500,000 | ₩90,000,000 |
| 공헌이익 | Unit CM×Q | ₩22,500,000 | ₩37,500,000 | ₩60,000,000 |
| 고정원가 | FC | ₩10,000,000 | ₩25,000,000 | ₩35,000,000 |
| 영업이익 | | ₩12,500,000 | ₩12,500,000 | ₩25,000,000 |

스텐머그컵과 유리머그컵의 판매량을 각각 10,000개로 2배 증가하였을 때 스텐머그컵의 영업이익은 3,500만원이고 유리머그컵의 영업이익은 5,000만원으로 유리머그컵의 영업이익이 더 높다. (주)QNQ는 제품 한 단위를 판매하였을 때 단위당 공헌이익이 더 높은 유리머그컵의 생산을 확대하여 판매하는 의사결정을 해야 한다.

| 공헌이익계산서 | | | | |
|---|---|---|---|---|
| | | 스텐머그컵<br>(Q=10,000) | 유리머그컵<br>(Q=10,000) | 합계<br>(Q=20,000) |
| 매출액 | Q×P | ₩150,000,000 | ₩150,000,000 | ₩300,000,000 |
| 변동원가 | V×Q | ₩105,000,000 | ₩75,000,000 | ₩180,000,000 |
| 공헌이익 | Unit CM×Q | ₩45,000,000 | ₩75,000,000 | ₩120,000,000 |
| 고정원가 | FC | ₩10,000,000 | ₩25,000,000 | ₩35,000,000 |
| 영업이익 | | ₩35,000,000 | ₩50,000,000 | ₩85,000,000 |

(주)QNQ의 스텐머그컵 판매량이 1,500개로 급격하게 감소하였을 때 스텐머그컵의 생산을 중지해야 할지 검토해 보자. 스텐머그컵 1,500개를 생산하여 판매하면 325만원의 영업손실이 발생한다. 그러나 스텐머그컵 생산을 중지하면 오히려 영업손실이 1,000만원으로 더 크게 발생한다. 이는 스텐머그컵의 고정원가 1,000만원은 판매량과 상관없이 발생하기 때문에 스텐머그컵 판매량이 0일지라도 영업손실 1,000만원이 된다. 따라서 (주)QNQ는 스텐머그컵의 생산을 계속하는 의사결정을 해야 한다.

| | | 스텐머그컵 생산<br>(Q=1,500) | 스텐머그컵 생산중지<br>(Q=0) |
|---|---|---|---|
| 매출액 | Q×P | ₩22,500,000 | – |
| 변동원가 | V×Q | ₩15,750,000 | – |
| 공헌이익 | Unit CM×Q | ₩6,750,000 | – |
| 고정원가 | FC | ₩10,000,000 | ₩10,000,000 |
| 영업이익 | | (₩3,250,000) | (₩10,000,000) |

## 2.7 CVP 분석의 가정 및 유용성

### (1) 기본가정 및 한계점

CVP 분석은 매출, 원가, 이익 간의 관계를 분석하기 때문에 여러 가지 경영관리 측면에서 유용하다. 그러나 기본적으로 선형의 가정을 비롯하여 다음과 같은 가정하에서 이루어지기 때문에 현실적인 적용에 있어서 한계점을 갖는다.

첫째, 제품의 생산량과 판매량은 동일하여 기초재고나 기말재고는 없거나 동일하다고 가정한다. 일반적으로 기업에서는 재고가 존재하여 생산량과 판매량이 동일하지 않다.

둘째, 원가에 영향을 미치는 요인은 단지 조업도뿐이라고 가정한다. 즉, 조업도에 영향을 미치는 기술의 변화, 생산성, 작업능률 등 다양한 요인들이 있으나 조업도에 영향을 미치는 다른 요인들은 모두 일정하다고 가정한다.

셋째, 모든 원가는 고정원가와 변동원가로 구분됨을 가정한다. 고정원가는 생산량이나 판매량에 관계없이 일정함을 가정하고, 단위당 변동원가 또한 일정함을 가정한다. 그러나 모든 원가를 고정원가와 변동원가로 분해하기가 현실적으로 어렵다. 일부 고정원가 중에는 변동원가 성격을 갖는 원가도 있고, 변동원가 또한 고정원가의 성격을 내포한 경우도 있다. 이처럼 엄격하게 원가를 고정원가와 변동원가로 분해하는 것이 실무적으로 가능하지 않다.

넷째, 단일 제품을 판매하며 단위당 판매가격은 일정하다고 가정한다. 제품의 종류가 많아지면 정확성이 감소할 뿐 아니라 제품별로 원가 산출이 어려우며 공통원가(간접원가)의 경우 제품별 배부의 문제가 발생한다. 여러 가지 다품종 제품을 생산하여 판매하는 경우 제품별 원가배분 등으로 인해 정확한 수익성을 파악하기가 쉽지 않다. 또한 대량 매출의 경우 판매가격의 할인효과가 존재할 수 있으며, 일반적으로 제품의 판매가격은 판매량이 늘어날수록 감소하게 되어 매출, 원가, 이익 간의 비선형 관계를 나타내게 된다.

다섯째, 분석기간은 단기간이며 화폐의 시간적 가치를 고려하지 않는다. 시간이 경과함에 따라 판매가격이나 원가가 상승하게 된다. 또한 대량생산이나 생산량이 증가할수록 학습효과 등에 의해 원가가 선형으로 증감하지 않는다. 예를 들어, 일정수준을 초과하게 되면 시설투자 등에 의해 오히려 원가가 증가할 수 있어 장기적인 계획에 적합하지 않을 수 있다.

### (2) 유용성

CVP 분석은 한계점이 있음에도 불구하고 기업의 수익, 원가, 이익 간의 관계를 파악하는 데 매우 유용하다. 예를 들어, 매출이 감소하여 매출 대비 원가의 균형점이 깨졌다면 고정원가나 변동원가를 감소시켜 손익분기점을 감소시켜 또 다른 균형을 찾으려는 정책을 수립하여 효율적인 경영활동을 수행하게 된다. 이뿐 아니라 CVP 분석은 다음과 같은 질문에 답을 하는 유용한 경영도구이다.

첫째, 손익분기점에 도달하기 위한 매출수준은 얼마인가?

둘째, 목표이익에 도달하기 위해 필요한 매출수준은 얼마인가?

셋째, 판매량, 판매가격, 고정원가, 변동원가의 변화가 어떻게 이익의 변화에 영향을 미치는가?

넷째, 일정 판매량하에서 얼마만큼의 이익을 창출할 수 있는가?

다섯째, 다품종의 제품의 경우 어느 제품이 이익 창출에 가장 높은 기여를 하는가?

CVP 분석은 단기적인 의사결정이나 이익계획에 유용하며, CVP 분석 중 하나인 손익분기점 분석은 안정적인 경영활동을 유지하기 위해서 매출 대비 원가가 일치하는 균형점을 찾는 보편적인 방안으로 활용된다.

## 제 3 절 민감도 분석

CVP 분석은 변동원가와 고정원가로 구성된 원가구조와 가격조건에 의해서 분석되는 것이므로, 이들 요소 중 하나라도 변화가 있으면 손익분기점이나 이익에 영향을 미치게 된다. 예를 들어, 판매가격을 10% 인상하면 손익분기점과 이익에 얼마만큼의 변화를 야기하는지 살펴볼 필요가 있다. 판매가격을 10% 인상하여 오히려 이익이 감소한다면 경영자는 판매가격 인상이라는 전략을 취하지 않을 것이다. 민감도 분석(sensitivity analysis)은 역으로 이익을 변화시키기 위하여 어떤 요소를 변화시키면 되는지를 살펴볼 수가 있다. 즉, 판매량, 판매가격, 변동원가, 고정원가의 변동이 이익의 변동을 얼마만큼 가져오는지를 분석한다.

민감도 분석을 위해 단위당 판매가격은 ₩1,000, 단위당 변동원가는 ₩700이고 고정원가는 ₩300,000 발생한다고 가정하고 분석을 수행한다.

## 3.1 판매량의 변동

판매량의 변동은 영업이익의 증감을 발생시킨다. 만약 제품의 판매로 인하여 이미 고정원가를 모두 회수한 경우라면, 제품 1단위를 추가로 판매할 때마다 단위당 공헌이익만큼의 이익이 증가할 것이나, 매출이 1단위 감소할 경우 영업이익은 단위당 공헌이익만큼 감소하게 된다.

영업이익 변동액＝판매량 변동분×단위당 공헌이익
＝매출액 변동액×공헌이익률

특정 판매량일 때 영업이익의 변동은 다음과 같이 계산할 수 있다.

영업이익＝판매량×(단위당 판매가격－단위당 변동원가)－고정원가
＝판매량×(단위당 공헌이익)－고정원가
영업이익＝매출액×공헌이익률－고정원가

다음의 〈표 8-1〉은 판매량이 10% 증가한 경우와 감소한 경우의 매출액, 변동원가, 고정원가, 공헌이익, 이익의 변동을 분석한 것이다. 판매량이 10% 증가한 경우 매출액과 변동원가, 공헌이익은 모두 10% 동일하게 증가하였으나 영업이익은 30% 증가함을 알 수 있다. 이는 판매량 증가에 따라 고정원가가 비례적으로 증가하지 않고 판매량의 변화와 상관없이 일정하게 ₩300,000이 지출되기 때문에 이익의 변동이 크게 나타나게 된다. 또한 판매량이 10% 감소한 경우에도 매출액, 변동원가, 공헌이익은 모두 10%씩 비례적으로 감소하나 이익은 30%로 크게 감소하였다. 이 또한 판매량이 감소할지라도 고정원가는 판매량과 상관없이 일률적으로 발생하기 때문에 고정원가가 감소하지 않아 이익의 감소폭이 크게 나타나게 된다.

〈표 8-1〉 판매량의 변동과 CVP

| | 감 소 | 현 재 | 증 가 | 변동분 |
|---|---|---|---|---|
| 판매량 | 1,350<br>(−10%) | 1,500 | 1,650<br>(+10%) | ±150 |
| 매출액 | ₩1,350,000<br>(−10%) | ₩1,500,000 | ₩1,650,000<br>(+10%) | ±₩150,000 |
| (−)변동원가 | ₩945,000<br>(−10%) | ₩1,050,000 | ₩1,155,000<br>(+10%) | ±₩105,000 |
| 공헌이익 | ₩405,000<br>(−10%) | ₩450,000 | ₩495,000<br>(+10%) | ±₩45,000 |
| (−)고정원가 | ₩300,000 | ₩300,000 | ₩300,000 | 0 |
| 영업이익 | ₩105,000<br>(−30%) | ₩150,000 | ₩195,000<br>(+30%) | ±₩45,000 |

아래의 수식을 이용하여 계산한 값도 〈표 8-1〉과 동일함을 알 수 있다.

10% 판매량 증가 (1,650×₩300)−₩300,000=₩195,000

10% 판매량 감소 (1,350×₩300)−₩300,000=₩105,000

## 3.2 판매가격의 변동

판매가격의 변동은 손익분기점의 변화뿐만 아니라 공헌이익과 영업이익의 변동을 가져온다. 예를 들어, 다른 조건이 일정하다고 가정할 때 판매가격을 10% 인상하면 공헌이익률도 증가하게 되고 손익분기점은 감소하게 된다. 이는 궁극적으로 영업이익의 변동을 초래하게 된다.

다음의 〈표 8-2〉는 판매가격이 ₩1,000에서 10% 상승한 ₩1,100과 10% 감소한 ₩900인 경우에 매출액, 변동원가, 공헌이익, 영업이익의 변화를 나타낸 것이다. 판매가격이 10% 인상되면 매출액이 10% 증가하나 판매량에 변화가 없기 때문에 변동원가는 동일하다. 단위당 변동원가가 ₩700으로 일정하기 때문에 상대적으로 공헌이익률이 10%보다 크게 약 33.33% 높아짐을 알 수 있다. 그러나 고정원가 또한 판매가격과 상관없이 일정하게 발생하기 때문에 영업이익이 100% 증가하여 ₩300,000이 된다. 이처럼 판매가격이 변화하면 판매량에 영향을 미치지 않는다고 가정할지라도 매출액뿐만 아니라 공헌이익과 영업이익에 크게 영향을 미치게 된다.

〈표 8-2〉 판매가격 변동과 CVP

| | 감 소 | 현 재 | 증 가 | 변동분 |
|---|---|---|---|---|
| 판매량 | 1,500 | 1,500 | 1,500 | 0 |
| 매출액 | ₩1,350,000<br>(−10%) | ₩1,500,000 | ₩1,650,000<br>(+10%) | ±₩150,000 |
| (−)변동원가 | ₩1,050,000 | ₩1,050,000 | ₩1,050,000 | 0 |
| 공헌이익 | ₩300,000<br>(−33.33%) | ₩450,000 | ₩600,000<br>(+33.33%) | ±₩150,000 |
| (−)고정원가 | ₩300,000 | ₩300,000 | ₩300,000 | 0 |
| 영업이익 | 0<br>(−100%) | ₩150,000 | ₩300,000<br>(+100%) | ±₩150,000 |

즉, 영업이익의 변동분은 단위당 공헌이익의 변동을 가져오고, 이것이 영업이익의 변동을 초래하게 되어, 영업이익의 변동액은 판매량에 공헌이익의 변동분을 곱한 값과 동일하게 된다. 수식을 통해 구한 영업이익 변동분은 〈표 8-2〉와 같다.

영업이익 변동액＝판매량×공헌이익 변동분

영업이익 변동액＝1,500×(±₩100)＝±₩150,000

다음은 판매가격이 10% 인상되거나 인하될 때 손익분기점의 변동사항을 계산한 것이다.

오금(주)의 경우 판매가격이 10% 인상되면 단위당 공헌이익이 ₩100만큼 증가하여 손익분기점이 1,000개에서 750개로 25% 감소한다. 그러나 10% 인하하면 공헌이익도 ₩100만큼 감소하여 손익분기점이 1,500개로 50% 증가한다. 동일한 비율로 판매가격을 인상 또는 인하할지라도 인하하는 경우에 손익분기점 증가가 더 높아 기업 재무상황에 미치는 영향이 더 큼을 알 수 있다.

| | |
|---|---|
| 10% 판매가격 증가 | ₩300,000 / (₩1,100 − ₩700) = 750(−25%) |
| 현재 | ₩300,000 / (₩1,000 − ₩700) = 1,000 |
| 10% 판매가격 감소 | ₩300,000 / (₩900 − ₩700) = 1,500(50%) |

## 3.3 변동원가의 변동

변동원가의 변동은 공헌이익과 영업이익의 변동을 초래한다. 즉, 변동원가가 감소하거나 증가하면 공헌이익은 반대로 증가하거나 감소하게 된다. 이는 궁극적으로 영업이익뿐만 아니라 손익분기점에도 영향을 미치게 된다.

〈표 8-3〉은 단위당 변동원가가 ₩700에서 10% 증가하여 ₩770이 되고, 10% 감소하여 ₩630이 된 경우의 민감도 분석을 수행한 것이다. 변동원가 이외의 다른 조건이 일정하기 때문에 판매량과 판매가격에는 변화가 없으나 변동원가의 10% 증감을 나타내는 변동분 ±₩105,000과 공헌이익, 영업이익의 변동분은 금액적으로 모두 동일함을 알 수 있다. 그러나 비율의 관점에서 볼 때 변동원가의 변화비율은 ±10%이나 공헌이익의 변화율은 ±23.33%이고, 영업이익의 변화율은 ±70%로 가장 크게 나타났다. 기업에서 의사결정을 할 때 금액적인 측면은 동일하지만 단위당 변동원가를 감소시키는 경우 공헌이익률이 높아져 영업이익에 미치는 효과가 매우 크게 된다는 사실을 인지할 필요가 있다.

〈표 8-3〉 변동원가 변동과 CVP

| | 감 소 | 현 재 | 증 가 | 변동분 |
|---|---|---|---|---|
| 판매량 | 1,500 | 1,500 | 1,500 | 0 |
| 매출액 | ₩1,500,000 | ₩1,500,000 | ₩1,500,000 | 0 |
| (−)변동원가 | ₩945,000<br>(−10%) | ₩1,050,000 | ₩1,155,000<br>(+10%) | ±₩105,000 |
| 공헌이익 | ₩555,000<br>(+23.33%) | ₩450,000 | ₩345,000<br>(−23.33%) | ±₩105,000 |
| (−)고정원가 | ₩300,000 | ₩300,000 | ₩300,000 | 0 |
| 영업이익 | ₩255,000<br>(70%) | ₩150,000 | ₩45,000<br>(−70%) | ±₩105,000 |

결과적으로 영업이익의 변동액은 판매량에 변동원가의 변동분을 곱한 금액과 같게 된다.

| 영업이익 변동액＝판매량×변동원가 변동분 |
|---|

영업이익 변동액＝1,500×(±₩70)＝±₩105,000

한편 변동원가의 변화는 공헌이익의 변화를 초래하기 때문에 손익분기점에 영향을 미치게 된다.

다음은 단위당 변동원가가 ₩700에서 10% 증가하여 ₩770인 경우 손익분기점은 1,304개로 30.4% 증가하였다. 반면에 단위당 변동원가가 10% 감소하여 ₩630이었을 때에는 손익분기점이 811개로 18.9% 감소한다. 즉, 단위당 변동원가가 증가하면 공헌이익이 낮아져 손익분기점이 높아지고, 반대로 단위당 변동원가가 감소하면 공헌이익이 높아져 손익분기점이 낮아진다.

| | |
|---|---|
| 10% 변동원가 증가 | ₩300,000 / (₩1,000－₩770)＝1,304(＋30.4%) |
| 현재 | ₩300,000 / (₩1,000－₩700)＝1,000 |
| 10% 변동원가 감소 | ₩300,000 / (₩1,000－₩630)＝811(－18.9%) |

## 3.4 고정원가의 변동

기업에서 고정원가의 변동은 직접적으로 영업이익의 변동을 초래한다. 고정원가는 판매량이나 매출액과 상관없이 일정하게 발생하기 때문에 공헌이익에 영향을 미치지는 않는다. 그러나 고정원가는 손익분기점에 영향을 미치는 주요 요소이기 때문에 고정원가가 변화하면 손익분기점은 변화하게 된다.

〈표 8-4〉는 고정원가가 ₩300,000에서 10% 증가하여 ₩330,000으로 변화하면 동일한 금액만큼 영업이익도 ₩30,000만큼 감소한다. 또한 ₩270,000으로 10% 감소한 경우에도 영업이익은 ₩30,000만큼 증가하여 ₩180,000이다.

〈표 8-4〉 고정원가 변동과 CVP

| | 감 소 | 현 재 | 증 가 | 변동분 |
|---|---|---|---|---|
| 판매량 | 1,500 | 1,500 | 1,500 | 0 |
| 매출액 | ₩1,500,000 | ₩1,500,000 | ₩1,500,000 | 0 |
| (−)변동원가 | ₩1,050,000 | ₩1,050,000 | ₩1,050,000 | 0 |
| 공헌이익 | ₩450,000 | ₩450,000 | ₩450,000 | 0 |
| (−)고정원가 | ₩270,000 | ₩300,000 | ₩330,000 | 0 |
| 영업이익 | ₩180,000<br>(20%) | ₩150,000 | ₩120,000<br>(20%) | ±₩30,000 |

즉, 고정원가의 변동은 다른 어떤 요소에도 영향을 미치지 않고 직접적으로 영업이익의 변동액에 영향을 주기 때문에 고정원가의 변동액과 영업이익의 변동액이 같게 된다.

영업이익 변동액＝고정원가 변동액
＝±₩30,000

다음은 고정원가의 변화가 손익분기점에 미치는 영향을 분석한 것이다. 고정원가가 10% 증가하면 손익분기점이 10% 증가하여 1,100개가 되고, 고정원가가 10% 감소하면 손익분기점이 10% 감소하여 900개가 된다. 즉, 고정원가가 증감하는 경우 손익분기점의 증감비율은 고정원가의 증감비율과 동일하게 변동한다.

| | |
|---|---|
| 10% 고정원가 증가 | ₩330,000 / (₩1,000－₩700)＝1,100(＋10%) |
| 현재 | ₩300,000 / (₩1,000－₩700)＝1,000 |
| 10% 고정원가 감소 | ₩270,000 / (₩1,000－₩700)＝900(－10%) |

CVP 분석의 기본요소인 가격, 변동원가, 고정원가의 변화가 공헌이익, 손익분기점, 영업이익 간의 관계를 요약하여 정리하면 〈표 8-5〉와 같다.

〈표 8-5〉 가격, 변동원가, 고정원가의 변동과 공헌이익, BEP, 영업이익 간의 관계

| | | 공헌이익 | 영업이익 | 손익분기점 |
|---|---|---|---|---|
| 판매가격 | 증가(+) | 증가(+) | 증가(+) | 감소(−) |
| | 감소(−) | 감소(−) | 감소(−) | 증가(+) |
| 단위당 변동원가 | 증가(+) | 감소(−) | 감소(−) | 증가(+) |
| | 감소(−) | 증가(+) | 증가(+) | 감소(+) |
| 고정원가 | 증가(+) | 변화 없음 | 감소(−) | 증가(+) |
| | 감소(−) | 변화 없음 | 증가(+) | 감소(−) |

〈표 8-5〉에서 보는 것처럼, 판매가격이 상승하면 공헌이익, 영업이익은 증가하고 손익분기점은 감소한다. 반대로 판매가격이 하락하면 공헌이익과 영업이익은 감소하고, 손익분기점은 증가한다. 단위당 변동원가가 상승하면 공헌이익, 영업이익은 감소하고 손익분기점은 증가하나, 단위당 변동원가가 감소하면 공헌이익, 영업이익은 증가하고 손익분기점은 감소한다. 마지막으로 고정원가가 증가하면 공헌이익에 영향을 미치지 않지만 영업이익이 감소하고 손익분기점이 증가한다. 고정원가가 감소하면 영업이익은 증가하고 손익분기점은 감소한다.

**종합예제**

다음은 JH기업의 수제버거 10,000단위를 생산 및 판매와 관련한 재무자료이다.

| 단위당 판매가격 ₩5,000 단위당 변동원가 ₩3,000 고정원가 ₩15,000,000 |
|---|

(1) 단위당 공헌이익을 구하시오.

단위당 공헌이익은 판매가격에서 단위당 변동원가를 차감하여 다음과 같이 계산한다.

단위당 공헌이익＝단위당 판매가격－단위당 변동원가
＝₩5,000－₩3,000
＝₩2,000

(2) 공헌이익률과 변동비율을 구하시오.

공헌이익률＝단위당 공헌이익 / 단위당 판매가격
＝₩2,000 / ₩5,000
＝0.4

변동비율＝단위당 변동원가 / 단위당 판매가격
＝₩3,000 / ₩5,000
＝0.6

(3) 손익분기점 판매량과 매출액은 얼마인가?

손익분기점 판매량은 고정원가를 단위당 공헌이익으로 나눈 값으로 다음과 같이 계산한다.

손익분기점＝고정원가 / 단위당 공헌이익
＝₩15,000,000 / ₩2,000
＝7,500단위

손익분기점 매출액＝고정원가 / 공헌이익률
＝₩15,000,000 / 0.4
＝₩37,500,000

(4) 10,000단위를 모두 판매하였을 때 공헌이익계산서를 작성하시오.

10,000단위를 모두 판매하였을 때 공헌이익계산서는 다음과 같다.

공헌이익계산서

| | | |
|---|---|---|
| 매출액 | ₩5,000×10,000 | ₩50,000,000 |
| 변동원가 | ₩3,000×10,000 | 30,000,000 |
| 공헌이익 | ₩2,000×10,000 | ₩20,000,000 |
| 고정원가 | | 15,000,000 |
| 영업이익 | | ₩5,000,000 |

(5) 10,000단위를 모두 판매하였을 때 안전여유와 안전여유율을 구하시오.

안전여유는 손익분기점을 초과하는 매출액과 판매량이다.

안전여유＝실제 판매량－손익분기점 판매량
＝10,000－7,500
＝2,500단위

안전여유 매출액＝실제 매출액－손익분기점 매출액
＝₩50,000,000－₩37,500,000
＝₩12,500,000

안전여유율＝안전여유 매출액 / 실제 매출액

＝₩12,500,000 / ₩50,000,000

＝0.25

(6) 목표이익 ₩2,250,000을 달성하기 위한 판매량과 매출액은 얼마인가?

목표이익 ₩2,250,000을 달성하기 위한 매출액과 판매수량은 다음과 같다.

목표판매량＝(고정원가＋목표이익) / 단위당 공헌이익

＝(₩15,000,000＋₩250,000) / ₩2,000

＝8,625단위

목표매출액＝(고정원가＋목표이익) / 공헌이익률

＝(₩15,000,000＋₩2,250,000) / 0.4

＝₩43,125,000

(7) 법인세율이 25%일 때 목표이익 ₩2,250,000을 달성하기 위한 판매량과 매출액은 얼마인가?

세후 목표이익 ₩2,250,000을 달성하기 위해서는 법인세율 25%를 고려하여 세전이익으로 환산해야 한다.

세전이익＝세후이익 / (1－세율)

＝₩2,250,000 / (1－0.25)

＝₩3,000,000

목표판매량＝(고정원가＋세전이익) / 단위당 공헌이익

＝(₩15,000,000＋₩3,000,000) / ₩2,000

＝9,000단위

목표매출액＝(고정원가＋목표이익) / 공헌이익률

＝(₩15,000,000＋₩3,000,000) / 0.4

＝₩45,000,000

(8) 판매량이 2,500단위 증가하면 영업이익 증가액은 얼마인가?

판매량이 2,500단위 증가하면 추가로 한 단위 판매가 증가할 때마다 영업이익 증가분은 단위당 공헌이익만큼 증가한다.

영업이익 변동분(증가)=판매량 변동분×단위당 공헌이익
=2,500×₩2,000
=₩5,000,000

(9) 판매가격이 20% 인상되는 경우 손익분기점은 얼마인가?
판매가격이 20% 인상되면 단위당 판매가격은 ₩6,000이며, 단위당 공헌이익은 ₩3,000으로 증가한다.

손익분기점=고정원가 / 단위당 공헌이익
=₩15,000,000 / ₩3,000
=5,000단위

손익분기점 매출액=손익분기점×단위당 판매가격
=5,000×₩6,000
=₩30,000,000

(10) 단위당 변동원가가 30% 증가할 때 공헌이익과 영업이익은 얼마인가?
단위당 변동원가가 30% 증가하면 단위당 변동원가는 ₩3,900이고, 단위당 공헌이익은 ₩1,100으로 감소하여 공헌이익과 영업이익은 다음과 같이 계산한다.

공헌이익=판매량×단위당 공헌이익
=10,000×₩1,100
=₩11,000,000

영업이익=공헌이익−고정원가
=₩11,000,000−₩15,000,000
=−₩4,000,000

즉, 변동원가가 30% 증가하면 영업손실이 ₩4,000,000 발생한다.

(11) 고정원가가 ₩5,000,000 증가하는 경우의 손익분기점은 얼마인가?
고정원가가 ₩5,000,000 증가하면 고정원가 총액은 ₩20,000,000으로 손익분기점은 다음과 같이 계산된다.

손익분기점=(고정원가) / 단위당 공헌이익
=₩20,000,000 / ₩2,000
=10,000단위

손익분기점 매출액 = 손익분기점 × 단위당 판매가격
= 10,000 × ₩5,000
= ₩50,000,000

## 제 4 절 CVP 분석 체크 리스트

CVP 분석은 원가, 조업도, 이익 간의 관계를 나타내는 것으로 수익성을 분석하는 대표적인 분석도구이다. CVP 분석시 필수적으로 체크할 사항은 과연 몇 개를 생산하여 판매해야 손익분기점에 도달하는지, 손익분기점을 달성하는 데 소요되는 기간은 얼마인지 등을 파악해야 한다.

CVP 분석을 하기 위해서는 원가항목이 변동원가와 고정원가로 구분되었는지를 확인한다. 원가를 고정원가와 변동원가로 명확히 구분하는 것이 어렵지만 다음과 같이 간단한 방법을 이용하여 구분할 수 있다. 예를 들어, 회귀식을 이용하거나 매출이 최고점일 때 원가와 매출이 최저점이었을 때 원가를 가지고 분석하는 고저점법, 전년도 매출 대비 원가의 비율 등을 추정하여 고정원가와 변동원가로 분류할 수 있다.

산업 경기나 동향으로 판매가격, 고정원가, 변동원가, 판매량 등의 변화가 있을 것인지를 파악해야 한다. 이에 따라 손익분기점이나 공헌이익뿐만 아니라 이익에 미치는 영향이 크기 때문이다. 현재 시점에서 손익분기점에 도달하였는지 아니면 손익분기점에 달성하는 데 필요한 시간이 어느 정도를 파악해야 앞으로 벌어들일 이익의 크기를 예측할 수 있다. 이미 손익분기점에 달성하여 충분히 이익을 창출하고 있는 상황이라면 향후 미래의 성과를 위해 투자를 수행할 수 있을 것이다. 또한 손익분기점을 달성하였으면 충분히 고정원가를 커버 하고 있는 상황이기 때문에 경쟁사의 가격변화에 대해 여유를 가지고 대처할 수 있을 것이다. 그러나 손익분기점에 도달하지 않은 상황에서 과감히 투자를 하면 막대한 손실이 발생할 위험가능성이 높을 수 있을 것이다. 기업의 수익성을 개선하기 위해 생산라인이나 제품종류의 구조조정을 한다면 가장 높은 공헌이익을 창출하는 제품이 무엇인지를 파악하여 공헌이익이 낮은 제품을 감축할 수 있을 것이다.

이처럼 수익성 분석을 위해 CVP를 이용할 경우 원가, 판매량, 이익에 영향을 미칠 수 있는 예측 가능한 항목들을 모두 파악하여 보다 정확한 수익성을 판단할 수 있도록 해야 한다.

다음은 수익성 분석을 위한 CVP 항목 중 주요 체크 사항을 열거한 것이다.

〈CVP 항목 체크 리스트 예시〉

- 모든 원가가 고정원가와 변동원가로 구분되었는가?
- 단위당 판매가격은 얼마인가?
- 단위당 변동원가는 얼마인가?
- 공헌이익은 얼마인가?
- 고정원가는 얼마인가?
- 손익분기점 판매수량은 얼마인가?
- 손익분기점 매출액은 얼마인가?
- 손익분기점에 도달하기 위해 소요되는 기간은 얼마인가?
- 현재 손익분기점에 도달했는가?
- 판매가격이 인상될 가능성이 높은가?
- 판매가격이 인하될 가능성이 높은가?
- 단위당 변동원가가 인상될 가능성이 높은가?
- 단위당 변동원가가 인하될 가능성이 높은가?
- 고정원가가 인상될 가능성이 높은가?
- 고정원가가 인하될 가능성이 높은가?
- 판매량이 증가할 가능성이 높은가?
- 판매량이 감소할 가능성이 높은가?
- 목표이익은 얼마로 책정되어 있는가?
- 안전여유는 얼마인가?
- 단위당 공헌이익이 가장 높은 제품은 무엇인가?

**기초 다지기 1**

1. (　　　)은 매출액에서 변동원가를 차감한 값으로 매출액에서 매출액에 따라 비례적으로 발생하는 변동원가를 초과하는 부분이다.
2. (　　　)은 수익인 총매출액과 총원가가 동일하여 이익이 0이 되는 지점이다.
3. (　　　)란 손익분기점을 초과하는 매출수준을 의미하며 매출수준이 높을수록 안전성이 높다고 평가된다.
4. 손익분기점을 초과하면 제품 1단위를 판매할 때마다 (　　　)만큼 이익이 증가한다.
5. 다른 모든 조건이 일정하다고 가정할 때 단위당 판매가격을 올리면 손익분기점은 (　　　)하고 영업이익은 (　　　)한다.

**기초 다지기 2**

6. 공헌이익은 고정원가를 보상하고 이익을 창출하는 데 얼마만큼 공헌하는지를 나타내는 금액이다. (○, ×)
7. 세금은 변동원가나 고정원가가 아니나 손익분기점을 계산할 때 세후이익으로 환산하여 고려해야 한다. (○, ×)
8. 손익분기점을 돌파한 후 발생하는 매출은 모두 이익으로 반영된다. (○, ×)
9. 다른 모든 조건이 동일할 때, 고정원가가 감소하면 공헌이익은 증가한다. (○, ×)
10. 기업에서는 재고가 존재하여 생산량과 판매량이 동일하지 않기 때문에 어떠한 상황이라도 CVP 분석을 할 수 없다. (○, ×)

**기초 다지기 3**

11. (주)금오는 책상의자를 제조하여 판매하는 회사이다. 의자의 단위당 판매가격은 350,000원이고 공헌이익률은 60%이다. 총고정원가가 15,000,000원일 때, 판매량이 81개라면 (주)금오의 영업이익은 얼마인가?

    ① 2,010,000원　　② 3,660,000원
    ③ 15,000,000원　　④ 17,000,000원

12. 다음 중 손익분기점에 대한 설명으로 옳지 않은 것은?

    ① 공헌이익과 변동원가가 같아 공헌이익을 가지고 변동원가를 회수할 수 있는 매출액이다.
    ② 총수익과 총원가가 동일한 매출액과 판매량을 나타낸다.

③ 이익도 손실도 발생하지 않은 매출 수준이다.
④ 기업이 신규투자를 수행하거나 신제품을 개발할 때 손실을 회피하기 위해 달성해야 할 최소의 매출액 수준을 나타낸다.

[13～15]. (주)멋쟁이는 스카프를 제조 판매한다. 스카프의 단위당 판매가격은 40,000원이고 단위당 변동원가는 15,000원, 총고정원가는 2,000,000원이다.

**13.** 스카프의 손익분기점 판매량은 얼마인가?

| | |
|---|---|
| ① 50,000개 | ② 60,000개 |
| ③ 70,000개 | ④ 80,000개 |

**14.** 스카프를 100,000개 판매하였을 때 영업이익은 얼마인가?

| | |
|---|---|
| ① 500,000원 | ② 600,000원 |
| ③ 70,000원 | ④ 800,000원 |

**15.** (주)멋쟁이의 스카프 가격, 판매량, 원가 변화에 대한 설명 중 옳은 것은?
① 판매량이 20% 감소하면 영업이익이 20% 감소한다.
② 단위당 판매가격이 20% 증가하면 공헌이익이 40% 증가한다.
③ 변동원가가 10% 증가하면 공헌이익과 영업이익은 더 큰 폭으로 감소한다.
④ 고정원가가 20% 감소하면 단위당 판매가격이 10% 증가했을 때와 같은 영업이익 증가율을 보인다.

[16～17]. (주)빛나는 목걸이를 제조하여 판매하는 회사이다. 목걸이의 단위당 판매가격은 400,000원이고 단위당 변동원가는 200,000원, 고정원가는 8,000,000원이다.

**16.** 법인세율이 30%라고 가정할 때, 납세후 목표이익 4,200,000원을 달성하기 위해 (주)빛나는 몇 개의 목걸이를 판매해야 하는가?

| | |
|---|---|
| ① 20개 | ② 40개 |
| ③ 60개 | ④ 70개 |

**17.** (주)빛나의 올해 예상매출액은 20,000,000원이다. (주)빛나의 안전여유율은 몇 %인가?

| | |
|---|---|
| ① 10% | ② 15% |
| ③ 20% | ④ 25% |

**정답**

**1.** 공헌이익 **2.** 손익분기점 **3.** 안전여유 **4.** 단위당 공헌이익 **5.** 감소, 증가 **6.** ○
**7.** ○ **8.** × **9.** × **10.** × **11.** ① **12.** ① **13.** ④ **14.** ① **15.** ④ **16.** ④ **17.** ③

### 사례조사 및 함께 생각해 보기

1. 우리 주변에서 손익분기점을 적용할 수 있는 사례를 조사해서 발표해 봅시다.
2. CVP 분석을 토대로 치킨전문점을 창업한다고 가정할 때 가장 중요하게 점검할 사항에 대해 조사해 봅시다.
3. CVP 분석의 활용방안에 대해 사례를 조사해서 발표해 봅시다.
4. 관심 있는 영화 두 편을 선정하여 각각 손익분기점과 최종이익을 도출하여 비교하고 그 의미를 설명해 봅시다.

CHAPTER

# 9

# 표준원가계산과 차이분석

제9장에서는 표준원가의 개념을 설명하고 표준원가계산제도가 무엇인지 살펴본다. 표준원가계산제도를 이용하여 원가를 계산하는 절차를 학습한다. 그리고 표준원가와 실제로 발생한 원가를 비교하여 차이분석이 무엇인지를 설명한다.


제 1 절　표준원가

제 2 절　표준원가계산

제 3 절　표준원가계산 절차

제 4 절　차이분석

# 제 1 절 표준원가

재화나 용역의 원가에 대한 표준은 우리 일상생활뿐 아니라 기업에서 요구하는 사항이다. 예를 들어, 제조기업의 경우 제품의 제조원가를 결정하는 재료원가, 노무원가, 제조간접원가의 표준이 설정되어야 제품 한 단위를 만들 때 최소 필요한 원가를 사전적으로 파악할 수 있다. 표준원가가 설정되어야 원가를 통제하면서 전체적으로 제품의 품질 등을 향상시키기 위해 노력한다. 표준원가는 단순히 제품의 원가를 계산할 뿐 아니라 기업 전체의 목표를 달성하기 위한 통제수단으로 활용되며 궁극적으로 조직 전체의 성과평가에 영향을 미치게 된다.

## 1.1 표준원가

표준이란 기업의 기준이나 규범으로 성과평가의 기준치가 된다. 표준원가계산에서 사용되는 표준원가(standard cost)의 개념은 공학적 분석에 의해 설정된 합리적인 원가를 의미하며, 특정 재화나 서비스의 품질과 규격을 유지하면서 발생할 것으로 예상되는 원가를 표준원가라 한다. 즉, 표준원가는 정상원가계산에서 제조간접원가를 예정배부율에 의해 사전에 배부하는 것과 같이 단위당 예정원가이며 기업의 성과를 평가하는 측정치로 사용한다. 예를 들어, 국화빵 1개를 만드는 데 노동시간이 얼마나 소요되는 것이 합리적이며 시간당 노무원가를 얼마로 책정하는 것이 합리적인가? 국화빵 1개를 만드는 데 생팥이 몇 kg 필요하며, 생팥을 kg단위당 얼마에 구매하는 것이 합리적인지를 평가하여 산출하는 것이다.

일반적으로 표준과 예산은 예정원가로 경영계획과 통제에 사용된다. 표준과 예산의 차이는 표준은 단위당 개념이며 예산은 총액의 개념이다. 즉, 제품단위당 직접노무원가의 표준이 3,000원이고, 기업이 1,000단위의 제품을 생산한다면 직접노무원가 예산은 3,000,000원이나 직접노무원가의 표준원가는 단위당 3,000원이 된다. 즉, 표준은 제품단위당 예산원가이기 때문에 기업 전체의 예산을 구성하는 각각의 원가요소와 관련이 있다.

## 1.2 표준원가계산

원가의 측정방법에 따라 실제원가계산, 정상원가계산, 표준원가계산으로 구분된다. 실제원가계산은 직접재료원가, 직접노무원가, 제조간접원가 모두 실제 발생한 원가를 이용하여 재화나 용역의 원가를 계산하는 것이다. 반면에 정상원가계산은 경영자에게 적시성이 높고 안정성이 있는 원가정보를 제공하기 위하여 직접재료원가와 직접노무원가는 실제로 발생한 금액을 이용하나 제조간접원가는 사전에 미리 설정한 예정제조간접원가배부율을 이용하여 제조간접원가를 계산하는 것이다.

표준원가(standard cost)는 예정제조간접원가배부율과 같이 재화나 서비스의 단위당 예정원가이며 원가를 통제하기 위해 사용된다. 표준원가계산은 직접재료원가, 직접노무원가, 제조간접원가 모두 표준원가를 이용하여 재화나 서비스의 원가를 계산하는 것이다. 표준원가는 기업의 목적에 부합하게 설정하고, 회계기간 말에 성과평가와 원가통제에 유용하게 사용된다.

〈표 9-1〉 원가측정방법에 따른 구분

| | 실제원가계산 | 정상원가계산 | 표준원가계산 |
|---|---|---|---|
| 직접재료원가 | 실제원가 | 실제원가 | 표준원가 |
| 직접노무원가 | 실제원가 | 실제원가 | 표준원가 |
| 제조간접원가 | 실제원가 | 정상원가 | 표준원가 |

일반적으로 기업은 표준원가계산을 이용하여 예산을 설정하며 다음과 같은 점에서 유용하게 활용된다.

첫째, 기업의 경영계획을 작성하는 데 도움을 준다.

둘째, 임직원이 원가에 더욱 민감하도록 함으로써 경제성을 높이는 데 중요 역할을 수행한다.

셋째, 표준원가를 근거로 판매가격이 설정되기 때문에 가격결정에 유용하다.

넷째, 원가를 통제하는 평가기준을 제공하기 때문에 경영통제를 보다 효율적으로 수행할 수 있다.

다섯째, 예외에 의한 관리(management by exception)를 통해 실제와 표준 간의 차이를 강조하는 데 유용하다.

여섯째, 재고자산의 원가계산을 단순화시킬 뿐 아니라 사무관리 비용을 절감하는 데 토대가 된다.

표준원가가 설정되면 기업이 제품을 제조하는 과정에서 실제로 발생한 실제원가와 공학적인 방법으로 산출된 표준원가를 비교하여 차이분석을 실시하게 된다. 바로 실제원가와 표준원가 간의 차이가 왜 발생했는지 원인을 규명하여 통제하는 것이 표준원가를 이용한 원가통제이다.

대부분의 기업이 사용하고 있는 표준은 정상적인 수준에서 설정된 것으로 제조과정에서의 여유시간이나 기계 오작동 등의 발생가능한 사건 등을 허용하여 설정된 것이다.

## 제 2 절 표준원가계산

표준원가는 정상적이고 효율적인 제조환경에서 한 단위의 제품을 생산하기 위해 투입되는 예상원가이다. 즉, 제품 한 단위를 생산하기 위해 투입되는 표준수량에 수량 한 단위에 필요한 단위당 표준가격을 곱하여 사전적으로 계산된 원가이다. 표준원가는 수량적인 측면과 가격적인 측면에서 구분되어 설정된다.

| 표준원가＝표준수량×표준가격 |
|---|

표준원가는 제조원가의 요소인 직접재료원가, 직접노무원가, 제조간접원가로 구분하고 각각의 원가요소별로 표준이 설정되어야 한다. 원가요소별 표준은 표준수량에 표준가격을 곱한 값으로 계산된다.

예를 들어, 국화빵 1개를 만들기 위해서는 원재료인 밀가루, 팥이 얼마만큼 필요한지, 국화빵을 굽는 데 필요한 시간은 얼마인지, 밀가루 반죽기와 오븐기는 얼마만큼 사용되는지를 나타내는 것이 표준수량이다. 표준가격은 표준수량인 밀가루 1g 단위당 가격은 얼마인지, 시간당 임금은 얼마인지, 시간당 오븐기나 반죽기의 사용 금액은 얼마인지를 표시하는 것이다.

다음의 〈표 9-2〉에서 국화빵 1개를 만드는 데 필요한 표준수량은 밀가루 10g이며, 표준가격은 g당 4원으로 40원이 국화빵 밀가루 재료의 표준원가이다. 팥은 한 단위당 3g이 필요하며, g당 10원으로 30원이 팥 재료의 표준원가이다. 그리고 국화빵 반죽에서부터 굽는 데까지 생산에 필요한 시간은 2분이며 분당 30원이므로 표준직접노무원가는 60원이다. 국화빵을 만들기 위해 사용된 제조시설은 오븐기와 반죽기이므로 각각의 오븐기와 반죽기의 감가상각비를 시간으로 환산하면 1개당 각각 2분과 1분이 소요되며, 이를 표준원가로 계산한 것이 총 8원이 된다. 따라서 국화빵 1개를 만들기 위해 필요한 표준원가는 138원으로 계산된다.

〈표 9-2〉 국화빵 표준원가 사례

| | 표준수량<br>(A) | 표준가격<br>(B) | 표준원가<br>(A×B) |
|---|---|---|---|
| 밀가루 | 10g | 4원/g | 40원 |
| 팥 | 3g | 10원/g | 30원 |
| 직접노무원가 | 2분 | 30원/분 | 60원 |
| 반죽기 감가상각비 | 1분 | 1원/분 | 1원 |
| 오븐기 감가상각비 | 2분 | 3.5원/분 | 7원 |
| 단위당 표준원가 | | | 138원 |

국화빵을 만들기 위해 필요한 원가를 원가요소별로 표준을 수립한다. 앞에서 설명한 것처럼 밀가루나 팥처럼 국화빵 제조에 직접적으로 추적가능한 표준직접재료원가, 표준직접노무원가, 감가상각비와 같은 표준제조간접원가를 설정한다.

표준원가가 설정되면 실제로 발생한 원가를 집계하여 표준원가와의 차이를 계산한다. 그리고 표준원가와 실제원가의 차이를 비교하여 무엇이 문제인지를 분석하여 원인을 규명한다. 이와 같이 원인 규명을 통해 파악된 문제점을 개선하여 다음 기의 국화빵 제조원가를 절감하도록 한다. 이와 같은 프로세스를 매기마다 반복적으로 수행하여 품질수준을 향상시키면서 지속적인 원가절감 활동을 하게 된다. 실제원가와 표준원가의 차이를 분석하는 차이분석(variance analysis)이 바로 기업이 표준원가를 이용하여 원가를 통제하는 방법 중 하나이다.

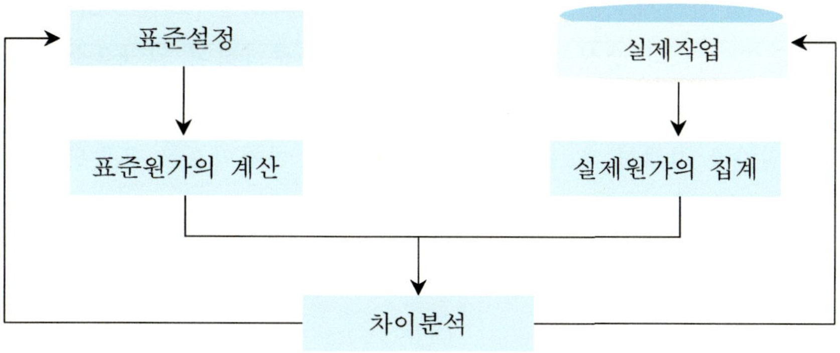


[그림 9-1] 표준원가를 이용한 차이분석

## 2.1 표준원가계산제도 도입 및 운영

기업이 실제로 발생한 원가를 집계하여 원가계산을 하는 실제원가계산보다 표준원가계산을 적용하고자 하는 가장 큰 이유는 원가를 절감하기 위해서이다. 아직까지 우리나라 제조업의 경쟁력은 제조원가의 절감에서부터 시작된다. 기업은 실제로 발생한 원가와 표준을 비교 분석하여 그 원인을 파악하고 문제를 해결하여 원가를 절감할 수 있다. 또한 실제원가계산을 한다면 매월 또는 회계연도 말에 결산을 해야 제품 한 단위당 제조단가가 파악된다. 즉, 결산을 하지 않으면 적시성 있는 원가정보를 제공할 수 없다는 문제점을 해결하기 위해 표준원가계산을 선호한다.

표준원가계산을 이용하면 수익성 파악을 보다 용이하게 할 수 있다. 표준원가계산을 적용하면 현재 팔린 수량을 기준으로 매출원가와 이익을 산출할 수 있기 때문이다. 또한 제품의 판매가격을 낮추고자 하는 소비자가 있는 경우 표준원가를 사용하게 되면 어디까지 가격인하를 할 수 있는지를 나타내는 기준이 되어 수익성을 판단하는 근거가 된다.

표준원가를 총액으로 나타내면 예산이 되기 때문에 표준원가계산제도를 사용하게 되면 내년도에 얼마의 돈이 필요한지 예산을 수립할 수 있다. 그 밖에 기업 전체의 원가절감뿐 아니라 개인별로 원가절감을 하는 유인이 된다.

그러면 표준원가제도는 어떻게 운영되는지 살펴보면 [그림 9-2]와 같이 운영된다. 효율적인 제품의 생산을 위해 제조공정을 표준화하여 원가요소별로 표준원가를 설정하고 각각 담당할 분야를 결정한다. 그리고 각자 담당한 역할별로 실제로 발생한 원가를 집계한 후 표준원가와 비교한다. 마지막으로 표준원가와 실제원가 간의 차이를 비교하여 무엇이 문제점인지를 분석하여 다음 생산시 문제점을 보완한다.

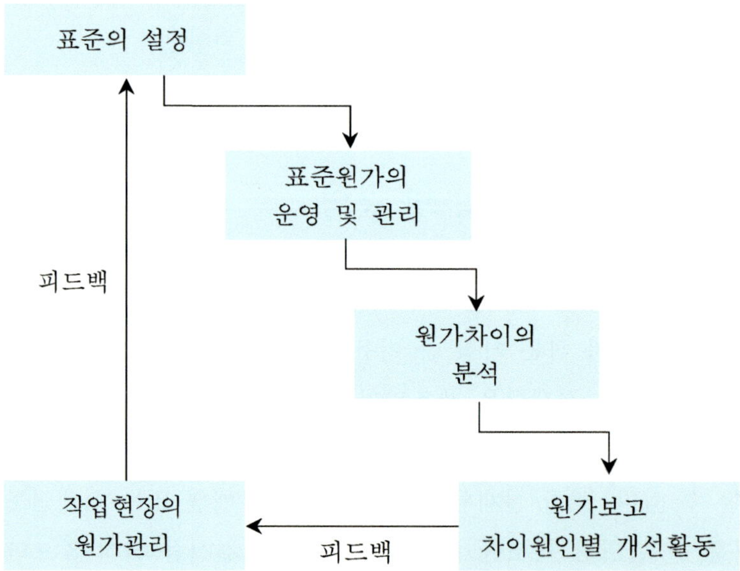


[그림 9-2] 표준원가제도 운영 방향

## 2.2 표준원가계산제도와 실제원가계산제도 차이

그럼 표준원가계산과 실제원가계산은 구체적으로 무엇이 다른가?

〈표 9-3〉에서 보듯이 표준원가계산은 원가계산을 거래가 발생할 때마다 계산할 수 있으나 실제원가계산은 결산을 해야 실제원가가 집계되기 때문에 매 결산을 할 때마다 원가계산을 한다. 따라서 표준원가계산은 실시간으로 원가정보를 제공하나 실제원가계산은 결산 후에 원가정보를 제공할 수 있다. 또한 표준원가계산은 사전적으로 미리 원가요소별로 표준을 설정하므로 원가통제가 사전적으로 이루어지나 실제원가계산은 원가통제가 사후적으로 발생한다.

표준원가계산은 실제원가와 차이분석을 통해 성과평가 등의 내부보고 목적으로 사용된다. 반면에 실제원가계산은 실제로 발생한 금액이기 때문에 차이분석이 불가능하며 외부보고 목적으로 발생한 원가를 손익계산서에 매출원가나 판매관리비의 항목으로 보고한다.

〈표 9-3〉 표준원가계산과 실제원가계산 차이점

| | 실제원가계산 | 표준원가계산 |
|---|---|---|
| 원가계산 주기 | 매 결산마다 | 거래 발생마다 |
| 원가정보 제공 | 결산 후 원가정보 제공 | 실시간 원가정보 제공 |
| 원가통제 | 사후적 원가통제 | 사전적 원가통제 |
| 차이분석 | 불가능 | 가능 |
| 보고대상 | 외부보고 목적 | 내부보고 목적 |

# 제 3 절 표준원가계산 절차

## 3.1 표준직접재료원가

표준직접재료원가는 직접재료의 단위당 예정원가로 표준수량에 표준가격을 곱하여 계산한다. 표준가격을 설정할 때에는 에누리를 고려한 시장구매가격과 시장전망 등을 반영해야 하며 재료의 수령, 보관 및 처리에 필요한 부대비용까지 포함해야 한다.

표준수량은 제품 한 단위를 완성하기 위해 사용되어야 하는 직접재료의 수량으로 과거의 평균재료투입수량을 고려하여 실제로 국화빵을 만들어 보면서 정확한 투입량을 측정한다. 이때 경영자는 제품에 사용되는 재료의 품질과 수량을 모두 고려해야 한다. 일반적으로 표준수량을 선정할 때 원가절감을 이룰 수 있는 원가목표치를 설정한다.

국화빵 1개의 생산에 필요한 표준직접재료원가는 다음과 같다.

| | 표준수량<br>(A) | 표준가격<br>(B) | 표준원가<br>(A×B) |
|---|---|---|---|
| 밀가루 | 10g | 4원/g | 40원 |
| 팥 | 3g | 10원/g | 30원 |

수량적인 측면에서 표준을 살펴보면, 국화빵 1개를 생산하기 위해 밀가루 10g과 팥 3g이 투입된다. 가격적인 측면에서 표준을 살펴보면, 밀가루 1g당 가격이 4원이며 팥 1g당 가격이 10원이다. 즉, 국화빵 1개를 생산하기 위해 투입된 표준직접재료원가는 밀가루 40원과 팥 30원을 합한 70원이다. 만약 국화빵을 100개 만든다면 표준직접재료원가는 7,000원이 발생한다.

## 3.2 표준직접노무원가

표준직접노무원가는 직접노무시간당 표준가격에 표준시간을 곱하여 계산한다. 직접노무원가의 표준수량은 제품 한 단위를 완성하기 위해 필요한 시간으로 표준시간이라고도 한다. 표준시간을 설정할 때에는 작업자의 휴식시간, 청소 및 작업 준비 등이 반영되어야 하며 작업자가 스스로 달성할 수 있는 원가절감 목표를 고려해야 한다. 직접노무원가의 표준가격은 발생이 예상되는 직접노무의 시간당 임금수준인 표준임률을 의미한다. 표준임률을 설정할 때에는 현재의 임률을 기준으로 물가상승에 따른 임금조정 등의 변화를 예상해야 하며, 작업자의 세금이나 복리후생비 등 급여의 성격으로 제공되는 항목들을 고려해야 한다.

국화빵 1개의 생산에 필요한 표준직접노무원가는 다음과 같다.

| | 표준수량<br>(표준시간)<br>(A) | 표준가격<br>(표준임률)<br>(B) | 표준원가<br>(A×B) |
|---|---|---|---|
| 직접노무원가 | 2분 | 30원/분 | 60원 |

수량적인 측면에서 표준을 살펴보면, 국화빵 1개를 생산하기 위해 2분이 투입된다. 가격적인 측면에서 표준을 살펴보면, 분당 지급되는 임률이 30원이다. 즉, 국화빵 1개를 생산하기 위해 투입된 표준직접노무원가는 60원이다. 만약 국화빵을 100개 만든다면 표준직접노무원가는 6,000원이 발생한다.

## 3.3 표준제조간접원가

제조간접원가는 직접적으로 제품에 얼마만큼 투입되었는지를 추적할 수 없기 때문에 합리적인 방법으로 제품에 배부한다. 제조간접원가의 표준도 이와 같이 배부 개념을 이용한다. 즉, 표준제조간접원가 계산에서는 표준예정배부율(standard predetermining overhead rate)을 이용하여 산출한다. 제조간접원가의 배부율은 예정제조간접원가를 예정표준조업도로 나누어 계산하는데, 예정표준조업도로 표준직접노동시간이나 표준기계시간이 일반적으로 사용된다.

예를 들어, 오금(주)의 스마트폰케이스의 연간 생산량이 1,000개이고, 한 단위를 생산할 때 투입되는 직접노동시간이 2시간이라면 표준직접노동시간은 2,000시간이 된다. 직접노동시간을 기준으로 한 정상조업도가 2,000시간일 경우, 제조간접원가는 32,000,000원으로 예상되며, 이 중 변동제조간접원가는 12,000,000원이고 고정제조간접원가는 20,000,000원이다.

오금(주)의 표준예정배부율을 계산하면 다음과 같다.

| 예상제조간접원가 | 금 액<br>(A) | 표준직접<br>노동시간<br>(B) | 직접노동시간당 예정<br>제조간접원가배부율<br>(A / B) |
|---|---|---|---|
| 변동제조간접원가 | 12,000,000원 | 2,000시간 | 6,000원 |
| 고정제조간접원가 | 20,000,000원 | 2,000시간 | 10,000원 |
| 합계 | 32,000,000원 | 2,000시간 | 16,000원 |

국화빵 1개의 생산에 필요한 표준제조간접원가는 다음과 같다.

| | 표준수량<br>(표준시간)<br>(A) | 표준가격<br>(표준임률)<br>(B) | 표준원가<br>(A×B) |
|---|---|---|---|
| 반죽기 감가상각비 | 1분 | 1원/분 | 1원 |
| 오븐기 감가상각비 | 2분 | 3.5원/분 | 7원 |

수량적인 측면에서 표준을 살펴보면, 국화빵 1개를 생산하기 위해 소요되는 기계시간을 측정하여 표준시간을 설정한다. 가격적인 측면에서는 국화빵을 생산하기 위해 사용한 반죽기와 오븐기의 연간 감가상각비를 추정하여 예산으로 설정된 금액을 표준조업도인 표준기계시간으로 나누어 산정한다. 즉, 표준가격이 바로 예정제조간접원가배부율이 되는 것이다. 국화빵 1개를 생산하기 위해 투입된 표준제조간접원가는 반죽기 감가상각비 1원과 오븐기 감가상각비 7원을 합한 8원이

다. 만약 국화빵을 100개 만든다면 표준제조간접원가는 800원이 발생한다.

요약하면, 국화빵을 만드는 공정은 크게 반죽공정과 오븐공정으로 구분할 수 있다. 반죽공정에는 재료인 밀가루를 투입하여 반죽기를 이용하기 때문에 밀가루에 대한 직접재료원가가 발생하나 작업자가 필요하지 않아 직접노무원가는 발생하지 않는다. 그러나 반죽기에 대한 감가상각비가 발생한다. 오븐공정에서는 반죽을 가지고 팥을 투입하여 작업자가 국화빵을 구워야하기 때문에 직접재료원가와 직접노무원가가 발생하며, 오븐기에 대한 감가상각비가 발생한다. 원가요소별로 단위당 표준원가를 요약하면 다음과 같다.

〈원가요소별 단위당 표준원가〉

<table>
<tr><th rowspan="2">구 분</th><th colspan="2">반죽공정</th><th colspan="2">오븐공정</th><th rowspan="2">원가요소별<br>표준원가</th></tr>
<tr><th>수 량</th><th>단 가</th><th>수 량</th><th>단 가</th></tr>
<tr><td rowspan="2">직접재료원가<br>(밀가루, 팥)</td><td>10g</td><td>4원/g</td><td>3g</td><td>10원/g</td><td rowspan="2">70원</td></tr>
<tr><td colspan="2">40원</td><td colspan="2">30원</td></tr>
<tr><td rowspan="2">직접노무원가<br>(급여)</td><td colspan="2" rowspan="2">–</td><td>2분</td><td>30원/분</td><td rowspan="2">60원</td></tr>
<tr><td colspan="2">60원</td></tr>
<tr><td rowspan="2">제조간접원가<br>(감가상각비)</td><td>1분</td><td>1원/분</td><td>2분</td><td>3.5원/분</td><td rowspan="2">8원</td></tr>
<tr><td colspan="2">1원</td><td colspan="2">7원</td></tr>
<tr><td colspan="5">총표준원가</td><td>138원</td></tr>
</table>

표준원가계산을 이용하면 기업의 이용목적에 따라 원가요소별로 표준가격을 변경하여 다양한 표준원가로 활용이 가능하다. 설정된 표준은 시장가격의 계속적인 변화가 있으면 변경해야 한다. 보통 기업은 주기적으로 1년에 한 번씩 표준자료를 검토하며 변경이 필요하다고 판단하면 표준 설정을 변경할 수 있다.

## 제 4 절 차이분석

표준원가를 경영관리에 이용할 때에는 실제 발생한 원가와 표준원가 간의 차이를 분석한다. 차이분석(variance analysis)은 총실제원가와 총표준원가의 차이를 말한다.

다음은 국화빵 5,000개를 생산하기 위해 발생한 실제원가와 표준원가를 비교한 것이다. 실제로 발생한 총제조원가는 942,500원이나 표준원가를 적용하면 총제조원가는 690,000원으로 252,500원의 차이가 발생한다. 즉, 실제원가가 표준원가보다 252,500원 더 많이 발생하였다. 실제원가가 표준원가보다 작아 발생한 차이를 유리한 차이(favorable variance)라 한다. 만약 실제원가가 표준원가보다 크다면 불리한 차이(unfavorable variance)라 한다.

| 구 분 | 실제(C) | 표준(D) | 차이(C－D) |
|---|---|---|---|
| 생산량(A) | | 5,000개 | |
| Ⅰ. 직접재료원가 | 510,000 | 350,000 | 160,000 |
| 밀가루 | 360,000 | 200,000 | 160,000 |
| 팥 | 150,000 | 150,000 | — |
| Ⅱ. 직접노무원가 | 360,000 | 300,000 | 60,000 |
| Ⅲ. 제조간접원가 | 72,500 | 40,000 | 32,500 |
| 감가상각비 | 72,500 | 40,000 | 32,500 |
| Ⅳ. 총제조원가(B) | 942,500 | 690,000 | 260,000 |
| 단위당 제조원가(B/A) | 188.5원 | 138원 | 50.5원 |

> 유리한 차이 : 실제원가 < 표준원가
> 불리한 차이 : 실제원가 > 표준원가

구체적으로 국화빵 5,000개를 생산하기 위해 실제로 발생한 단위당 원가는 188.5원이다. 직접재료원가의 경우 팥은 표준원가대로 원가가 투입되어 실제원가와 동일하며, 제조간접원가의 경우 반죽공정에 사용된 반죽기의 감가상각비 금액도 실제원가와 표준원가 간의 차이가 없는 것으로 나타났다.

단위당 표준원가 138원과 단위당 실제원가 188.5원 간에 50.5원만큼 차이가 발생하는 것은 직접재료원가의 밀가루, 직접노무원가, 제조간접원가의 오븐공정 감가상각비의 단위당 가격과 단위당 수량이 표준가격 및 표준수량과 다르기 때문에 발생한 것이다.

차이분석이 발생하는 가장 근본적인 이유는 실제가격과 표준가격 간의 차이에서 발생하는 가격적인 요인과 실제수량과 표준수량 간의 차이에서 발생하는 수량적인 요인에 의해서 나타난다. 이후 차이분석에서는 가격적인 측면과 수량적인 측면으로 구분하여 설명한다.

〈원가요소별 단위당 실제원가〉

| 구 분 | 반죽공정 | | 오븐공정 | | 원가요소별 실제원가 |
|---|---|---|---|---|---|
| | 수 량 | 단 가 | 수 량 | 단 가 | |
| 직접재료원가 (밀가루, 팥) | 12g | 6원/g | 3g | 10원/g | 102원 |
| | 72원 | | 30원 | | |
| 직접노무원가 (급여) | – | | 1.8분 | 40원/분 | 72원 |
| | | | 72원 | | |
| 제조간접원가 (감가상각비) | 1분 | 1원/분 | 3분 | 4.5원/분 | 14.5원 |
| | 1원 | | 13.5원 | | |
| 단위당 실제원가 | | | | | 188.5원 |

차이분석의 자세한 사항은 세부 원가요소별로 해당 절에서 구체적으로 설명한다.

## 4.1 직접재료원가 차이분석

직접재료원가의 표준과 실제원가 간에 차이가 발생하는 이유는 가격적인 측면과 수량적인 측면에서 구분하여 설명할 수 있다. 예를 들어, 국화빵 1개를 만들 때마다 10g의 밀가루를 표준으로 투입하지만 실제로 11g을 사용했다면 수량적인 측면에서 밀가루를 표준보다 더 많이 사용하여 불리한 차이가 발생한다. 반면에 밀가루 10g당 표준가격은 4원이나 실제 구입한 가격은 10g당 3원이라면 가격적인 측면에서 표준보다 적게 사용하여 유리한 차이가 발생한다.

이처럼 차이분석은 수량적인 측면과 가격적인 측면에서 발생할 수 있기 때문에 다음과 같이 실제원가, 실제투입량기준의 표준원가, 표준투입량기준의 표준원가로 나타내어 도출할 수 있다.

실제원가는 실제가격과 실제수량을 곱하여 계산하고, 표준투입량기준의 표준원가는 실제수량에 표준가격을 곱한 것이다. 표준원가는 표준수량에 표준가격을 곱한 것이며 다음과 같이 표시할 수 있다.

| 실제원가<br>실제가격×실제수량 | 실제생산량기준 표준원가<br>표준가격×실제수량 | 표준원가<br>표준가격×표준수량 |
|---|---|---|
| (AP×AQ) | (SP×AQ) | (SP×SQ) |

산식에서 보듯이 실제원가와 실제생산량기준 표준원가 간의 차이는 실제가격과 표준가격이 다르기 때문에 발생하는 가격적인 요인에 의해서 발생하는 가격차이이다. 실제생산량기준 표준원가와 표준원가 간의 차이는 표준수량과 실제수량이 다르기 때문에 발생하는 수량적인 측면에서 발생하는 수량차이이다.

앞의 예에서 국화빵 5,000개를 생산하기 위해 발생한 실제직접재료원가는 510,000원이고 표준직접재료원가는 350,000원으로 실제원가가 표준원가보다 160,000원 더 많이 발생하여 불리한 차이가 나타났다. 이와 같이 불리한 차이가 발생한 이유는 국화빵을 만들기 위해 투입된 팥은 실제원가와 표준원가가 동일하여 차이가 발생하지 않았으나 밀가루 재료원가에서 차이가 발생하였다. 밀가루 재료원가의 차이분석을 살펴보면 다음과 같다.

밀가루의 표준가격이 g당 4원인데 실제로 g당 6원을 지급하여 g당 2원만큼의 불리한 차이가 발생한 것이다. 이와 같이 직접재료원가의 가격측면에서 발생한 차이를 가격차이라 하며 실제가격에서 표준가격을 차감한 값에 실제수량을 곱하여 계산한다. 국화빵 5,000개를 생산한 경우 불리한 가격차이는 120,000원이다. 불리한 가격차이는 예상과 달리 재료를 구입한 경우 발생한다. 또한 재료의 가격인상을 예측하지 못하였거나 재료의 표준가격이 지나치게 낮게 설정되었을 때 나타난다.

지나친 가격차이가 발생한 경우 원인을 찾아 규명하여 조치를 취하는 것이 중요하다. 예를 들어, 실제가격이 표준가격보다 높게 설정되어 있다면 대량 구매하여 실제가격을 낮추는 방법을 고려해 볼 수 있을 것이다.

직접재료원가가격차이 = (실제가격 − 표준가격) × 실제재료사용량
(밀가루) = (AP − SP) × AQ
= (6원/g − 4원/g) × 60,000g
= 120,000원(불리한 차이)

수량적인 측면에서 국화빵 1개를 만들기 위해 투입될 표준 밀가루의 사용량은 10g으로, 5,000개를 생산할 때에는 50,000g이 표준수량이다. 표준 밀가루 사용량은 50,000g인데, 실제로 투입한 실제수량은 60,000g이다. 정해진 표준보다 실제로 밀가루를 10,000g 더 많이 사용했기 때문에 불리한 차이가 나타난 것이다. 직접재료원가의 수량적인 측면에서 발생한 차이를 수량차이라 한다. 수량차이는 실제사용량에서 표준사용량을 차감한 값에 표준가격을 곱하여 계산한다. 국화빵 5,000개를 생산한 경우 불리한 수량차이는 40,000원이다. 불리한 수량차이는 예상과 달리 재료를 많이 투입하여 발생한다. 또한 상대적으로 품질이 낮은 재료를 사용하여 낭비를 초래하거나 재료의 표준수량이 지나치게 낮게 설정되었을 때 나타난다.

직접재료원가수량차이 = (실제사용량 − 표준사용량) × 표준가격
(밀가루) = (AQ − SQ) × SP
= (60,000g − 50,000g) × 4원/분
= 40,000원(불리한 차이)

요약하면, 국화빵 5,000개를 생산할 때 가격적인 측면에서 직접재료원가가격

차이가 120,000원만큼 불리하게 발생하였다. 수량적인 측면에서 직접재료원가수량 차이가 40,000원만큼 불리하게 발생하여 총 160,000원만큼 불리한 차이가 나타난 것이다.

〈직접재료원가 차이분석모형〉

<table>
<tr><td colspan="2">실제원가<br>(AQ×AP)</td><td colspan="2">실제생산량기준 표준원가<br>(AQ×SP)</td><td colspan="2">표준원가<br>(SQ×SP)</td></tr>
<tr><td>실제수량<br>(AQ)</td><td>실제가격<br>(AP)</td><td>실제수량<br>(AQ)</td><td>표준가격<br>(SP)</td><td>표준수량<br>(SQ)</td><td>표준가격<br>(SP)</td></tr>
<tr><td>60,000g</td><td>6원/g</td><td>60,000g</td><td>4원/g</td><td>50,000g</td><td>4원/g</td></tr>
<tr><td colspan="2">360,000원</td><td colspan="2">240,000원</td><td colspan="2">200,000원</td></tr>
<tr><td colspan="3">가격차이<br>120,000원(불리한 차이)</td><td colspan="3">수량차이<br>40,000원(불리한 차이)</td></tr>
<tr><td colspan="6">총차이 160,000원(불리한 차이)</td></tr>
</table>

## 4.2 직접노무원가 차이분석

국화빵 5,000개를 생산하기 위해 실제로 발생한 직접노무원가는 360,000원이며, 이는 실제투입시간 AQ에 실제임률(AP)을 곱한 값이다. 즉, 실제 발생한 직접노동시간은 9,000분이고 분당 실제임률은 40원이기 때문에 이 둘을 곱한 360,000원이 실제원가이다.

실제생산량기준으로 표준원가를 계산해 보면 실제로 투입한 시간은 9,000분이고 표준임률은 30원이기 때문에 이 둘을 곱하면 실제생산량기준으로 환산한 표준원가는 270,000원이 된다.

사전에 설정된 표준원가를 적용하면 국화빵 5,000개를 만들기 위해서는 10,000분이 필요하며 분당 30원이 지급되어 총 300,000원이 발생한다.

표준가격이 분당 30원인데 실제로 분당 40원을 지급하여 분당 10원만큼의 차이가 발생한 것이다. 이와 같이 직접노무원가의 가격측면에서 발생한 차이를 임률차이라 하며 실제임률에서 표준임률을 차감한 값에 실제노무시간을 곱하여 계산한다. 불리한 임률차이는 생산계획이 불안정하여 계획과 달리 잔업수당이 지급되거나 임금인상을 예측하지 못하여 표준임률이 낮게 설정되었을 때 나타난다.

직접노무원가임률차이 =(실제임률 − 표준임률)×실제노무시간
=(AP − SP)×AQ
=(40원/분 − 30원/분)×9,000분
=90,000원(불리한 차이)

수량적인 측면에서 국화빵 1개를 만들기 위해 소요될 표준시간은 2분인데, 실제로 투입한 표준시간은 국화빵 1개당 1.8분이 소요되어 0.2분만큼 적게 투입됨으로써 유리한 차이가 나타난 것이다. 직접노무원가의 수량적인 측면에서 발생한 차이를 능률차이라 한다. 능률차이는 실제노무시간에서 표준노무시간을 차감한 값에 표준임률을 곱하여 계산한다.

직접노무원가능률차이 =(실제노무시간 − 표준노무시간)×표준임률
=(AQ − SQ)×SP
=(9,000분 − 10,000분)×30원/분
=30,000원(유리한 차이)

능률차이는 노무시간 사용의 효율성을 나타낸다는 의미로 시간차이(time variance)라고도 한다. 이 경우 실제노무시간이 표준노무시간보다 적으므로 유리한 차이가 발생한다. 유리한 능률차이는 작업이 완숙하거나 교육훈련이 충분하여 학습효과가 나타난 경우 발생할 수 있으며, 작업설비나 라인의 교체, 노사간의 화합으로 인한 사기충전 등에 의해 발생할 수 있다. 또는 표준노무시간이 지나치게 비관적으로 높게 설정되었기 때문일 수도 있다.

위의 내용을 요약하면 표준원가와 실제원가의 차이인 60,000원(불리한 차이)은 90,000원의 불리한 임률차이와 30,000원의 유리한 능률차이로 구성되어 있다.

〈직접노무원가 차이분석모형〉

<table>
<tr><td colspan="2">실제원가<br>(AQ×AP)</td><td colspan="2">실제생산량기준 표준원가<br>(AQ×SP)</td><td colspan="2">표준원가<br>(SQ×SP)</td></tr>
<tr><td>실제시간<br>(AQ)</td><td>실제임률<br>(AP)</td><td>실제시간<br>(AQ)</td><td>표준임률<br>(SP)</td><td>표준시간<br>(SQ)</td><td>표준임률<br>(SP)</td></tr>
<tr><td>9,000분</td><td>40원/분</td><td>9,000분</td><td>30원/분</td><td>10,000분</td><td>30원/분</td></tr>
<tr><td colspan="2">360,000원</td><td colspan="2">270,000원</td><td colspan="2">300,000원</td></tr>
<tr><td colspan="3">임률차이<br>90,000원(불리한 차이)</td><td colspan="3">능률차이<br>30,000원(유리한 차이)</td></tr>
<tr><td colspan="6">총차이 60,000원(불리한 차이)</td></tr>
</table>

## 4.3 제조간접원가 차이분석

제조간접원가는 크게 조업도(생산량)에 따라 비례해서 변동하는 변동제조간접원가와 조업도(생산량)와 상관없이 일정한 금액이 발생하는 고정제조간접원가로 구분된다. 먼저 변동제조간접원가의 총차이는 실제변동제조간접원가와 생산량에 허용된 표준변동제조간접원가의 차이에 의해서 나타난다. 즉, 표준원가계산시스템에서 변동제조간접원가 총차이는 표준허용시간에 따른 표준변동제조간접원가를 이용하여 결정한다. 표준허용시간이란 생산량을 작업하기 위해 표준에 따라 투입되어야 하는 시간을 의미한다.

변동제조간접원가의 차이분석을 위해서는 개별원가계산과 같이 표준예정배부율을 이용하여 배부해야 한다. 변동제조간접원가의 표준예정배부율은 다음과 같이 변동제조간접원가 예산액을 예정표준조업도(변동제조간접원가 예산배부기준량)로 나누어 산출한다.

국화빵 제조에 사용된 제조간접원가가 모두 변동제조간접원가라 가정하면 다음과 같다. 국화빵 5,000개를 생산하기 위해 소비된 반죽기와 오븐기의 작업시간은 반죽기 5,000분, 오븐기 10,000분이 사용되어야 하나 실제 작업한 반죽기의 작업시간은 5,000분이고 오븐기는 15,000분이다. 반죽기는 표준과 동일하게 사용되었으나 오븐기는 표준보다 5,000분 더 많이 사용되었다.

가격적인 측면에서 1개의 국화빵을 만들기 위해 투입된 반죽기의 감가상각비는 1원으로 단위당 표준원가 1원과 동일하다. 그러나 오븐기의 감가상각비는 단위당 4.5원으로 표준원가 3.5원보다 1원 더 높다. 즉, 5,000개를 만들기 위해 5,000원만큼 더 많이 사용된 것이다.

변동제조간접원가의 실제배부율과 표준배부율이 달라서 발생한 차이를 소비차이라 한다. 변동제조간접원가의 소비차이는 다음과 같이 실제배부율에서 표준배부율을 차감한 값에 실제배부기준량을 곱하여 구한다.

국화빵 5,000개를 생산하여 발생한 변동제조간접원가소비차이는 실제배부율이 표준배부율보다 높기 때문에 총 15,000원만큼의 불리한 차이가 발생하였다.

변동제조간접원가소비차이 =(실제배부율 − 표준배부율) × 실제배부기준량
(오븐기) =(AP − SP) × AQ
=(4.5원/분 − 3.5원/분) × 15,000분
=15,000원(불리한 차이)

실제조업도와 실제생산량에 허용된 표준조업도가 동일하지 않아서 발생하는 차이를 능률차이라 한다. 즉, 실제배부량과 표준배부량의 차이에 표준배부율을 곱하여 변동제조간접원가능률차이를 계산한다.

국화빵 5,000개를 생산하여 발생한 변동제조간접원가능률차이는 실제배부량이 표준배부량보다 높기 때문에 총 17,500원만큼의 불리한 차이가 발생하였다.

변동제조간접원가능률차이 =(실제배부량 − 표준배부량) × 표준배부율
(오븐기) =(AQ − SQ) × SP
=(15,000분 − 10,000분) × 3.5원/분
=17,500원(불리한 차이)

요약하면, 변동제조간접원가의 경우 32,500원의 불리한 차이는 변동제조간접원가소비차이 15,000원과 변동제조간접원가능률차이 17,500원으로 구성되어 있다.

〈변동제조간접원가 차이분석모형〉

<table>
<tr><td colspan="2">실제원가<br>(AQ×AP)</td><td colspan="2">실제생산량기준 표준원가<br>(AQ×SP)</td><td colspan="2">표준원가<br>(SQ×SP)</td></tr>
<tr><td>실제배부기준량</td><td>실제배부율</td><td>실제배부기준량</td><td>표준배부율</td><td>표준배부기준량</td><td>표준배부율</td></tr>
<tr><td>15,000분</td><td>4.5원/분</td><td>15,000분</td><td>3.5원/분</td><td>10,000분</td><td>3.5원/분</td></tr>
<tr><td colspan="2">67,500원</td><td colspan="2">52,500원</td><td colspan="2">35,000원</td></tr>
<tr><td colspan="3">소비차이<br>15,000원(불리한 차이)</td><td colspan="3">능률차이<br>17,500원(불리한 차이)</td></tr>
<tr><td colspan="6">총차이 32,500원(불리한 차이)</td></tr>
</table>

만약 국화빵을 생산하는 데 발생한 제조간접원가가 모두 조업도인 생산량과 무관하게 발생하는 고정원가라면 조업도의 효율적인 관리에서 발생하는 능률차이는 존재하지 않게 된다. 즉, 고정제조간접원가는 효율적으로 원가를 통제해서 절감할 수 있는 능률차이가 아니다.

고정제조간접원가의 차이분석은 고정제조간접원가의 예산과 비교하여 분석하게 된다. 즉, 실제생산량기준의 표준원가가 아닌 기업이 책정한 예산액과 비교한다. 실제 발생한 고정제조간접원가와 예산으로 책정된 고정제조간접원가 예산액 간의 차이를 예산차이라 한다. 그리고 고정제조간접원가 예산과 제품에 배부된 표준고정제조간접원가 간의 차이를 조업도차이라 한다.

| 실제원가 | 예산액 | 배부액(표준원가) |
|---|---|---|
| (AP×AQ) | (SP×AQ) | (SP×SQ) |

고정제조간접원가의 표준원가는 고정제조간접원가의 표준배부율에 표준배부량을 곱하여 계산된다. 국화빵의 경우 반죽기와 오븐기가 사용된 시간을 기준으로 배부하였으므로 표준조업도는 기계시간이 된다.

만약 오븐기의 고정제조간접원가의 예산액이 60,000원이라면 예산액과 실제원가 67,500원 간의 차이인 7,500원이 예산차이이다. 실제원가가 예산보다 많이 발생하였기 때문에 불리한 차이가 발생한다.

그리고 예산액 60,000원과 표준원가 35,000원 간에 발생한 차이는 조업도차이라 한다. 이 경우 조업도차이 25,000원은 불리한 차이가 된다.

### 4.4 차이분석에 따른 통제활동과 조정

실제원가와 표준원가 간에 발생하는 차이를 조정하는 방법은 크게 매출원가와 재고자산의 비중에 따라 배부하는 방법, 원가요소별로 매출원가와 재고자산에 배부하는 방법, 전액 매출원가에서 조정하는 방법이 있다. 원가차이 금액이 크게 중요하지 않고 경상적인 것이라 판단되면 매출원가에 전액을 반영하는 매출원가조정법이 보편적으로 사용된다.

표준원가와 실제원가를 비교하게 되면 어느 원가항목에서 어떠한 이유로 원가가 과다 또는 과소 소비되었는지를 확인할 수 있다. 또한 이러한 과대 과소의 책임이 누구한테 있는지를 생각해 보게 되며, 동일한 실수나 문제점이 다음 기에 발생하지 않도록 한다. 즉, 차이분석이 발생하는 경우 그 원인을 규명하여 적절한 조치를 취하여 다음 기에는 동일한 문제가 발생하지 않도록 하는 것이 중요하다. 모든 차이분석에 대해서 원인을 규명하고 조치를 취한다면 경제성 논리에 부합하지 않게 된다. 차이금액 중 금액이 크고 중요하다고 판단되는 항목을 중심으로 분석을 하게 되는데, 이를 예외에 의한 관리라 한다.

실제와 표준 간의 차이가 발생하는 원인을 규명하는 것은 차이분석 결과가 성과평가에 영향을 미치기 때문이다. 예를 들어, 재료원가의 차이가 발생한 것이 밀가루의 수입가격이 상승해서 발생한 것인지, 시장조사를 충분하게 하지 못하고 촉박하게 밀가루를 구매해서 높은 가격을 지불한 것인지를 점검한다. 또한 밀가루의 사용량이 미숙련 작업자를 고용하기 때문에 많이 소비된 것인지, 아니면 반죽기가 오래 되서 밀가루 투입이 많은 것인지를 살펴본다.

노무원가의 경우 작업자가 숙련되었기 때문에 표준시간보다 적게 국화빵을 만드는 데 시간이 적게 사용된 것인지, 아니면 충분한 휴식시간이나 여가시간이 반영이 안 되서 실제작업시간이 많은 것인지를 확인해야 한다.

이와 같이 차이분석을 할 때 차이 발생이 지속되는 것인가? 차이금액이 중요한 것인가? 차이 발생은 통제 가능한 것인가? 차이 발생은 어떠한 원가항목에서 나타나는가? 등을 고려하여 각각의 원가요소별로 발생한 차이를 기업 전체적인 입장에서 연관성을 고려해서 반영해야 한다.

예를 들어, 기계설비가 불량이라서 과다한 재료가 투입되었다면 재료수량차이가 불리하게 발생한 것이 재료원가 부서만의 책임이 아니므로 제조간접원가 담당부서와 상호 협력이 이루어져야 한다.

표준은 목표이고 실제는 결과물이기 때문에 일반적으로 경영자는 차이분석을 실시하여 성과평가와 연계한다. 이때 기업은 차이분석의 규명된 원인을 상호 유기적으로 반영해야 원가의 낭비를 줄이고 효율적으로 통제할 수 있게 된다.

### 기초 다지기 1

1. (        )는 정상적이고 효율적인 제조환경에서 한 단위의 제품을 생산하기 위해 투입되는 예상원가이다.
2. 표준원가는 (        )에 (        )을 곱하여 계산한다.
3. 표준원가계산에서는 성과평가 및 원가통제를 위해 실제원가와 표준원가 간의 차이를 분석하게 되는데, 이를 (        )이라 한다.
4. 직접노무원가 차이분석에서 실제노무시간과 표준노무시간의 차이로 인해 발생한 수량적인 측면의 차이를 (        )이라 한다.
5. 차이분석은 표준가격과 실제가격 간의 차이에서 발생하는 (        )과 표준수량과 실제수량 간의 차이에서 발생하는 (        )에 의해 나타난다.

### 기초 다지기 2

6. 실제원가계산은 사전에 정의한 금액이 아니라 실제로 발생한 원가이기 때문에 차이분석이 불가능하며 외부보고목적으로 손익계산서에 매출원가나 판매비와 관리비 항목으로 보고한다. (○, ×)
7. 표준원가계산은 원가요소별로 사전에 바람직하고 능률적인 원가를 설정하여 계산하고, 이를 통해 원가를 통제하고 성과를 평가한다. (○, ×)
8. 차이분석이 발생하는 근본적인 이유는 실제가격과 표준가격 간의 차이에서 발생하는 가격적인 요인과 실제수량과 표준수량 간의 차이에서 발생하는 수량적인 요인에 의해서 나타난다. (○, ×)
9. 실제원가가 표준원가보다 커서 발생한 차이를 유리한 차이라 한다. (○, ×)
10. 실제원가가 표준원가보다 적게 발생한 경우 이익이 증가하기 때문에 해당 차이에 대해서는 조치를 취할 필요가 없다. (○, ×)

### 기초 다지기 2

11. 표준원가에 대한 설명으로 틀린 것은?
    ① 정상원가계산과 같이 예정배부율을 사용하여 제조간접원가를 배부한다.
    ② 재화나 서비스의 단위당 예정원가이며 원가를 통제하기 위해 사용된다.
    ③ 실제원가와 표준원가 간의 차이를 분석하여 원인을 규명한다.
    ④ 과거의 실적 값을 토대로 표준원가를 설정하였기 때문에 주기적인 업데이트 관리를 수행하지 않아도 된다.

12. 실제원가계산과 표준원가계산을 비교한 내용 중 옳지 않은 것은?

| | 구분 | 실제원가계산 | 표준원가계산 |
|---|---|---|---|
| ① | 원가계산 주기 | 매 결산마다 | 거래 발생마다 |
| ② | 원가통제 | 사전적 원가통제 | 사후적 원가통제 |
| ③ | 차이분석 | 불가능 | 가능 |
| ④ | 보고대상 | 외부보고 목적 | 내부보고 목적 |

13. (주)금오의 당기의 재료비에 대한 표준원가자료가 다음과 같다. (주)금오의 재료비 수량차이가 5,250,000원 유리한 것으로 계산되었다면 재료비 가격차이는 얼마인가?

| | |
|---|---|
| 예상생산량 : 7,000개 | 실제생산량 : 7,500개 |
| 표준수량 : 개당 20kg | 표준단가 : kg당 700원 |
| 실제단가 : kg당 740원 | |

① 5,700,000원 불리　② 5,700,000원 유리
③ 5,300,000원 불리　④ 5,300,000원 유리

[14~15]. (주)금오는 표준원가계산제도를 채택하고 있다. (주)금오는 제품 1,000개를 생산할 때 직접노동시간은 5,000시간이 투입되고, 시간당 표준임률은 500원으로 설정하였다. 그러나 당기 실제 제품 생산량은 1,300개였고, 실제 발생한 직접노동시간은 4,500시간이었으며 225,000원만큼 불리한 임률차이가 발생하였다.

14. (주)금오의 직접노무원가 능률차이는 얼마인가?

① 250,000원 불리　② 250,000원 유리
③ 25,000원 불리　④ 25,000원 유리

15. (주)금오의 시간당 실제임률은 얼마인가?

① 450원　② 550원
③ 600원　④ 700원

[16~17]. (주)금오는 표준원가계산제도를 채택하고 있다. (주)금오는 제품 3,000개를 생산할 때, 표준변동제조간접원가는 200,000원으로 설정하였고 표준기계시간은 50,000으로 계산하였다. 실제로 변동제조간접원가는 240,000원이 발생하였고 총 48,000 기계시간이 소요되었다.

16. (주)금오의 변동제조간접원가의 실제배부율과 표준배부율은 각각 얼마인가?

| | 실제배부율 | 표준배부율 |
|---|---|---|
| ① | 5원 | 5원 |
| ② | 4원 | 5원 |
| ③ | 5원 | 4원 |
| ④ | 4원 | 4원 |

17. (주)금오의 변동제조간접원가의 소비차이와 능률차이는 각각 얼마인가?

| | 소비차이 | 능률차이 |
|---|---|---|
| ① | 10,000원 유리 | 40,000원 유리 |
| ② | 10,000원 불리 | 40,000원 유리 |
| ③ | 48,000원 유리 | 8,000원 불리 |
| ④ | 48,000원 불리 | 8,000원 유리 |

### 정답

1. 표준원가 2. 표준가격, 표준수량 3. 차이분석 4. 직접노무원가능률차이 5. 가격적 요인(가격차이), 수량적 요인(수량차이) 6. ○ 7. ○ 8. ○ 9. × 10. × 11. ④ 12. ② 13. ① 14. ② 15. ② 16. ③ 17. ④

### 사례조사 및 함께 생각해 보기

1. 우리 주변에서 표준원가계산을 적용할 수 있는 사례를 조사해서 발표해 봅시다.
2. 과일도시락 사업을 창업할 경우 표준원가계산을 이용하여 과일 구성 항목에 따른 과일도시락의 표준재료원가를 어떻게 설정할 것인지 조사해서 발표해 봅시다.
3. 과일도시락 사업을 창업할 경우 표준원가계산을 이용하여 표준노무원가를 어떻게 설정할 것인지 조사해서 발표해 봅시다.
4. 과일도시락 사업을 창업할 경우 표준원가계산을 이용하여 표준제조간접원가를 어떻게 설정할 것인지 조사해서 발표해 봅시다.
5. 2번에서 4번을 토대로 과일도시락의 표준원가를 도출하고 과일도시락의 제조원가가 적정한지 검토하고, 과일도시락 판매로 최종적으로 얼마의 이익이 예상되는지 발표해 봅시다.

CHAPTER

10

# 수익성 분석

제10장에서는 투자수익률, 잔여이익, 순현재가치, 내부수익률 등 대표적인 수익성 분석기법에 대해 학습한다. 그리고 수익성 분석을 할 때 점검해야 할 사항들을 살펴본다.

제 1 절 ROI 분석

제 2 절 잔여이익

제 3 절 순현재가치

제 4 절 내부수익률

제 5 절 수익성 분석시 고려사항

## 제 1 절 ROI 분석

### 1.1 ROI 기본개념

ROI(Return on Investment) 분석은 종합적으로 기업의 수익성을 검토하거나 투자안을 평가할 때 사용된다. 이뿐 아니라 제품을 추가하거나 라인의 증설, 신규 프로세스를 위한 설비 등을 도입하기 위해 많은 자금이 소요될 때 ROI 분석을 통해 사업성을 검토하게 된다. 왜냐하면 기업은 한정된 자원과 자금을 가지고 의사결정을 수행하기 때문에 수익성 관점에서 수익성이 높은 투자안이나 사업을 채택하는 의사결정을 해야 한다. 즉, ROI는 투자된 자금에 대한 이익의 비율을 나타내는 대표적인 수익성 지표이다.

$$\text{ROI} = \frac{\text{이익}}{\text{투자액}}$$

ROI는 투자액 대비 이익의 비율을 나타내는 수익성 지표로 1930년대 종합화학회사인 듀퐁(Du pont)사에 의해 처음으로 개발되어 듀퐁시스템(Du pont System)이라고도 한다. ROI는 투자액 대비 이익의 비율을 나타내지만 기업 전체 관점에서 이익은 회계상의 이익의 측정치를 나타내기 때문에 기업의 재무 및 경영성과를 파악할 수 있다. 즉, 분자의 이익수치에는 자본비용을 고려하기 전의 영업이익을 많이 사용하고, 분모의 투자액은 투하자본의 총액을 나타내므로 총자산을 보편적으로 사용한다. 대부분의 기업에서 이와 같은 ROI를 이용하여 매년 목표이익률을 설정하고 목표이익률을 달성하기 위한 구체적인 지침이나 관리방안을 수립하게 되고, 사후적으로 실제수익률이 목표수익률을 달성하지 못하면 이에 대한 원인과 요인을 ROI를 통해서 규명하고 통제하게 된다.

총자산을 기준으로 산출한 ROI를 총자산이익률(Return on Assets : ROA)이라 한다. ROA는 매출액이익률과 총자산회전율로 다음과 같이 구분하여 도출할 수 있다. 총자산이익률(ROA)은 회계학적 이익과 자산을 이용하여 산출한 것으로, 분모에 적용되는 투자액은 기업이 경영활동을 위해 보유하고 있는 자산총액으로 표시된다. 이러한 이유로 총자산이익률(ROA)은 투자수익률(ROI)과 같은 개념으로 보아 혼용해서 사용하고 있다. 이하 본서에서는 ROA의 개념을 혼돈하지 않기 위해 ROI로 표기한다.

$$
\begin{aligned}
\text{총자산이익률(ROA)} &= \text{매출액이익률} \times \text{총자산회전율} \\
&= \frac{\text{순이익}}{\text{매출액}} \times \frac{\text{매출액}}{\text{총자산}} \\
&= \text{이익의 마진율} \times \text{총자산회전속도}
\end{aligned}
$$

매출액이익률(ROS)은 매출액에 대한 이익의 마진을 나타내고, 총자산회전율은 매출액을 달성하기 위해 투하자본인 총자산을 얼마나 효율적으로 활용했는지를 나타낸다. ROA를 높이기 위해서는 매출액이익률을 높이거나 총자산회전율을 높이면 된다. ROA를 향상시키기 위하여 양자 모두를 증가시키는 것은 현실적으로 쉽지 않다. 왜냐하면 이익의 마진율을 높이기 위해 판매가격을 올리면 매출액이 감소하고, 매출액을 증가시키기 위해서는 마진율을 낮추어야 하기 때문이다. 그러나 기업은 매출액이익률은 낮으나 총자산의 회전속도를 높여서 총자산이익률을 향상시킬 수 있다. 쉽게 접할 수 있는 박리다매 전략은 바로 매출액이익률은 낮으나 총자산의 회전속도를 높이는 것이라 할 수 있다. 이처럼 기업이 투자안의 수익성을 검토할 때 저마진 고회전을 선택하느냐 또는 고마진 저회전을 선택하느냐는 기업의 특성과 재무적 여건 등의 여러 가지 상황을 고려해서 판단하게 된다. 일반적으로 투자와 관련된 의사결정은 투자수익률이 사전에 정한 목표수익률보다 크면 수락하고, 목표수익률보다 낮으면 포기하는 의사결정을 한다.

다음은 예제를 통하여 투자수익률인 ROI를 비교하여 분석해 보자.

예제 1

쿡방(주)의 빙과사업부와 버거사업부의 재무자료는 다음과 같다. 각 사업부의 ROI를 구하여라.

| | 빙과사업부 | 버거사업부 |
|---|---|---|
| 매출액 | ₩2,000,000 | ₩2,000,000 |
| 자산 | ₩1,000,000 | ₩500,000 |
| 영업이익 | ₩160,000 | ₩100,000 |

풀이

빙과사업부와 버거사업부의 ROI를 구하면 아래의 표와 같다.

| | 빙과사업부 | 버거사업부 |
|---|---|---|
| 매출액(①) | ₩2,000,000 | ₩2,000,000 |
| 자산(②) | ₩1,000,000 | ₩500,000 |
| 영업이익(③) | ₩160,000 | ₩100,000 |
| 매출액이익률(③/①) | 8% | 5% |
| 총자산회전율(①/②) | 2 | 4 |
| 투자수익률(ROI) | 16% | 20% |

빙과사업부의 ROI는 16%이고, 버거사업부의 ROI는 20%로 버거사업부가 더 높은 성과를 나타내었다. 이는 빙과사업부의 매출액이익률은 8%로 버거사업부의 5%보다 높으나 자산회전율은 2회전으로 버거사업부의 4회전보다 낮기 때문이다. 전체적으로 버거사업부의 매출액에 대한 이익의 마진은 낮으나 총자산회전율이 높아 더 높은 투자수익률을 나타나게 되는 것이다.

각각의 사업부 입장에서 수익성을 개선하려면 빙과사업부는 자산을 효율적으로 사용할 수 있는 방안을 모색하여 자산회전율을 높이면 ROI가 개선될 것이다. 반면에 버거사업부는 자산을 효율적으로 사용하여 회전율은 높으나 제품에 대한 마진이 작아서 매출액이익률이 낮다. 비용절감을 통해 매출액이익률을 개선할 수 있는 방안을 고려하거나, 가격인상으로 매출액이익률을 높일 수 있을 것이다. 단, 가격을 인상할 때에는 판매량 감소에 대한 영향을 고려해야하기 때문에 시장에서 버거사업부가 경쟁력 있는 위치에 있거나 가격인상으로 인한 판매량 감소가 일시적이라 판단될 때 고려해 볼 수 있을 것이다.

## 1.2 ROI 도표

ROI 분석은 도표를 이용하면 이해하기 쉬울 뿐 아니라 효과적이다. ROI 도표는 기업의 재무상태표와 손익계산서를 이용하여 작성할 수 있다. 먼저 매출액이익률 구성요소를 살펴보면, 손익계산서에 보고되는 순이익을 매출액으로 나누어 매출액이익률을 구한다. 여기서 순이익은 매출액에서 총비용의 차이이며, 총비용은 매출원가, 판매관리비, 영업외손익으로 구성되어 있다. 다음 총자산회전율은 매출액을 총자산으로 나눈 값이며, 총자산은 크게 유동자산과 비유동자산 항목으로 구성되어 있다. 즉, 총자산회전율은 재무상태표 항목인 자산의 구성요소들로 이루어져 있다. ROI 도표에서 볼 수 있듯이 ROI 8.02%는 7.57%의 매출액이익률과 총자산회전율 1.06회로부터 얻어진다.

〈ROI 도표〉

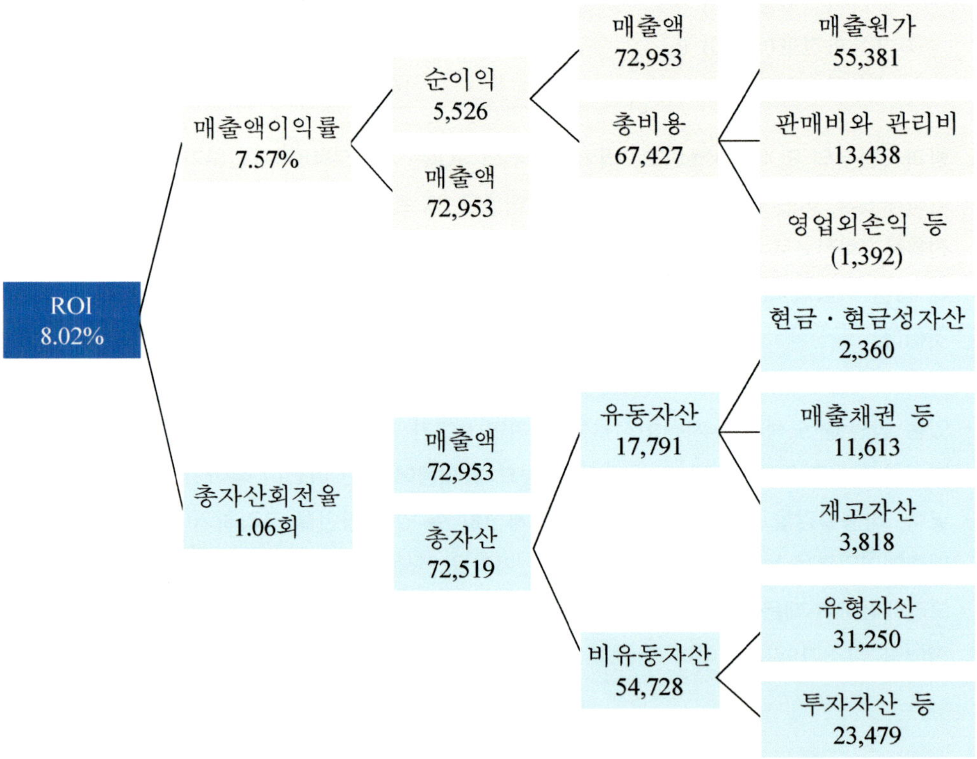

ROI 도표를 통해 매출액이익률과 총자산회전율을 구성하고 있는 여러 개의 구성요인별로 분해하여 이들 요인에 영향을 미치는 세부 항목들을 분석함으로써 경영성과를 종합적으로 평가할 수 있다. 기업의 경영목표인 목표수익률과 사후적으로 분석된 ROI를 비교하여, 수익성을 개선하고 매출이익률을 높이기 위해 어떤 항목을 조절하면 되는지, 총자산회전율을 높이기 위해 어떤 요소를 개선시켜야 되는지를 파악할 수 있다. 그리고 ROI 도표를 통해 경영성과의 변동원인이 구체적으로 어느 항목과 연관되어 있는지를 판단할 수 있다.

이처럼 ROI는 기업 전체의 입장에서 수익성을 판단할 뿐 아니라 경영성과를 평가하는 데 사용될 수 있으며 이를 통해 향후 기업목표를 수립하는 데 기준이 된다.

## 1.3 ROI 역기능

ROI는 기업 전체적인 입장에서 수익성을 평가하는 데 유용하지만 부문이나 사업부별로 ROI를 평가하면 역기능이 발생할 수 있다. 앞에서 예시를 들었던 버거사업부의 신규 투자 전 ROI는 20%이다. 만약 ₩300,000을 투자하여 ₩54,000의 이익을 창출하는 신규 투자안을 버거사업부가 검토하고 있다고 가정하자. 신규 투자의 ROI는 18%이지만 신규 투자 후 버거사업부의 ROI는 19.25%로 오히려 투자 전의 ROI보다 감소한다. 이 경우 버거사업부는 신규 투자를 수락하는 의사결정을 수행할 것인가?

버거사업부가 ROI로 성과평가를 받는다면 신규 투자의 수익성이 좋을지라도 신규 투자를 수락하면 ROI가 낮아지기 때문에 기각하는 의사결정을 수행한다. 그러나 기업에서 요구하는 최저의 수익률이 15%라면 버거사업부의 신규 투자 ROI는 18%로 최저요구수익률 15%보다 높다. 즉, 사업부가 아닌 기업 전체의 입장에서 보면 신규 투자를 수락하여 수행하는 것이 기업의 수익성 개선에 주요 역할을 수행하게 된다. ROI 자체를 평가기준으로 설정하였을 때 사업부는 회사 입장에서 유리한 투자안을 포기하는 역기능의 문제가 발생할 수 있다. 이를 준최적화(sub-optimization) 현상이라 한다. ROI는 분명 기업의 수익성을 평가하는 좋은 경영도구이나 각각의 사업부나 부문을 평가할 때에는 기업 전체 입장에서 불리한 현상이 나타날 수 있음을 고려해야 할 것이다.

〈ROA 역기능〉

| | 신규 투자 전 | 신규 투자 | 신규 투자 후 |
|---|---|---|---|
| 이익 | ₩100,000 | ₩54,000 | ₩154,000 |
| 투자액 | ₩500,000 | ₩300,000 | ₩800,000 |
| ROI | 20% | 18% | 19.25% |

## 1.4 ROI 개선방안

ROI를 개선하는 방안은 매출액의 증가, 비용의 절감, 자산의 감축 등 크게 세 가지로 구분할 수 있다. 첫째, 매출액 증가이다. 일반적으로 매출액은 매출액이익률에서는 분모에 계산되고, 자산회전율에서는 분자에 계산되어 상쇄되기 때문에 매출액 증가가 투자수익률에 영향을 미치지 않는다고 오해할 수 있다. 그러나 매출액이 손익분기점을 초과하여 고정원가를 모두 회수하였다면 매출액이 증가할수록 이익이 커지게 된다. 즉, 매출액증가율이 비용의 증가율보다 높아 매출액이익률이 증가하게 된다. 또한 총자산이 일정한 상태에서 매출액이 증가하면 자산회전율이 증가하여 총자산이익률이 높아진다. 결과적으로 매출액이 증가하면 ROI의 분자인 이익을 증가시켜 ROI가 개선된다.

둘째, 비용의 절감이다. 기업이 수익성을 높여 ROI를 높이는 가장 보편적인 방법이 비용절감이다. 매출액이 일정할지라도 비용이 감소하면 이익은 증가한다. 이익의 증가는 투자수익률인 ROI를 높이게 된다. 이와 같은 이유로 많은 기업에서 수익성을 개선하는 방안으로 비용절감을 추진하게 된다.

셋째, 자산의 처분이나 축소이다. 일반적으로 기업은 매출액이나 비용에 대해서는 민감하게 반응하여 통제 관리한다. 이에 반하여 자산의 통제에 대해서는 상대적으로 소홀하다. 자산의 효율성을 제고하기 위해서는 불필요한 자산을 감소시키거나 영업활동과 관련성이 높은 재고자산이나 매출채권에 대해 집중적으로 관리해야 한다. 예를 들어, 재고자산을 감소시키면 총자산이 감소하여 자산회전율을 높일 수 있다. 즉, 과다한 재고는 재고관리비용이 많이 소요될 뿐만 아니라 재고자산의 증가는 자산의 증가로 이어져 자산의 효율성을 저하시킨다. 또한 과다한 매출채권은 외상으로 판매한 제품의 대금회수에 많은 노력을 기울여야하기 때문에 추가적인 비용이 발생할 수 있으나 외상매출의 조기 회수는 매출채권을 감소시키고 이는 자산을 감소시키기 때문에 자산회전율이 높아진다.

**예제 2**

JH(주)의 20×5년 경영성과는 다음과 같다. JH(주)는 영업성과를 개선하기 위하여 아래와 같은 대체안을 검토하고 있다. 각 대체안에 대한 투자수익률을 구하시오.

| 구 분 | 금 액 |
|---|---|
| 매출액 | ₩50,000,000 |
| 영업이익 | ₩4,500,000 |
| 자산 | ₩30,000,000 |
| 투자수익률 | 15% |

(1) 매출액과 자산이 일정하다는 가정 하에 영업비용을 500,000원 절감하여, 절감된 영업비용이 모두 영업이익으로 반영되어 영업이익이 5,000,000원으로 증가하였다.

$$\text{대체안의 투자수익률} = \frac{5,000,0000}{30,000,000}$$

$$= \frac{5,000,0000}{50,000,000} \times \frac{50,000,000}{30,000,000} = 16.67\%$$

JH(주)의 영업비용 절감은 매출액이익률을 증가시켜 투자수익률이 16.67%로 개선된다.

(2) 매출액과 영업이익은 일정하다는 가정 하에 자산 항목 중 재고자산을 5,000,000원 감축하여 자산이 25,000,000원으로 감소하였다.

$$대체안의\ 투자수익률 = \frac{4,500,000}{25,000,000}$$

$$= \frac{4,500,000}{50,000,000} \times \frac{50,000,000}{25,000,000} = 18\%$$

JH(주)의 재고자산 감축은 자산회전율을 증가시켜 투자수익률이 18%로 개선된다.

(3) 자산을 그대로 유지하면서 매출액을 50,000,000원에서 60,000,000원으로 증가시켰으나 추가적으로 고정원가인 광고비의 비중이 증가하여 영업이익이 4,500,000원에서 7,500,000원으로 증가하였다.

$$대체안의\ 투자수익률 = \frac{7,500,000}{30,000,000}$$

$$= \frac{7,500,000}{60,000,000} \times \frac{60,000,000}{30,000,000} = 25\%$$

JH(주)의 매출액 증가는 매출액이익률과 총자산회전율을 모두 증가시켜 투자수익률이 25%로 개선된다.

## 1.5 ROI 유용성과 한계점

ROI는 기업 전체적인 관점에서 총자산이익률을 결정하는 여러 가지 재무적 요인을 통제하는 데 유용하기 때문에 기업에서 일반적으로 사용된다. ROI의 유용성을 구체적으로 살펴보면 다음과 같다.

첫째, ROI는 수익성과 활동성을 동시적으로 분석한다.

둘째, ROI는 성과평가 및 통제에 있어서 다른 수익성 지표보다 효과적이다.

셋째, ROI는 종업원과 기업의 목표를 연계해 주는 역할을 한다. 즉, 해당부서, 사업부, 부문 등에 기업목표의 달성을 위한 구체적인 관리목표를 제시하여 각 부서, 사업부, 부문의 활동이 기업목표와 연결되도록 하는 데 지침이 될 수 있다.

넷째, ROI는 모든 재무적 요인들과 상호관계를 나타내준다. 즉, 재무적 지식이 없는 종업원이나 사람들이 쉽게 기업의 경영상태를 이해하는 데 유용하다.

그러나 기업의 단기 경영목표를 ROI의 극대화로 설정할 때, ROI가 타당한 목표가 될 수 있는지 의문의 여지가 있다. 기업의 수익성은 기업가치와 연결되어야 하고 투자된 자본에 따라 측정된다는 점에서 다른 수익성 지표보다 경영목표로 합리적일 수 있다. 반면에 기업 전체적인 관점에서 유리한 의사결정임에도 불구하고 사업부, 부문의 이익을 위해 유리한 투자안도 기각할 수 있다는 점에서 문제가 있다.

ROI 분석은 수익성을 평가하는 가장 이상적인 시스템이 아니기 때문에 다음과 같은 한계점을 갖고 있다.

첫째, ROI는 장기가 아닌 단기적인 성과를 중요하게 판단한다. 예를 들면, 어떤 투자안은 단기적으로는 수익성이 낮으나 장기적인 관점에서 투자의 효과가 지속될 수 있다. 그러나 현재의 수익률이 낮아진다면 장기적인 효과를 갖더라도 투자안을 기각할 수 있다.

둘째, ROA는 회계이익을 대상으로 하기 때문에 투자의사결정과 성과평가 사이에 일관성이 결여된다. 즉, 투자안을 검토하는 자본예산 의사결정에서 사용하는 현금흐름모형과 일치하지 않는다. 자본예산 의사결정에서는 투자안으로 인해 발생하는 현금흐름에 중점을 두지만 ROA는 회계이익을 대상으로 하기 때문에 산출물인 이익과 현금흐름이 같지 않다는 것이다.

셋째, ROI의 역기능이다. 기업 전체 입장에서는 현재의 ROI를 증가시키는 의사결정이지만 부문이나 사업부 관점에서 현재의 ROI보다 투자안으로 인해 발생하는 ROI가 작다면 유리한 성과평가를 받기 위해 기각하는 의사결정을 수행한다. 예를 들어, 기업 전체의 ROI는 15%이고, 이 기업의 버거사업부 ROI는 20%이다. 회사 전체 입장에서 ROI가 15%보다 높은 투자안이라면 수락하는 의사결정을 해야 하지만, 투자안으로 인해 버거사업부의 ROI가 18%로 감소한다면 회사 전체의 ROI 15%보다 높지만 투자안을 수락하지 않을 가능성이 높다.

## 제 2 절 잔여이익

사업부나 부문을 투자수익률로 평가하면 회사 전체 입장에서 기업의 이익이 최대화가 되지 않고 준최적화되는 ROI의 역기능 문제가 발생한다. ROI의 역기능 문제를 해결하는 분석방법이 잔여이익(residual income)이다. 잔여이익은 투자액의 자본비용을 고려하여 영업이익에서 투자액의 자본비용을 차감한 이익이다.

잔여이익＝영업이익－최저요구수익률×투자액

투자액의 자본비용이란 최저요구수익률(required rate of return)로 기업이 요구하는 사업이나 투자안이 이를 위해 조달한 자금에 지출되는 최소의 자본비용과 일치하는 수익률을 말한다. 예를 들어, 투자액 100,000원을 연 10%의 이율로 은행에서 빌려와서 투자를 한다면 10%에 해당하는 10,000원의 이자비용이 발생한다. 10,000원이 바로 투자액을 조달하기 위해 발생한 자본비용이 되는 것이다. 즉, 최저요구수익률은 자본비용(cost of capital)을 의미한다. 자본비용은 통상적으로 기업의 본사에서 설정하는데, 사업이나 투자의 위험성이나 더 좋은 투자기회에 대한 기대 등이 반영되어 실제로 자금을 조달할 때 지출되는 비용 수준보다는 높게 설정되어 있다. 최저요구수익률로 반영되는 자본비용은 일반적으로 차입금 등에 대한 명시적인 이자뿐만 아니라 자기자본조달에 대한 암묵적인 기회비용이 자본비용에 반영되어 있다.

다음의 오금(주)의 A사업부, B사업부, C사업부의 잔여이익을 계산해 보자. 오금(주) A사업부의 영업이익은 560,000원이었으나 자본비용을 차감하고 남은 잔여이익은 210,000원이다. 즉, 투자액 3,500,000원에 최저요구수익률 10%를 곱하면 350,000원이다. 350,000원은 A사업부가 3,500,000원을 투자하고 얻어야 할 최소의 이익으로 자본비용을 의미한다. A사업부가 발생시킨 영업이익은 560,000원이지만 투자액에 대한 자본비용 350,000원을 차감하고 210,000원이 남게 되는 것이다. 이와 같이 B사업부의 잔여이익을 계산하면 280,000원이고, C사업부의 잔여이익은 310,000원이다. 이처럼 잔여이익은 영업이익에서 회사에서 요구하는 최저요구수익률인 자본비용을 차감하고 남은 이익으로 A, B, C 사업부 모두 비율이 아닌 절대적인 금액으로 표시된다.

〈오금(주) 잔여이익〉

| | A사업부 | B사업부 | C사업부 |
|---|---|---|---|
| 영업이익(①) | ₩560,000 | ₩780,000 | ₩910,000 |
| 투자액(②) | ₩3,500,000 | ₩5,000,000 | ₩6,000,000 |
| 최저요구수익률(③) | 10% | 10% | 10% |
| 자본비용(④=②×③) | ₩350,000 | ₩500,000 | ₩600,000 |
| 잔여이익(①−④) | ₩210,000 | ₩280,000 | ₩310,000 |

투자안 수락 : 잔여이익 > 0
투자안 기각 : 잔여이익 < 0

투자안을 평가시 잔여이익이 0보다 크면 투자안을 수락하고 0보다 작으면 기각한다. 잔여이익이 0보다 작다는 것은 투자에 필요한 자금조달비용보다 낮은 수익을 창출한다는 의미이다. 잔여이익으로 투자안을 평가한다면 최저요구수익률 이상의 수익률을 나타내는 모든 투자안을 채택하게 되어, 이익의 극대화를 추구하는 회사 전체의 의사결정과 일치하게 된다.

잔여이익=영업이익−최저요구수익률×투자액
=투자액×(영업이익/투자액−최저요구수익률)
=투자액×(투자수익률−최저요구수익률)
=투자액×초과수익률

잔여이익은 영업이익에서 투자액의 자본비용을 차감한 것으로 투자수익률에서 최저요구수익률을 차감한 초과수익률에 영업이익을 곱한 값으로 계산할 수 있다. 초과수익률은 투자수익률이 얼마만큼 최저요구수익률을 초과하였는지를 나타낸다. 위의 산식을 이용하여 A, B, C 사업부의 잔여이익을 계산하면 다음과 같다. 〈표 10-1〉에서 보면 A사업부의 초과수익률은 투자수익률 16%에서 최저요구수익률 10%를 빼면 6%, B사업부의 초과수익률은 5.6%, C사업부의 초과수익률은 5.16%이다. A사업부의 초과수익률 5.6%에 영업이익 560,000원을 곱하면 잔여이익이 210,000원이다. A사업부의 초과수익률은 세 사업부 중 가장 높지만 영업이익이 세 사업부 중 가장 낮아 잔여이익 금액이 적음을 알 수 있다.

〈표 10-1〉 초과수익률과 잔여이익

| | A사업부 | B사업부 | C사업부 |
|---|---|---|---|
| 영업이익 | ₩560,000 | ₩780,000 | ₩910,000 |
| 투자수익률 | 16% | 15.6% | 15.16% |
| 최저요구수익률 | 10% | 10% | 10% |
| 초과수익률 | 6% | 5.6% | 5.16% |
| 잔여이익 | ₩210,000 | ₩280,000 | ₩310,000 |

〈표 10-2〉 ROI와 잔여이익 비교

| | A사업부 | B사업부 | C사업부 |
|---|---|---|---|
| 영업이익(①) | ₩560,000 | ₩780,000 | ₩910,000 |
| 투자액(②) | ₩3,500,000 | ₩5,000,000 | ₩6,000,000 |
| 투자수익률(①/②) | 16% | 15.6% | 15.16% |
| 최저요구수익률(③) | 10% | 10% | 10% |
| 자본비용(④=②×③) | ₩350,000 | ₩500,000 | ₩600,000 |
| 잔여이익(①−④) | ₩210,000 | ₩280,000 | ₩310,000 |

〈표 10-2〉는 A사업부, B사업부, C사업부의 투자수익률(ROI)과 잔여이익을 비교한 것이다. ROI 관점에서 볼 때 A사업부의 투자수익률은 16%로 가장 높지만, 잔여이익 관점에서 볼 때 C사업부의 잔여이익이 310,000원으로 가장 높다. 이처럼 사업부의 수익성을 ROI로 평가하느냐 잔여이익으로 평가하느냐에 따라서 성과평가 결과가 달라질 수 있다. 잔여이익으로 사업부의 수익성을 평가하면 최저요구수익률을 초과하는 투자안을 모두 채택하여 기업 이익을 극대화하는 목표에는 부합

할 수 있으나 투자액이 큰 사업부일수록 잔여이익이 높아 유리한 평가를 받게 된다는 문제점이 존재한다. 즉, 투자액이 다른 경우 절대금액으로 평가하기 때문에 수익성에 대한 비교가 적정하게 이루어지지 않게 된다.

기업에서 현실적으로 사업부의 수익성을 평가하여 승진이나 인센티브 등의 보상 프로그램과 성과평가를 연계할 때 한 가지의 수익성 평가기준을 적용하지 않고 여러 가지 안을 종합적으로 고려하여 설계하는 것이 필요할 것이다.

## 제 3 절 순현재가치

지금까지는 화폐의 시간적 가치를 고려하지 않고 단일 현금흐름을 가정한 것이다. 만약 지금 10,000,000원을 지급받는 것과 1년 후에 10,000,000원을 받는 경우가 있다면 지금 10,000,000원을 받는 것이 유리하다. 왜냐하면 지금의 10,000,000원의 가치와 1년 후의 10,000,000원의 가치가 동일하지 않기 때문이다. 예를 들어, 은행의 저축이율이 5%라면 현재 10,000,000원을 받아 은행에 예금을 하면 1년 후에 원금 10,000,000원과 이자 500,000원을 수령한다. 이와 같이 현재의 1원의 가치가 미래에 갖게 되는 1원의 가치보다 크게 되는 것을 화폐의 시간가치(time value of money)라 한다.

투자로 인해 발생하는 현금흐름은 대부분 단기적인 것이 아니라 1년 이상의 중장기적인 현금흐름을 수반하는 경우가 많기 때문에 화폐의 시간가치에 대해 살펴보도록 한다.

### 3.1 현재가치

현재가치(present value)란 미래 일정시점에 발생하는 현금흐름을 현재시점의 기준으로 평가한 가치이다. 즉, 미래에 받게 될 현금유입액이나 지급할 현금유출액을 일정한 비율로 할인하여 현재시점의 화폐가치로 변환시키는 과정을 현재가치라 한다. 반대로 미래가치(future value)란 미래 일정시점에 발생하는 현금흐름이기 때문에 현재가치에 일정한 이율을 적용하여 미래의 기준시점으로 가산한 것을 말한다.

예를 들어, A라는 투자안에 투자하면 1년 후에 10,000,000원을 받을 수 있고, A라는 투자안의 연간 수익률이 5%라 가정하자. A라는 투자안에 투자를 하면 1년 후에 10,000,000원을 받을 수 있기 때문에 10,000,000원이 미래가치이다. 그러면 현재의 얼마를 투자해야 A라는 투자안에 투자를 하겠는가? A투자안의 미래가치 10,000,000원은 현재의 투자금액 X와 투자금액 X에 대한 기대수익률 5%로 구성되어 있다. 이를 수식으로 표현하면 다음과 같다.

$$(1+0.05)X = ₩10,000,000$$
$$X = \frac{₩10,000,000}{(1.05)}$$
$$= ₩9,523,810$$

A투자안에 9,523,809원을 투자하면 1년 후에 10,000,000원의 가치가 되는 것이다. 현재가치는 미래의 현금흐름 10,000,000원을 5%로 할인한 금액이다. 이와 같은 계산은 다음과 같이 검증할 수 있다.

| | |
|---|---:|
| 투자액(현재가치) | ₩9,523,810 |
| 기대수익(₩9,523,810×5%) | ₩476,190 |
| 1년 후 현금유입액(미래가치) | ₩10,000,000 |

한편, A투자안으로 2년 후에 10,000,000원의 현금흐름을 기대한다면, A투자안의 현재가치는 9,070,295[(10,000,000/1.05)/1.05]원이 된다. 즉, 현재 9,070,295원은 2년 후 연투자수익률 5%로 할인한 현재가치와 동일한 금액으로 이것의 미래가치가 10,000,000원이 되는 것이다. 10,000,000원은 투자액의 현재가치 9,070,295원과 향후 2년 동안 기대되는 투자수익액 929,705원으로 구성되어 있다. 여기서 투자수익률은 5%로 단리로 계산된 것이 아니라 누적되어 합산한 복리로 계산된다.

| | |
|---|---:|
| 투자액(현재가치) | ₩9,070,295 |
| 1년째 기대수익(₩9,070,295×5%) | ₩453,515 |
| 1년 후 현금유입액 | ₩9,523,810 |
| 2년째 기대수익(₩9,523,810×5%) | ₩476,190 |
| 2년 후 현금유입액 | ₩10,000,000 |

연간할인율이 r일 때 n년 후 현금흐름(CF)의 현재가치(P)는 다음과 같이 표시되며, 투자안에 대해서 일반적으로 사용하는 할인율은 최저요구수익률이다.

$$P_0 = \frac{CF_n}{(1+r)^n}$$

$P_0$=현재가치, $CF_n$=n년 후의 현금흐름, r=연간할인율

요약하면, 연투자수익률이 5%인 경우 미래에 발생하는 10,000,000원의 현재가치는 〈표 10-3〉과 같이 산출된다. 수식을 이용하는 대신 1원의 단일금액 현재가치표의 현가지수를 이용하여 쉽게 구할 수 있다.

〈표 10-3〉 현재가치 계산

| 연 도 | 수 식 | 현가지수 이용 | 현재가치 |
|---|---|---|---|
| 1차년도 말 | $\frac{₩10,000,000}{(1.05)^1}$ | ₩10,000,000×0.9524 | ₩9,523,810 |
| 2차년도 말 | $\frac{₩10,000,000}{(1.05)^2}$ | ₩10,000,000×0.9070 | ₩9,070,295 |

다음은 투자안을 통해 매년 동일한 금액의 현금액이 유입되는 경우를 살펴보자. 유입되는 현금흐름이 매년 동일한 것을 연금(annuity)이라고 한다. 예를 들어, 매년 말에 10%의 수익률로 100,000원을 3년 동안 지급받는다고 가정하자. 3년 동안 매년 말에 100,000원씩 유입될 투자수익 300,000원을 10%로 할인할 경우 투자안의 현재가치는 248,680원이다. [그림 10-1]에서 보는 것과 같이 1차년도 말에 받는

100,000원의 현재가치는 90,910원이고, 2차년도 말에 받는 100,000원의 현재가치는 82,640원이다. 3차년도 말에 받는 100,000원의 현재가치는 75,130원이다. 이를 합산한 금액이 투자안의 현재가치 248,680원이 되는 것이다.

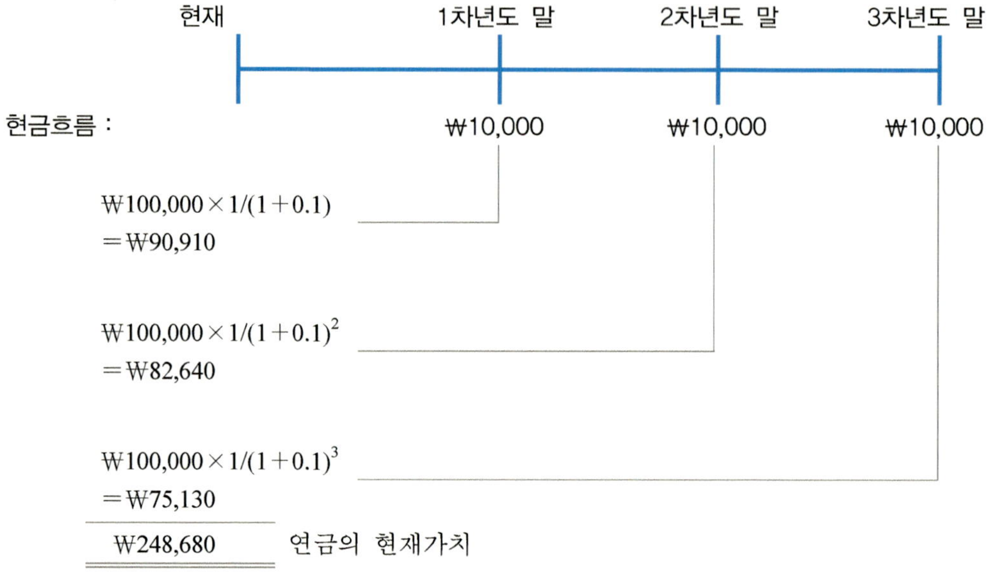


[그림 10-1] 연금의 현재가치 계산

〈표 10-4〉는 연금의 현가지수를 이용하여 구한 것으로 단일금액의 현가지수를 더한 것이 연금의 현가지수가 되는 것이다.

〈표 10-4〉 현가지수를 이용한 현재가치 계산

| 연 도 | 현금유입액 | 할인율(5%) | 현재가치 |
|---|---|---|---|
| 1차년도 말 | ₩100,000 | 0.9091(단일금액 현재가치) | ₩90,910 |
| 2차년도 말 | ₩100,000 | 0.8264(단일금액 현재가치) | ₩82,640 |
| 3차년도 말 | ₩100,000 | 0.7513(단일금액 현재가치) | ₩75,130 |
| =₩100,000×2.4868 | | 2.4868(연금의 현재가치) | ₩248,680 |

## 3.2 순현재가치 분석

퇴직한 많은 사람들이 치킨과 맥주를 파는 치킨전문점 창업을 희망한다. 프랜차이즈업체들은 창업자를 대상으로 레시피, 원재료 공급, 가게 운영 및 관리 노하우 등을 제공한다. 그러나 치킨전문점을 창업해서 높은 수익률을 달성할 수 있을 것 같으나 실제 주변 사례를 보면 폐점하는 경우가 매우 많은데 과연 무엇이 문제인지 생각해볼 필요가 있다. 여러 가지의 이유가 있겠지만 그중 하나는 화폐의 현재가치를 고려하지 않고 투자액과 미래 수익을 단순하게 비교하여 미래 수익이 투자액보다 높다고 판단하면 창업을 한다. 그러나 실질적으로는 예상되는 미래의 돈의 가치가 투자액보다 못 미치는 경우가 많기 때문에 수익성이 저조한 경우가 많다. 화폐의 가치는 현재 돈의 가치와 미래 돈의 가치가 다르기 때문에 미래에 받을 돈의 가치를 현재가치로 환산해서 투자액과 비교해서 의사결정을 해야 한다.

투자안을 평가하는 여러 가지 방법 중 순현재가치(Net Present Value : NPV)는 장기간에 걸쳐 현금흐름이 발생하는 경우 현재가치의 개념을 이용하여 중장기 투자안의 수익성과 타당성을 검토하는 방법이다. NPV는 화폐의 시간가치를 고려하여 n기간 동안 유입되거나 유출되는 모든 현금흐름을 현재가치로 평가하여 현금유입액의 현재가치와 현금유출액의 현재가치를 비교하는 것이다. 순현재가치는 현금유입액을 자본비용에 해당하는 최저요구수익률로 할인한 현재가치의 합계에서 투자에 소요되는 현금유출액을 최저요구수익률과 할인한 현재가치의 합계를 차감하여 구한다.

NPV를 적용하여 투자안을 평가한 것과 화폐의 시간가치를 고려하지 않고 투자안을 평가한 것을 비교해 보자. 치킨전문점A는 창업투자자를 대상으로 사업설명회를 실시하였다. 초기 창업 투자액은 12,000만원이고 5년 동안 매년 3,000만원의 순현금흐름이 발생한다. 단순하게 비교하면 5년 동안 벌어들이는 돈 15,000만원이 투자액 12,000만원보다 높아 치킨전문점A를 창업하는 것이 수익성이 높다고 판단 할 것이다. 그러나 화폐의 시간가치를 고려한다면 시장에서 형성되어 있는 할인율로 할인한 현재가치를 계산해서 의사결정을 해야 한다. 예를 들어 할인율이 5% 로 형성되었다면 5년 동안 벌어들이는 15,000만원을 현재가치로 환원하면 12,988만원이다. 12,988만원은 투자액 12,000만원보다 988만원 많기 때문에 치킨전문점A 투자안을 수락한다. 그러나 할인율이 10%라면 15,000만원의 현재가치는 11,372만원으로 투자액 12,000만원보다 작아 창업 투자안을 기각한다. 현재가치를 무시하고 단순하게 비교하면 3,000만원의 이익이 발생할 것으로 보이나 할인율로 현재가치를 환산해서 비교하면 투자안을 수락할 수도 있고 기각할 수도 있으니 중장기 투자안을 검토할 때에는 화폐의 시간가치를 고려해서 의사결정을 해야 한다.

| | 현재가치 무시 | 현재가치 고려<br>(할인율 5%, 5년) | 현재가치 고려<br>(할인율 10%, 5년) |
|---|---|---|---|
| 투자액<br>(현금유출액) | −12,000만원 | −12,000만원 | −12,000만원 |
| 수익<br>(현금유입액) | 15,000만원 | 12,988만원<br>(3,000×4.3295)<br>연금현가지수 : 4.3295 | 11,372만원<br>(3,000×3.7908)<br>연금현가지수 : 3.7908 |
| 이익 | 3,000만원 | 988만원 | (628)만원 |
| 투자안 | 수락 | 수락<br>(NPV＞0) | 기각<br>(NPV＜0) |

순현재가치법으로 NPV를 구하기 위해서는 아래의 수식에서 보듯이 예상되는 미래의 현금흐름과 투자액 및 할인율이 반드시 사전에 확정되어야 한다.

현금유입액의 현재가치 : $\sum_{t=0}^{n} \frac{CFI_t}{(1+r)^t}$

현금유출액의 현재가치 : $\sum_{t=0}^{n} \frac{CFO_t}{(1+r)^t}$

$CFI_t$ : t기의 현금유입액

$CFO_t$ : t기의 현금유출액

r : 할인율

$$NPV = \sum_{t=0}^{n} \frac{CFI_t}{(1+r)^t} - \sum_{t=0}^{n} \frac{CFO_t}{(1+r)^t}$$

NPV가 0보다 큰 값을 갖는다는 것은 유입되는 현금흐름의 현재가치가 유출되는 현금흐름의 현재가치보다 크다는 것을 의미한다. 반면에 NPV가 0보다 작다는 것은 유출되는 현금흐름의 현재가치가 유입되는 현금흐름의 현재가치보다 크다는 것을 의미한다. 중장기 투자안의 수익성을 검토할 때 NPV가 0보다 크면 투자안은 타당성을 갖게 되어 수락하는 의사결정을 하나, 0보다 작으면 타당성을 잃어 기각하는 의사결정을 한다.

NPV＝현금유입액 현재가치－현금유출액 현재가치
투자안 수락 : NPV ＞ 0
투자안 기각 : NPV ＜ 0

복수 투자안의 수익성을 검토할 때 NPV값이 클수록 우선순위를 갖기 때문에 NPV값이 큰 순위로 의사결정 한다. 이처럼 NPV는 화폐의 시간가치를 고려하면서 계산을 쉽게 할 수 있어 일반적으로 투자안의 수익성과 타당성을 검토하는 도구로 활용되고 있다.

**예제 3**

JH(주)는 신규설비를 도입하면 5년 동안 매년 말 6,500,000원의 현금흐름이 기대된다. 신규설비의 투자액은 30,000,000원이며 JH(주)의 최저요구수익률은 10%이다. JH(주)는 신규설비에 투자를 해야 하는지 검토중이다. NPV를 이용하여 투자안에 대한 의사결정을 하여라.

**풀이**

JH(주)의 5년 동안 유입되는 매년 현금흐름이 동일하다. 따라서 연금의 현재가치표를 이용하면 연금현가지수(5년, 10%)는 3.79080이다. 현금유입액의 현재가치는 다음과 같이 계산한다.

현금유입액의 현재가치＝6,500,000×3.7908＝24,640,200
현금유출액의 현재가치＝30,000,000

순현재가치＝24,640,200－30,000,000＝－5,359,800
＝－5,359,800 ＜ 0

NPV가 음의 값을 가지므로 JH(주)는 신규설비를 도입하지 않는다.

화폐의 시간가치를 고려하지 않고 단순히 6,500,000원이 5년 동안 현금흐름이 창출된다고 계산하면 총현금흐름은 32,500,000원으로 투자액 30,000,000원보다 높아 수익이 발생한다고 판단하여 투자안을 수락하는 의사결정을 할 수도 있다. 그러나 화폐의 시간가치를 고려하면 신규설비를 투자하는 것은 투자수익이 투자액을 하회하여 5,359,800원의 손실을 발생시키는 것이기 때문에 신규설비를 도입하지 않는 것이 바람직함을 알 수 있다.

| 현재가치 | 현가지수 (10% 할인) | 연도별 현금흐름 0 | 1 | 2 | 3 | 4 | 5 |
|---|---|---|---|---|---|---|---|
| −₩30,000,000 | 1 | −₩30,000,000 | | | | | |
| ₩5,909,150 | 0.9091 | | ₩6,500,000 | | | | |
| ₩5,371,600 | 0.8264 | | | ₩6,500,000 | | | |
| ₩4,883,450 | 0.7513 | | | | ₩6,500,000 | | |
| ₩4,439,500 | 0.6830 | | | | | ₩6,500,000 | |
| ₩4,035,850 | 0.6209 | | | | | | ₩6,500,000 |
| −₩5,359,800 | 3.7908 | | | | | | |

## 제 4 절 내부수익률

내부수익률(Internal Rate of Return : IRR)은 미래의 현금흐름의 현재가치와 현재 지출되는 투자액을 일치시키는 할인율을 의미한다. 즉, IRR은 NPV가 0이 되도록 하는 할인율이다. 사전에 정한 할인율을 이용하는 NPV와 달리 IRR은 할인율 자체를 구하는 것이 다른 수익성을 평가하는 도구와 다른 점이다. IRR은 다음과 같이 구할 수 있다.

$$\sum_{t=0}^{n}\frac{CFI_t}{(1+r)^t}-\sum_{t=0}^{n}\frac{CFO_t}{(1+r)^t}=0\text{을 만족시키는 } r\text{(할인율)}$$

$CFI_t$ : t기의 현금유입액

$CFO_t$ : t기의 현금유출액

투자안의 수익성의 타당성을 검토할 때 IRR이 자본비용인 최저요구수익률보다 높으면 수락하는 의사결정을 수행하고, 작으면 기각한다.

| 투자안 수락 : IRR > 최저요구수익률 |
|---|
| 투자안 기각 : IRR < 최저요구수익률 |

IRR은 장기간에 걸친 사업의 수익성을 판단하는 지표로 NPV와 함께 보편적으로 사용되고 있다. 내부수익률이 자본비용보다 높을 때 투자가치가 있으며, 내부수익률이 높을수록 투자의 우선순위가 올라간다고 볼 수 있다. IRR은 규모나 성격이 서로 다른 투자안을 평가할 때 우선순위를 결정하는 데 유용하며 쉽게 이해할 수 있다는 장점이 있다. 그러나 실제로 내부수익률을 구하는 데 시간이 많이 소요되는데, 이는 시점이 다른 경우의 여러 번의 상이한 현금유출액과 현금유입액의 현재가치를 일치시키는 작업을 수차례 반복하기 때문이다. 이와 같은 어려움이 있지만 엑셀의 재무함수를 이용하여 실무에서 쉽게 계산하여 투자안의 시뮬레이션 등에 활용하고 있다.

앞의 NPV에서 사용한 〈예제 3〉 자료를 가지고 JH(주)의 IRR을 구하면 다음과 같다.

현금유출액의 현재가치 = 30,000,000원
현금유입액의 현재가치 = 6,500,000원

IRR = 3%

JH(주)의 IRR은 약 3% 정도이다. 이렇게 계산한 IRR이 자본비용인 최저요구수익률 10%와 비교해서 이보다 높으면 투자안을 수락한다. 그러나 이 경우 IRR은 3%로 할인율인 최저요구수익률 10%보다 매우 낮아 투자가치가 없음을 알 수 있다.

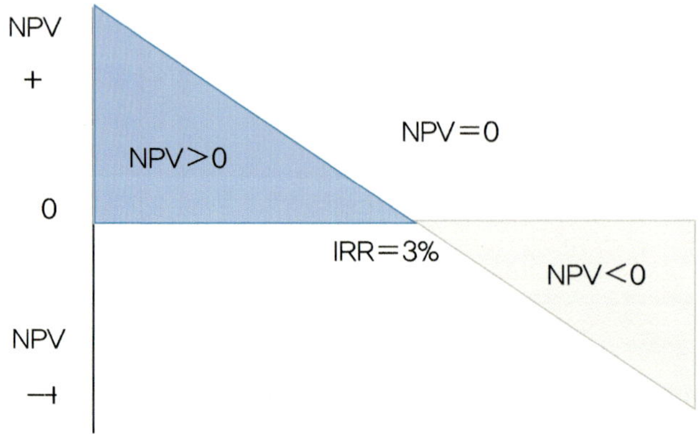


## 제 5 절 수익성 분석시 고려사항

지금까지 수익성을 분석하는 여러 가지 방안 중 실무적으로 가장 많이 사용되는 CVP 분석, 손익분기점 분석, 투자수익률 ROI, 잔여이익, NPV, IRR 등을 살펴보았다. 그러나 투자안이나 신사업 등을 검토할 때 기본적으로 사업이나 투자로 인해 발생할 이익의 크기와 얼마나 오랫동안 이익이 지속될 수 있는지를 고려하게 된다. 또한 잠재적으로 손익분기점에 도달하기 위해 소요되는 기간은 얼마인지, 비용항목은 어떻게 구성되어 있는지를 살펴보게 된다. 다음은 투자안의 수익성 분석시 기본적으로 검토하는 사항이다.

첫째, 매출총이익과 영업이익이다. 매출총이익은 매출액에서 매출원가를 차감한 것으로 제품의 마진을 나타낸다. 매출원가는 매출액의 원래의 가격으로 제품을 생산하거나 구입하기 위해 소요된 비용을 의미한다. 따라서 매출총이익은 제품 1단위를 생산하거나 구매하여 판매할 때 생기는 이익을 의미한다. 편의상 매출원가를 제조활동에 소요된 제조원가로 설명했으나 생산량(구입량)과 판매량이 동일하여 재고가 없는 경우에 해당한다. 즉, 제품을 생산하거나 구입하여 100% 판매하여 재고가 0인 경우에는 매출원가가 제조원가이거나 제품의 구입비용에 해당한다.

낮은 비용으로 제품을 생산하면 매출원가가 낮아지기 때문에 매출총이익이 커지게 된다. 매출총이익이 클수록 제품을 판매할 마진의 폭이 크기 때문에 같은 조건이라면 매출총이익이 큰 투자안을 선택하게 된다.

영업이익은 매출총이익과 같이 수익성 분석시 관심을 갖고 분석하는 수익성 항목이다. 영업이익은 매출총이익에서 제품을 판매하기 위해 소요되는 영업비용을 차감하고 남은 금액이다. 일반적으로 기업은 투자안별, 목표시장별, 품목별로 영업이익을 분석하여 제시한다.

원가를 변동원가와 고정원가로 구분한 경우에는 매출총이익 대신 공헌이익을 검토한다. 공헌이익이 높을수록 고정원가를 회수하고 남은 금액이 영업이익이 되기 때문에 높은 공헌이익을 갖는지를 확인한다. 투자안별, 목표시장별, 품목별로 공헌이익을 검토하여 함께 포함하는 것이 필요하다.

둘째, 수익성의 지속기간이다. 투자안이나 사업으로부터 창출된 이익이 어느 정도 되는지 이익의 규모와 지속되는 기간을 분석한다. 이때 동종업계의 평균 수익률이나 지속기간 등을 고려해야 하며 경쟁사 대비 자사의 위치가 어디인지를 확인하는 것도 중요하다.

특히 이익이 지속되는 현상이 일시적 유행으로 인한 것인지 아니면 경쟁력을 확보하여 지속되는 것인지를 판단하여 그 원인을 분석하는 것이 필요하다. 즉, 기술력 측면에서 이익이 확보되는 것인지 아니면 진입장벽이 높아 지속되고 있는 것인지를 파악할 필요가 있다.

셋째, 원가를 고정원가, 변동원가, 준고정원가 등으로 분류한다. 투자안별, 사업별, 제품별, 시장별로 원가를 변동원가, 고정원가, 준고정원가로 분류한다면 시장이 확대되거나 제품의 수요가 증가하거나 감소할 때 상황에 맞게 대처할 수 있다. 원가의 총액도 중요하지만 원가 중 각각의 변동원가, 고정원가, 준고정원가의 비율이 어느 정도인지를 확인해야 한다. 이를 토대로 생산량 또는 구입량이나 판매량을 함께 점검하여 효율적으로 원가가 관리되는지를 점검할 수 있다. 자사의 원가항목의 속성뿐 아니라 동종업계의 고정원가, 변동원가, 준고정원가의 총액이나 비율을 고려하는 것 또한 필요하다.

넷째, 손익분기점에 도달하기까지의 기간을 산정하는 것이다. 앞서 설명한 것처럼 투자안의 손익분기점 도달을 위해 얼마만큼의 기간이 필요한지를 확인한다.

또한 기업이 성장하는 단계에서 새롭게 신규 투자하는 설비나 투자안으로 인해 손익분기점이 어떻게 변화하여 이를 도달하는 데 얼마의 기간이 소요되는지를 제시해야 한다.

다섯째, 현금흐름은 기업에 있어서 가장 중요한 꽃이라 할 수 있다. 이익이 발생할지라도 현금흐름이 충분하지 않다면 도산할 수 있기 때문이다. 앞에서 설명한 모든 사항이 수익성 분석시 검토되었을 때 이익을 창출하기 위한 현금흐름이 얼마인지를 확인해야 한다. 또한 흑자의 현금흐름을 창출하기 위해 얼마만큼의 기간이 소요되는지를 분석해야 한다. 매출액이 100% 현금으로 이루어지는 것이 아니고 비용 또한 100% 현금흐름을 수반하는 비용이 아니기 때문이다. 자금이 언제 모두 소진되는지, 충당시점이 언제인지 등을 분석해야 한다. 아울러 투자안이나 신제품 개발 등에 필요한 자금을 어떻게 조달해야 하는지 등 단계별로 필요한 현금흐름의 변동을 파악해야 한다.

## 5.1 수익성 분석 체크 리스트

수익성 분석이란 결과적으로 투자 대비 얼마나 많은 이익을 창출하였느냐 또는 미래의 수익을 창출할 수 있는 능력을 충분히 갖고 있는지를 평가하는 것이다. 창업이나 제품 개발 등이 이루어지는 투자라면 제조와 관련된 비용의 정보를 점검하는 것이 무엇보다 중요할 것이다. 이를 위해 제조에 소요되는 비용이 얼마인지, 또는 제조시설의 향상을 위해 신규 시설투자나 생산설비 증대와 관련된 사업의 총사업비가 얼마인지, 초기 소요되는 자금의 규모는 얼마인지, 추가적으로 자금조달을 어떻게 해야 할지에 관한 재무사항이 있을 수 있다. 둘째, 투자안으로부터 기대되는 투자수익률이 얼마인지를 예측해야 한다. 즉, 최소 몇 개를 생산해서 판매해야 투자액을 회수하고 이익을 창출할 수 있는지에 관한 손익사항을 살펴볼 필요가 있을 것이다. 셋째, 투자자금의 회수기간과 관련된 재무예측 사항이다. 이러한 세부적인 사항을 리스트를 통해 점검한다면 수익성을 평가할 때 주요 항목을 놓치지 않게 되어 효율적인 관리를 할 수 있다.

수익성 분석을 위한 체크 리스트는 크게 제조원가 파트, 손익분기점 파트, 수익예측 파트로 구분하여 점검할 사항들을 나열한 것이다.

## 5.2 수익성 분석을 위한 제조원가 체크 리스트

제조원가는 크게 재료원가, 노무원가, 제조경비로 구분된다. 재료원가는 제품 생산에 투입되는 원재료, 부재료, 자재 등을 얼마만큼 사용했는지를 나타낸다. 노무원가는 투입된 재료들을 제품으로 가공하기 위하여 기술자, 생산 관련 인력을 얼마나 많이 투입하여 사용했는지를 나타낸다. 제조경비는 투입된 재료들을 제품으로 가공하기 위해 기계나 자동화 시설 등을 이용한다. 또한 각종 전기료, 수도비, 가스비 등 시설을 가동하기 위해 소요되는 비용 등이 제조경비에 포함된다. 제조원가를 얼마만큼 절감할 수 있느냐에 따라서 제품의 마진이 달라지기 때문에 제조원가를 정확하게 산출하는 것이 무엇보다도 가장 중요하다.

이러한 제조원가는 제품에 직접 추적할 수 있으면 직접원가로 분류하고 제품에 투입은 되었으나 정확하게 얼마만큼 소요되었는지를 측정하기가 어려운 원가 항목들은 간접원가로 분류한다. 예를 들어, 스마트폰을 생산할 때 투입되는 재료 중 액정은 스마트폰 1개를 만들 때 액정 1개를 사용한다. 그러나 스마트폰 1개를 만들기 위해 기술자가 정확하게 얼마만큼 시간투자를 했는지, 설비를 얼마만큼 사용했는지를 추적하기는 어렵다. 이에 따라 통상적으로 재료원가는 직접원가로 분류하고 노무원가와 제조경비는 제조간접원가로 분류한다. 원가절감은 제품에 추적되는 직접원가인 재료원가는 상대적으로 측정이 용이하여 경영자나 기업이 바로 체감할 수 있다. 그러나 제조간접원가는 제품에 직접적으로 추적이 어려워 배부를 하기 때문에 제품제조원가의 정확성을 저하시키는 주요 원인이 되고 있다. 이러한 제조간접원가를 절감할 수 있는 방안이 있는지를 확인하는 것이 수익성을 향상시키는 데 주요 역할을 수행한다.

또한 제조원가의 분류는 생산량에 비례하여 움직이는 변동원가와 생산량과 상관없이 발생하는 고정원가로 구분할 수 있다. 생산량이 증가하면 당연히 변동원가도 증가하고, 생산량이 감소하면 변동원가도 감소한다. 수익성 개선을 위해 변동원가를 조정하는 효과가 적은 이유는 생산량 증감에 비례하여 비용이 함께 발생하기 때문이다. 그러나 고정원가의 경우 생산량이 증가해도 일정수준을 유지하기 때문에 비용이 증가하지 않으나, 생산량이 감소한다고 해서 감소하지도 않아 수익성 지표에 큰 영향을 미친다. 예를 들어, 스마트폰 생산에 필요한 공정 한 개를 감축하면 매월, 매년 지급하는 고정원가는 줄게 되어 원가절감 효과가 크게 나타난다. 변동원가와 고정원가는 현실적으로 명확히 구분할 수 없으나 일반적으로 재료원가는 변동원가의 성격을 갖고 있는 것으로 분류하고, 노무원가와 제조경비는 고정원가의 성격을 갖는 것으로 분류한다.

이처럼 근본적으로 제조원가에서 경쟁력을 갖지 못한다면 각종 수익성 지표들이 저하되기 때문에 아래의 사항들을 체크하여 어느 부분에 문제가 있는지 아니면 제조원가의 경쟁력을 갖기 위해 어떤 항목들을 조정하여 최적화할 수 있는지를 점검해야 한다.

〈제조원가 항목 체크 리스트 예시〉

- 재료원가의 비중은 얼마인가?
- 노무원가의 비중은 얼마인가?
- 제조경비의 비중은 얼마인가?
- 제조원가 중 제조간접원가의 비중은 얼마인가?
- 제조간접원가의 배부가 제대로 이루어지고 있는가?
- 제조원가가 정확하게 계산되고 있는가?
- 제조원가 중 변동원가의 비중은 얼마인가?
- 제조원가 중 고정원가의 비중은 얼마인가?
- 재료원가를 감소시킬 유인이 있는가?
- 노무원가를 감소시킬 유인이 있는가?
- 제조경비를 감소시킬 유인이 있는가?
- 현재 제조원가 중 변동원가의 비중은 합리적인가?
- 현재 제조원가 중 고정원가의 비중은 합리적인가?
- 제조원가 중 변동원가를 감소시킬 유인이 있는가?
- 제조원가 중 고정원가를 감소시킬 유인이 있는가?
- 현재 제조원가가 적정이윤을 보장하고 있는가?

## 5.3 수익성 분석을 위한 수익예측 체크 리스트

수익성 분석을 위해 과거의 수익인 매출, 비용, 이익이 얼마인지를 확인하는 것도 중요하지만 미래에 예상되는 매출액이 얼마이고, 비용이 얼마인지 가능한 한 정확하게 추정하는 것이 무엇보다 중요하다. 이에 따라 예상이익이 결정되고 바로 이것이 투자 대비 산출물인 이익이 되기 때문에 NPV, 잔여이익, IRR 등 수익성을 분석할 때 중요한 지표로 사용된다. 또한 미래의 자료가 아닌 과거의 자료를 이용하여 ROA, ROE 등을 분석할 때에도 이것을 토대로 향후 수익성 개선을 위해 어느 부분을 중점 관리 및 통제해야 하는지를 파악할 수 있다.

단기적인 의사결정이 아닌 중장기적 의사결정을 요하는 경우 현재시점의 1원과 미래시점의 1원의 가치는 서로 다르기 때문에 화폐의 시간적 가치를 고려하고 있는지를 살펴보아야 한다. 특히, 중장기 계획안에 따른 현금흐름을 파악하는 것도 무엇보다 중요하다. 왜냐하면 화폐의 시간가치를 고려하지 않고 현금흐름을 추정할 경우 단기적인 관점에서 이익을 발생시키는 것처럼 보이나 실질적으로 손실을 야기시킬 수 있기 때문이다. 이에 따라 중장기 투자안으로 발생하는 현금유입액과 현금유출액이 화폐의 시간가치를 고려하여 측정하고 있는지를 확인할 필요가 있다.

이 외에도 수익성을 판단하는 내부기준인 최저요구수익률을 설정하고 있는지 등을 체크해야 한다. 또한 실제로 투자안의 수익성을 평가하는 내부적인 기준을 갖고 있는지를 살펴볼 필요가 있다. 수익성을 판단하는 내부기준이 적합하지 않다면 활용가능한 ROI, NPV, IRR 등의 방법을 제안할 수 있을 것이고, 이러한 기준을 갖고 있더라도 적합하게 잘 사용되고 있는지, 상충되는 문제는 없는지를 검토할 필요가 있을 것이다. 다음은 수익예측을 위한 체크 리스트의 예시를 제시한 것이다.

〈수익예측 항목 체크 리스트 예시〉

- 예상매출액은 얼마인가?
- 예상비용은 얼마인가?
- 예상이익은 얼마인가?

- 매출액(수익) 추정을 합리적인 방법으로 수행하고 있는가?
- 비용 추정을 합리적인 방법으로 하고 있는가?
- 미래에 기대되는 현금유입액은 얼마인가?
- 미래에 기대되는 현금유출액은 얼마인가?
- 현재시점에서 지출되는 현금은 얼마인가?
- 현재시점에서 유입되는 현금은 얼마인가?
- 최저요구수익률이 설정되어 있는가?
- 투자안을 평가하는 기준이 설정되어 있는가?
- 중장기 계획(plan)의 경우 화폐의 시간가치를 고려하고 있는가?
- 예상되는 현금흐름이 단기적인가?
- 예상되는 현금흐름이 중장기적인가?
- NPV를 사용하고 있는가?
- IRR을 사용하고 있는가?
- 잔여이익을 사용하고 있는가?
- 매출액 대비 이익의 비중은 얼마인가?
- 자산 대비 이익의 비중은 얼마인가?
- 자본 대비 이익의 비중은 얼마인가?

요약하면, 수익성 분석을 위해서는 수익성에 영향을 미치는 여러 가지 요인들을 체크 리스트 작성을 통해 그 영향을 파악하는 것이 중요할 것이다.

**기초 다지기 1**

1. (         )는 정상적이고 효율적인 제조환경에서 한 단위의 제품을 생산하기 위해 투입되는 예상원가이다.
2. (         )은 순현재가치를 0이 되도록 하는 할인율이다.
3. (         )은 ROI의 역기능 문제점을 해결하는 성과지표로 투자액에 초과수익률을 곱하여 구한다.
4. ROI를 평가지표로 사용할 때, 해당 사업부가 투자안에 대해 기업 입장으로는 유리하나 사업부 입장으로는 불리하여 투자안을 포기하는 경우가 발생하는데, 이를 (         )이라 한다.
5. NPV는 현금유입액의 현재가치와 현금유출액의 현재가치를 비교하여 NPV가 0보다 크면 투자안을 (         )한다.

**기초 다지기 2**

6. ROI는 기업 전체적인 입장에서 수익성을 평가하는 데 유용하지만 부문이나 사업부별로 ROI를 평가하면 역기능이 발생할 수 있다. (○, ×)
7. 잔여이익은 자본비용을 고려한 수익성 지표로 당기순이익에서 회사가 요구하는 최저요구수익률인 자본비용을 차감하고 남은 값이다. (○, ×)
8. 회계학관점에서 ROI는 매출액이익률에 총자산회전율을 곱해서 구한 값과 동일하므로 부분을 통제하는 수단으로 활용된다. (○, ×)
9. 잔여이익이 0보다 큰 투자안을 수락하면 기업 전체적인 입장에서 ROI는 항상 증가한다. (○, ×)
10. 순현재가치법으로 NPV를 구하기 위해서는 미래현금흐름과 할인율이 반드시 사전에 확정되어야 한다. (○, ×)

**기초 다지기 3**

11. ROI 유용성과 한계점으로 옳지 않은 것은?
    ① 투자성과결정과 성과평가 사이에 일관성 결여된다.
    ② 성과평가 및 통제에 있어서 다른 수익성 지표보다 효과적이다.
    ③ 종업원과 기업의 목표를 연계해 주는 역할을 한다.
    ④ 수익성은 잘 파악할 수 있으나 활동성은 고려되지 않는다.

12. 다음 중 내부수익률과 순현재가치에 대한 설명으로 틀린 것은?
① 내부수익률은 다른 수익성을 평가하는 분석 도구와는 다르게 NPV를 0으로 만드는 할인율 자체를 구하는 것이다.
② 순현재가치는 현재가치의 개념을 이용하여 중장기 투자안의 수익성과 타당성을 검토하는 방법이다.
③ 순현재가치가 0보다 큰 값을 가지는 경우 유입되는 현금흐름의 현재가치가 유출되는 현금흐름의 현재가치보다 크다는 것을 의미한다.
④ 투자안의 내부수익률이 최저요구수익률보다 높으면 기각하고, 최저요구수익률보다 낮으면 수락한다.

[13～15] 다음은 (주)금오의 A사업부에 대한 자료이다.

| A사업부 투자수익률 | 20% | 최저요구수익률 | 15% |
|---|---|---|---|
| 연간 판매량 | 23,000개 | 투자된 영업자산 | 4,000,000원 |
| 연간 총고정원가 | 2,100,000원 | 변동원가 | 단위당 250원 |

13. 다음 중 A사업부에 대한 설명으로 옳지 않은 것은?
① 영업이익은 800,000원이다.
② 변동원가와 고정원가를 합한 총원가는 7,850,000원이다.
③ 매출액은 6,100,000원이다.
④ 공헌이익은 2,900,000원이다.

14. A사업부의 잔여이익은 얼마인가?
① 600,000원 ② 700,000원
③ 800,000원 ④ 900,000원

15. 다른 조건이 일정하다고 가정할 때 A사업부의 신규 투자안에 대한 의사결정 중 옳지 않은 것은?
① 평균판매가격이 400원이면 ROI 기준으로 A사업부는 투자안을 채택한다.
② 평균판매가격이 370원이면 ROI 기준으로 준최적화 현상이 발생한다.
③ 잔여이익 기준에서 투자수익률이 15% 이상이면 투자안을 채택한다.
④ 판매량이 2천개 감소한다면 최소 380원에 팔아야 ROI 기준에서 투자안이 채택된다.

[16~17]. (주)금오는 잔여이익에 의해 다음과 같은 투자안에 투자의사결정을 진행하고자 한다. 단, (주)금오의 최저요구수익률은 15%이다.

| 투자액 | 5,000,000원 | 판매가격 | 1,500원 |
|---|---|---|---|
| 단위당 변동원가 | 750원 | 총고정비 | 2,000,000원 |

**16**. (주)금오는 잔여이익 1,000,000원을 획득하였다. (주)금오의 영업이익은 얼마인가?

① 600,000원 ② 750,000원
③ 1,750,000원 ④ 2,000,000원

**17**. (주)금오는 잔여이익 1,000,000원을 달성하기 위해 최소 몇 개의 제품을 판매해야 하는가?

① 2,000개 ② 3,000개
③ 4,000개 ④ 5,000개

**18**. 다음 중 순현재가치(NPV)와 내부수익률(IRR)에 대한 설명으로 옳지 않은 것은?

① 순현재가치는 사전에 정해진 할인율을 이용하지만 내부수익률은 할인율 자체를 구한다.
② 순현재가치와 내부수익률 모두 복리계산을 적용한다.
③ 순현재가치가 0보다 클지라도 내부수익률로 평가하면 투자안이 기각될 수 있다.
④ 순현재가치와 내부수익률 모두 특정 투자안의 수락 타당성에 대한 결론은 항상 동일하다.

**19**. (주)금오는 초기 투자액이 10,000만원이고 5년 동안 매년 2,200만원의 현금흐름이 발생할 것으로 기대한다. 단, 할인율은 7%이고 연금현가지수(5년, 7%)는 4.1002, 단일금액현가지수(5년, 7%)는 0.713이다. 투자안의 NPV는 얼마인가?

① 9,795,600원 ② −9,795,600원
③ 1,000,000원 ④ −1,000,000원

**▌정답**

**1**. ROI 분석 **2**. 내부수익률(IRR) **3**. 잔여이익 **4**. 준최적화 현상 **5**. 수락 **6**. ○ **7**. × **8**. ○ **9**. × **10**. ○ **11**. ④ **12**. ④ **13**. ③ **14**. ① **15**. ④ **16**. ③ **17**. ④ **18**. ④ **19**. ②

### 사례조사 및 함께 생각해 보기

1. ROI 도표를 이용하여 관심기업의 ROI를 계산하고 문제점이 무엇인지 발표해 봅시다.
2. 관심기업의 ROI를 개선할 수 있는 방안에 대해서 구체적으로 논의해 봅시다.
3. ROI, 순현재가치(NPV), 잔여이익 등을 적용한 사례를 조사해서 발표해 봅시다.

# 〈부 록〉 현재가치표

〈표 A〉 단일금액 1원의 현재가치 $P_n = \frac{1}{(1+r)^n}$ r (기간이자율)

| 기간수 (n) | 1% | 2% | 3% | 4% | 5% | 6% | 7% | 8% | 9% | 10% |
|---|---|---|---|---|---|---|---|---|---|---|
| 1 | 0.9901 | 0.9804 | 0.9709 | 0.9615 | 0.9524 | 0.9434 | 0.9346 | 0.9259 | 0.9174 | 0.9091 |
| 2 | 0.9803 | 0.9612 | 0.9426 | 0.9246 | 0.9070 | 0.8900 | 0.8734 | 0.8573 | 0.8417 | 0.8264 |
| 3 | 0.9706 | 0.9423 | 0.9151 | 0.8890 | 0.8638 | 0.8396 | 0.8163 | 0.7938 | 0.7722 | 0.7513 |
| 4 | 0.9610 | 0.9238 | 0.8885 | 0.8548 | 0.8227 | 0.7921 | 0.7629 | 0.7350 | 0.7084 | 0.6830 |
| 5 | 0.9515 | 0.9057 | 0.8626 | 0.8219 | 0.7835 | 0.7473 | 0.7130 | 0.6806 | 0.6499 | 0.6209 |
| 6 | 0.9420 | 0.8880 | 0.8375 | 0.7903 | 0.7462 | 0.7050 | 0.6663 | 0.6302 | 0.5963 | 0.5645 |
| 7 | 0.9327 | 0.8706 | 0.8131 | 0.7599 | 0.7107 | 0.6651 | 0.6227 | 0.5835 | 0.5470 | 0.5132 |
| 8 | 0.9235 | 0.8535 | 0.7894 | 0.7307 | 0.6768 | 0.6274 | 0.5820 | 0.5403 | 0.5019 | 0.4665 |
| 9 | 0.9143 | 0.8368 | 0.7664 | 0.7026 | 0.6446 | 0.5919 | 0.5439 | 0.5002 | 0.4604 | 0.4241 |
| 10 | 0.9053 | 0.8203 | 0.7441 | 0.6756 | 0.6139 | 0.5584 | 0.5083 | 0.4632 | 0.4224 | 0.3855 |
| 11 | 0.8963 | 0.8043 | 0.7224 | 0.6496 | 0.5847 | 0.5268 | 0.4751 | 0.4289 | 0.3875 | 0.3505 |
| 12 | 0.8874 | 0.7885 | 0.7014 | 0.6246 | 0.5568 | 0.4970 | 0.4440 | 0.3971 | 0.3555 | 0.3186 |
| 13 | 0.8787 | 0.7730 | 0.6810 | 0.6006 | 0.5303 | 0.4688 | 0.4150 | 0.3677 | 0.3262 | 0.2897 |
| 14 | 0.8700 | 0.7579 | 0.6611 | 0.5775 | 0.5051 | 0.4423 | 0.3878 | 0.3405 | 0.2992 | 0.2633 |
| 15 | 0.8613 | 0.7430 | 0.6419 | 0.5553 | 0.4810 | 0.4173 | 0.3624 | 0.3152 | 0.2745 | 0.2394 |
| 16 | 0.8528 | 0.7284 | 0.6232 | 0.5339 | 0.4581 | 0.3936 | 0.3387 | 0.2919 | 0.2519 | 0.2176 |
| 17 | 0.8444 | 0.7142 | 0.6050 | 0.5134 | 0.4363 | 0.3714 | 0.3166 | 0.2703 | 0.2311 | 0.1978 |
| 18 | 0.8360 | 0.7002 | 0.5874 | 0.4936 | 0.4155 | 0.3503 | 0.2959 | 0.2502 | 0.2120 | 0.1799 |
| 19 | 0.8277 | 0.6864 | 0.5703 | 0.4746 | 0.3957 | 0.3305 | 0.2765 | 0.2317 | 0.1945 | 0.1635 |
| 20 | 0.8195 | 0.6730 | 0.5537 | 0.4564 | 0.3769 | 0.3118 | 0.2584 | 0.2145 | 0.1784 | 0.1486 |
| 21 | 0.8114 | 0.6598 | 0.5375 | 0.4388 | 0.3589 | 0.2942 | 0.2415 | 0.1987 | 0.1637 | 0.1351 |
| 22 | 0.8034 | 0.6468 | 0.5219 | 0.4220 | 0.3418 | 0.2775 | 0.2257 | 0.1839 | 0.1502 | 0.1228 |
| 23 | 0.7954 | 0.6342 | 0.5067 | 0.4057 | 0.3256 | 0.2618 | 0.2109 | 0.1703 | 0.1378 | 0.1117 |
| 24 | 0.7876 | 0.6217 | 0.4919 | 0.3901 | 0.3101 | 0.2470 | 0.1971 | 0.1577 | 0.1264 | 0.1015 |
| 25 | 0.7798 | 0.6095 | 0.4776 | 0.3751 | 0.2953 | 0.2330 | 0.1842 | 0.1460 | 0.1160 | 0.0923 |
| 30 | 0.7419 | 0.5521 | 0.4120 | 0.3083 | 0.2314 | 0.1741 | 0.1314 | 0.0994 | 0.0754 | 0.0573 |
| 40 | 0.6717 | 0.4529 | 0.3066 | 0.2083 | 0.1420 | 0.0972 | 0.0668 | 0.0460 | 0.0318 | 0.0221 |
| 50 | 0.6080 | 0.3715 | 0.2281 | 0.1407 | 0.0872 | 0.0543 | 0.0339 | 0.0213 | 0.0134 | 0.0085 |
| 60 | 0.5504 | 0.3048 | 0.1697 | 0.0951 | 0.0535 | 0.0303 | 0.0173 | 0.0099 | 0.0057 | 0.0033 |

r (기간이자율)

| 기간수 ($n$) | 11% | 12% | 13% | 14% | 15% | 16% | 17% | 18% | 19% | 20% |
|---|---|---|---|---|---|---|---|---|---|---|
| 1 | 0.9009 | 0.8929 | 0.8850 | 0.8772 | 0.8696 | 0.8621 | 0.8547 | 0.8475 | 0.8403 | 0.8333 |
| 2 | 0.8116 | 0.7972 | 0.7831 | 0.7695 | 0.7561 | 0.7432 | 0.7305 | 0.7182 | 0.7062 | 0.6944 |
| 3 | 0.7312 | 0.7118 | 0.6931 | 0.6750 | 0.6575 | 0.6407 | 0.6244 | 0.6086 | 0.5934 | 0.5787 |
| 4 | 0.6587 | 0.6355 | 0.6133 | 0.5921 | 0.5718 | 0.5523 | 0.5337 | 0.5158 | 0.4987 | 0.4823 |
| 5 | 0.5935 | 0.5674 | 0.5428 | 0.5194 | 0.4972 | 0.4761 | 0.4561 | 0.4371 | 0.4190 | 0.4019 |
| 6 | 0.5346 | 0.5066 | 0.4803 | 0.4556 | 0.4323 | 0.4104 | 0.3898 | 0.3704 | 0.3521 | 0.3349 |
| 7 | 0.4817 | 0.4523 | 0.4251 | 0.3996 | 0.3759 | 0.3538 | 0.3332 | 0.3139 | 0.2959 | 0.2791 |
| 8 | 0.4339 | 0.4039 | 0.3762 | 0.3506 | 0.3269 | 0.3050 | 0.2848 | 0.2660 | 0.2487 | 0.2326 |
| 9 | 0.3909 | 0.3606 | 0.3329 | 0.3075 | 0.2843 | 0.2630 | 0.2434 | 0.2255 | 0.2090 | 0.1938 |
| 10 | 0.3522 | 0.3220 | 0.2946 | 0.2697 | 0.2472 | 0.2267 | 0.2080 | 0.1911 | 0.1756 | 0.1615 |
| 11 | 0.3173 | 0.2875 | 0.2607 | 0.2366 | 0.2149 | 0.1954 | 0.1778 | 0.1619 | 0.1476 | 0.1346 |
| 12 | 0.2858 | 0.2567 | 0.2307 | 0.2076 | 0.1869 | 0.1685 | 0.1520 | 0.1372 | 0.1240 | 0.1122 |
| 13 | 0.2575 | 0.2292 | 0.2042 | 0.1821 | 0.1625 | 0.1452 | 0.1299 | 0.1163 | 0.1042 | 0.0935 |
| 14 | 0.2320 | 0.2046 | 0.1807 | 0.1597 | 0.1413 | 0.1252 | 0.1110 | 0.0985 | 0.0876 | 0.0779 |
| 15 | 0.2090 | 0.1827 | 0.1599 | 0.1401 | 0.1229 | 0.1079 | 0.0949 | 0.0835 | 0.0736 | 0.0649 |
| 16 | 0.1883 | 0.1631 | 0.1415 | 0.1229 | 0.1069 | 0.0930 | 0.0811 | 0.0708 | 0.0618 | 0.0541 |
| 17 | 0.1696 | 0.1456 | 0.1252 | 0.1078 | 0.0929 | 0.0802 | 0.0693 | 0.0600 | 0.0520 | 0.0451 |
| 18 | 0.1528 | 0.1300 | 0.1108 | 0.0946 | 0.0808 | 0.0691 | 0.0592 | 0.0508 | 0.0437 | 0.0376 |
| 19 | 0.1377 | 0.1161 | 0.0981 | 0.0829 | 0.0703 | 0.0596 | 0.0506 | 0.0431 | 0.0367 | 0.0313 |
| 20 | 0.1240 | 0.1037 | 0.0868 | 0.0728 | 0.0611 | 0.0514 | 0.0433 | 0.0365 | 0.0308 | 0.0261 |
| 21 | 0.1117 | 0.0926 | 0.0768 | 0.0638 | 0.0531 | 0.0443 | 0.0370 | 0.0309 | 0.0259 | 0.0217 |
| 22 | 0.1007 | 0.0826 | 0.0680 | 0.0560 | 0.0462 | 0.0382 | 0.0316 | 0.0262 | 0.0218 | 0.0181 |
| 23 | 0.0907 | 0.0738 | 0.0601 | 0.0491 | 0.0402 | 0.0329 | 0.0270 | 0.0222 | 0.0183 | 0.0151 |
| 24 | 0.0817 | 0.0659 | 0.0532 | 0.0431 | 0.0349 | 0.0284 | 0.0231 | 0.0188 | 0.0154 | 0.0126 |
| 25 | 0.0736 | 0.0588 | 0.0471 | 0.0378 | 0.0304 | 0.0245 | 0.0197 | 0.0160 | 0.0129 | 0.0105 |
| 30 | 0.0437 | 0.0334 | 0.0256 | 0.0196 | 0.0151 | 0.0116 | 0.0090 | 0.0070 | 0.0054 | 0.0042 |
| 40 | 0.0154 | 0.0107 | 0.0075 | 0.0053 | 0.0037 | 0.0026 | 0.0019 | 0.0013 | 0.0010 | 0.0007 |
| 50 | 0.0054 | 0.0035 | 0.0022 | 0.0014 | 0.0009 | 0.0006 | 0.0004 | 0.0003 | 0.0002 | 0.0001 |
| 60 | 0.0019 | 0.0011 | 0.0007 | 0.0004 | 0.0002 | 0.0001 | 0.0001 | 0.0000 | 0.0000 | 0.0000 |

〈표 B〉 정상연금 1원의 현재가치 $PA_n = \sum_{t=1}^{n} \frac{1}{(1+r)^t} = \frac{1-(1+r)^{-n}}{r}$ r (기간이자율)

| 기간수 ($n$) | 1% | 2% | 3% | 4% | 5% | 6% | 7% | 8% | 9% | 10% |
|---|---|---|---|---|---|---|---|---|---|---|
| 1 | 0.9901 | 0.9804 | 0.9709 | 0.9615 | 0.9524 | 0.9434 | 0.9346 | 0.9259 | 0.9174 | 0.9091 |
| 2 | 1.9704 | 1.9416 | 1.9135 | 1.8861 | 1.8594 | 1.8334 | 1.8080 | 1.7833 | 1.7591 | 1.7355 |
| 3 | 2.9410 | 2.8839 | 2.8286 | 2.7751 | 2.7232 | 2.6730 | 2.6243 | 2.5771 | 2.5313 | 2.4868 |
| 4 | 3.9020 | 3.8077 | 3.7171 | 3.6299 | 3.5460 | 3.4651 | 3.3872 | 3.3121 | 3.2397 | 3.1699 |
| 5 | 4.8534 | 4.7135 | 4.5797 | 4.4518 | 4.3295 | 4.2124 | 4.1002 | 3.9927 | 3.8897 | 3.7908 |
| 6 | 5.7955 | 5.6014 | 5.4172 | 5.2421 | 5.0757 | 4.9173 | 4.7665 | 4.6229 | 4.4859 | 4.3553 |
| 7 | 6.7282 | 6.4720 | 6.2303 | 6.0021 | 5.7864 | 5.5824 | 5.3893 | 5.2064 | 5.0330 | 4.8684 |
| 8 | 7.6517 | 7.3255 | 7.0197 | 6.7327 | 6.4632 | 6.2098 | 5.9713 | 5.7466 | 5.5348 | 5.3349 |
| 9 | 8.5660 | 8.1622 | 7.7861 | 7.4353 | 7.1078 | 6.8017 | 6.5152 | 6.2469 | 5.9952 | 5.7590 |
| 10 | 9.4713 | 8.9826 | 8.5302 | 8.1109 | 7.7217 | 7.3601 | 7.0236 | 6.7101 | 6.4177 | 6.1446 |
| 11 | 10.3676 | 9.7868 | 9.2526 | 8.7605 | 8.3064 | 7.8869 | 7.4987 | 7.1390 | 6.8052 | 6.4951 |
| 12 | 11.2551 | 10.5753 | 9.9540 | 9.3851 | 8.8633 | 8.3838 | 7.9427 | 7.5361 | 7.1607 | 6.8137 |
| 13 | 12.1337 | 11.3484 | 10.6350 | 9.9856 | 9.3936 | 8.8527 | 8.3577 | 7.9038 | 7.4869 | 7.1034 |
| 14 | 13.0037 | 12.1062 | 11.2961 | 10.5631 | 9.8986 | 9.2950 | 8.7455 | 8.2442 | 7.7862 | 7.3667 |
| 15 | 13.8651 | 12.8493 | 11.9379 | 11.1184 | 10.3797 | 9.7122 | 9.1079 | 8.5595 | 8.0607 | 7.6061 |
| 16 | 14.7179 | 13.5777 | 12.5611 | 11.6523 | 10.8378 | 10.1059 | 9.4466 | 8.8514 | 8.3126 | 7.8237 |
| 17 | 15.5623 | 14.2919 | 13.1661 | 12.1657 | 11.2741 | 10.4773 | 9.7632 | 9.1216 | 8.5436 | 8.0216 |
| 18 | 16.3983 | 14.9920 | 13.7535 | 12.6593 | 11.6896 | 10.8276 | 10.0591 | 9.3719 | 8.7556 | 8.2014 |
| 19 | 17.2260 | 15.6785 | 14.3238 | 13.1339 | 12.0853 | 11.1581 | 10.3356 | 9.6036 | 8.9501 | 8.3649 |
| 20 | 18.0456 | 16.3514 | 14.8775 | 13.5903 | 12.4622 | 11.4699 | 10.5940 | 9.8181 | 9.1285 | 8.5136 |
| 21 | 18.8570 | 17.0112 | 15.4150 | 14.0292 | 12.8212 | 11.7641 | 10.8355 | 10.0168 | 9.2922 | 8.6487 |
| 22 | 19.6604 | 17.6580 | 15.9369 | 14.4511 | 13.1630 | 12.0416 | 11.0612 | 10.2007 | 9.4424 | 8.7715 |
| 23 | 20.4558 | 18.2922 | 16.4436 | 14.8568 | 13.4886 | 12.3034 | 11.2722 | 10.3711 | 9.5802 | 8.8832 |
| 24 | 21.2434 | 18.9139 | 16.9355 | 15.2470 | 13.7986 | 12.5504 | 11.4693 | 10.5288 | 9.7066 | 8.9847 |
| 25 | 22.0232 | 19.5235 | 17.4131 | 15.6221 | 14.0939 | 12.7834 | 11.6536 | 10.6748 | 9.8226 | 9.0770 |
| 30 | 25.8077 | 22.3965 | 19.6004 | 17.2920 | 15.3725 | 13.7648 | 12.4090 | 11.2578 | 10.2737 | 9.4269 |
| 40 | 32.8347 | 27.3555 | 23.1148 | 19.7928 | 17.1591 | 15.0463 | 13.3317 | 11.9246 | 10.7574 | 9.7791 |
| 50 | 39.1961 | 31.4236 | 25.7298 | 21.4822 | 18.2559 | 15.7619 | 13.8007 | 12.2335 | 10.9617 | 9.9148 |
| 60 | 44.9550 | 34.7609 | 27.6756 | 22.6235 | 18.9293 | 16.1614 | 14.0392 | 12.3766 | 11.0480 | 9.9672 |

r (기간이자율)

| 기간수 (n) | 11% | 12% | 13% | 14% | 15% | 16% | 17% | 18% | 19% | 20% |
|---|---|---|---|---|---|---|---|---|---|---|
| 1 | 0.9009 | 0.8929 | 0.8850 | 0.8772 | 0.8696 | 0.8621 | 0.8547 | 0.8475 | 0.8403 | 0.8333 |
| 2 | 1.7125 | 1.6901 | 1.6681 | 1.6467 | 1.6257 | 1.6052 | 1.5852 | 1.5656 | 1.5465 | 1.5278 |
| 3 | 2.4437 | 2.4018 | 2.3612 | 2.3216 | 2.2832 | 2.2459 | 2.2096 | 2.1743 | 2.1399 | 2.1065 |
| 4 | 3.1024 | 3.0373 | 2.9745 | 2.9137 | 2.8550 | 2.7982 | 2.7432 | 2.6901 | 2.6386 | 2.5887 |
| 5 | 3.6959 | 3.6048 | 3.5172 | 3.4331 | 3.3522 | 3.2743 | 3.1993 | 3.1272 | 3.0576 | 2.9906 |
| 6 | 4.2305 | 4.1114 | 3.9975 | 3.8887 | 3.7845 | 3.6847 | 3.5892 | 3.4976 | 3.4098 | 3.3255 |
| 7 | 4.7122 | 4.5638 | 4.4226 | 4.2883 | 4.1604 | 4.0386 | 3.9224 | 3.8115 | 3.7057 | 3.6046 |
| 8 | 5.1461 | 4.9676 | 4.7988 | 4.6389 | 4.4873 | 4.3436 | 4.2072 | 4.0776 | 3.9544 | 3.8372 |
| 9 | 5.5370 | 5.3282 | 5.1317 | 4.9464 | 4.7716 | 4.6065 | 4.4506 | 4.3030 | 4.1633 | 4.0310 |
| 10 | 5.8892 | 5.6502 | 5.4262 | 5.2161 | 5.0188 | 4.8332 | 4.6586 | 4.4941 | 4.3389 | 4.1925 |
| 11 | 6.2065 | 5.9377 | 5.6869 | 5.4527 | 5.2337 | 5.0286 | 4.8364 | 4.6560 | 4.4865 | 4.3271 |
| 12 | 6.4924 | 6.1944 | 5.9176 | 5.6603 | 5.4206 | 5.1971 | 4.9884 | 4.7932 | 4.6105 | 4.4392 |
| 13 | 6.7499 | 6.4235 | 6.1218 | 5.8424 | 5.5831 | 5.3423 | 5.1183 | 4.9095 | 4.7147 | 4.5327 |
| 14 | 6.9819 | 6.6282 | 6.3025 | 6.0021 | 5.7245 | 5.4675 | 5.2293 | 5.0081 | 4.8023 | 4.6106 |
| 15 | 7.1909 | 6.8109 | 6.4624 | 6.1422 | 5.8474 | 5.5755 | 5.3242 | 5.0916 | 4.8759 | 4.6755 |
| 16 | 7.3792 | 6.9740 | 6.6039 | 6.2651 | 5.9542 | 5.6685 | 5.4053 | 5.1624 | 4.9377 | 4.7296 |
| 17 | 7.5488 | 7.1196 | 6.7291 | 6.3729 | 6.0472 | 5.7487 | 5.4746 | 5.2223 | 4.9897 | 4.7746 |
| 18 | 7.7016 | 7.2497 | 6.8399 | 6.4674 | 6.1280 | 5.8178 | 5.5339 | 5.2732 | 5.0333 | 4.8122 |
| 19 | 7.8393 | 7.3658 | 6.9380 | 6.5504 | 6.1982 | 5.8775 | 5.5845 | 5.3162 | 5.0700 | 4.8435 |
| 20 | 7.9633 | 7.4694 | 7.0248 | 6.6231 | 6.2593 | 5.9288 | 5.6278 | 5.3527 | 5.1009 | 4.8696 |
| 21 | 8.0751 | 7.5620 | 7.1016 | 6.6870 | 6.3125 | 5.9731 | 5.6648 | 5.3837 | 5.1268 | 4.8913 |
| 22 | 8.1757 | 7.6446 | 7.1695 | 6.7429 | 6.3587 | 6.0113 | 5.6964 | 5.4099 | 5.1486 | 4.9094 |
| 23 | 8.2664 | 7.7184 | 7.2297 | 6.7921 | 6.3988 | 6.0442 | 5.7234 | 5.4321 | 5.1668 | 4.9245 |
| 24 | 8.3481 | 7.7843 | 7.2829 | 6.8351 | 6.4338 | 6.0726 | 5.7465 | 5.4509 | 5.1822 | 4.9371 |
| 25 | 8.4217 | 7.8431 | 7.3300 | 6.8729 | 6.4641 | 6.0971 | 5.7662 | 5.4669 | 5.1951 | 4.9476 |
| 30 | 8.6938 | 8.0552 | 7.4957 | 7.0027 | 6.5660 | 6.1772 | 5.8294 | 5.5168 | 5.2347 | 4.9789 |
| 40 | 8.9511 | 8.2438 | 7.6344 | 7.1050 | 6.6418 | 6.2335 | 5.8713 | 5.5482 | 5.2582 | 4.9966 |
| 50 | 9.0417 | 8.3045 | 7.6752 | 7.1327 | 6.6605 | 6.2463 | 5.8801 | 5.5541 | 5.2623 | 4.9995 |
| 60 | 9.0736 | 8.3240 | 7.6873 | 7.1401 | 6.6651 | 6.2492 | 5.8819 | 5.5553 | 5.2630 | 4.9999 |

CHAPTER

# 11

# 관리회계 사례분석

제11장에서는 우리 주변이나 생활에서 적용되고 있는 관리회계의 사례를 분석하여 제시한다.

제 1 절 손익분기점을 이용한 사례분석

제 2 절 무한도전 '짠의 전쟁' 사례분석

제 3 절 기회원가 사례분석

## 제 1 절 손익분기점을 이용한 사례분석

우리 주변에는 크고 작은 음식점을 운영하는 자영업자가 많을 뿐만 아니라 퇴직 후 음식점 창업을 고려하는 사람들 또한 많다. 최근 회사를 퇴직하고 마땅한 경제 활동을 영위할 수 없는 40, 50대 베이비부머 세대부터 열정과 패기, 그리고 기발한 아이템을 앞세운 20, 30대 청년층까지, 그야말로 창업의 전성시대라고 할 수 있다. 그러나 최소 한 달에 얼마의 매출을 달성해야 이익이 발생하는지를 모르는 음식점이 대부분이다. 손익분기점은 수익과 비용이 같은 매출 수준으로 손실과 이익이 발생하지 않는다. 즉, 손익분기점 분석은 음식점을 유지하기 위해 벌어들여야 할 최소 수익을 나타내며, 손익분기점에 도달하지 못하였다면 어떤 부분의 비용을 절감해야 하는지를 제시하여 음식점을 효율적으로 운영할 수 있도록 인도하는 지침이 된다. 본 사례는 손익분기점을 이용하여 돼지갈비 식당을 운영하고 있는 A음식점의 실제 사례를 제시한 것이다.

A음식점은 생갈비에 양념을 첨가하여 양은냄비에 조리하는 양념갈비찜을 주메뉴로 판매하고 있다. 음식의 특성상 양은냄비의 열전도율 때문에 미리 조리해서 나가지 않더라도 고객들은 오래 기다리지 않고도 직접 조리하여 먹을 수 있기 때문에 조리시간 및 활동을 줄여 주방의 인력을 최소화할 수 있다. 또한 고객으로 하여금 매운맛을 기호에 따라 선택할 수 있게 함으로써 다양한 고객의 입맛을 충족시켜 매출이 지속적으로 상승하고 있는 추세이다. 그러나 A음식점의 경우 개업부터 지금까지 꾸준하게 매출이 있으나 기간별 순이익과 제품의 마진율에 대해 정확하게 알지 못한다는 것이다. 이는 현금의 입금시기와 재료비, 인건비, 임차료 등의 현금 지출시기가 달라 기간별 순이익을 계산하기가 어렵기 때문이다. 또한 원재료를 묶음단위로 구입하기 때문에 제품단위당 원가를 계산하기 힘들어 정확한 제품의 이익을 계산하기가 어려웠던 것이다. A음식점을 대상으로 손익분기점 등을 분석하기 위하여 판매가격, 비용에 대한 기본적인 자료를 제공받아 월별 경영상태를 쉽게 확인할 수 있도록 하였다. 손익분기점 컨설팅 후 A음식점은 매월 이익이 얼마나 창출되는지, 아니면 손실이 발생하는지를 쉽게 계산할 수 있었다. 또한 손익분기점을 달성하기 위해 필요한 최소의 매출액을 위해 프로모션 등의 마케팅 전략을 구현하는 등의 경영에 대해 관심을 갖게 되었다. 다음은 A음식점으로부터 제공받은 자료를 토대로 손익분기점을 도출하는 과정을 제시한 것이다.

## 1.1 가격정보

A음식점의 돼지양푼갈비 1인분 가격은 9,000원이며 월평균 매출액은 약 20,000,000원이다. 소주와 맥주의 판매가격은 각각 3,000원, 4,000원이며, 월평균 주류 판매량을 고려할 때 돼지양푼갈비 1인분당 판매되는 소주는 0.4병이고 맥주는 0.2병이다. 즉, 돼지양푼갈비 1인분과 소주 0.4병, 맥주 0.2병을 돼지양푼갈비 1세트로 구성하여 분석을 수행한다.

〈표 11-1〉 A음식점 판매자료

| 구 분 | 판매가격 | 비 고 |
|---|---|---|
| 월 매출액 | ₩20,000,000 | 월평균 |
| 돼지양푼갈비 | ₩9,900 | 1인분(200g) |
| 소주 | ₩3,000 | 1병당 |
| 맥주 | ₩4,000 | 1병당 |

## 1.2 기본가정

A음식점의 경우 단위당 비용을 명확하게 알 수 있는 품목을 제외하고는 1회 주문 단위로 발생하는 비용을 파악한다. 또한 분석기간 단위를 한 달로 가정하였다. 분석을 위한 판매수량 단위는 돼지양푼갈비 1인분 200g 기준이며, 여기에는 양념 1 스푼과 버섯 30g이 포함되어 제공된다. 4인 테이블당 평균 고객 수는 2.5명이고 평균 주문수량은 2.8인분이다. 테이블당 기본적으로 파김치, 무쌈, 샐러드가 제공된다.

## 1.3 원가정보

돼지양푼갈비에 들어가는 재료인 돼지갈비, 양념, 버섯은 1인분 기준으로 판매할 때마다 소요되는 비용이기 때문에 변동원가로 분류한다. 그러나 파김치, 무쌈, 샐러드는 1인분 기준은 아니라 묶음단위로 테이블당 제공된다. 엄격히 구분하면 순수변동원가로 볼 수 없으나 파김치, 무쌈, 샐러드 모두 돼지양푼갈비가 판매될 때마다 제공되는 것이기 때문에 편의상 변동원가로 구분한다. 즉, 파김치, 무쌈, 샐러드는 테이블당 평균 주문수량을 알 수 있기 때문에 1인분 기준으로 비용을 추정하여 변동원가의 성격을 갖는 것이라 할 수 있다.

노무원가는 판매량에 비례하여 발생하면 변동원가로 분류하지만 업종 특성상 항상 종업원 수가 일정하고 비용 또한 판매량과 상관없이 고정적으로 발생하기 때문에 인건비를 고정원가로 분류한다. 또한 전기세, 가스료, 수도세는 준고정원가의 행태를 보이지만 월 지출액의 변동성이 작기 때문에 고정원가로 분류한다. 그 밖의 임차료는 매월 일정하게 지급되기 때문에 대표적인 고정원가이며 용도가 다양한 각종 재료들은 간접재료원가 항목으로 고정원가로 분류한다.

이와 같이 돼지양푼갈비를 만들기 위해 소요되는 재료원가, 노무원가, 제조간접원가의 항목과 금액을 표시하면 〈표 11-2〉와 같다.

〈표 11-2〉 돼지양푼갈비의 제조원가 항목

| 구 분 | 금 액 | 비 고 | 분 류 |
|---|---|---|---|
| 재료원가 | | | |
| 돼지생갈비 | ₩8,500 | 1kg | 변동원가 |
| 쪽파 | ₩70,000 | 10단 | |
| 고춧가루 | ₩1,000,000 | 60근 | |
| 버섯 | ₩25,000 | 1box(2kg) | |
| 양념(소스) | ₩50,000 | 1통 | |
| 무쌈 | ₩20,000 | 1통(5kg) | |
| 샐러드 | ₩18,000 | 1통(2kg) | |
| 소주 | ₩1,300 | 1병당 | |
| 맥주 | ₩1,500 | 1병당 | |
| 노무원가 | | | |
| 주방장 | ₩2,000,000 | 월평균 | 고정원가 |
| 홀매니저 | ₩1,800,000 | 월평균 | |
| 아르바이트생 | ₩1,000,000 | 월평균 | |
| 제조간접원가 | | | |
| 전기료 | ₩400,000 | 월평균 | 고정원가 |
| 가스료 | ₩400,000 | 월평균 | |
| 수도세 | ₩150,000 | 월평균 | |
| 임차료 | ₩2,000,000 | 월평균 | |
| 간접재료원가 | ₩500,000 | 월평균 | |

## 1.4 단위당 공헌이익

A음식점은 돼지양푼갈비 1인분에 평균적으로 0.4병의 소주와 0.2병의 맥주가 판매되므로 이를 돼지양푼갈비 1세트로 정의한다. 돼지양푼갈비 1세트당 정확한 이익을 산출하기 위하여 〈표 11-2〉와 같이 제조원가 항목을 고정원가와 변동원가로 구분하였다.

돼지양푼갈비 1세트당 단위당 판매가격은 11,900원이고, 단위당 변동원가는 5,095원이다.

〈표 11-3〉 돼지양푼갈비세트 단위당 판매가격

| 구 분 | 단 위 | 금 액 |
|---|---|---|
| 양푼돼지갈비 | 1인분 | ₩9,900 |
| 소주 | 0.4병 | ₩1,200 |
| 맥주 | 0.2병 | ₩800 |
| **1세트당 판매가격** | | **₩11,900** |

A음식점의 월평균 매출액은 20,000,000원이다. 이를 돼지양푼갈비세트의 판매가격인 11,900원으로 나누면 매월 돼지양푼갈비세트는 총 1,680단위가 판매된다. 한 달을 30일을 기준으로 하면 하루 평균 판매되는 돼지양푼갈비세트는 56단위이다. 테이블당 2.8인분을 주문하기 때문에 하루에 평균적으로 20개의 테이블이 사용된다.

〈표 11-4〉 돼지양푼갈비세트 판매량과 테이블 수

| | |
|---|---|
| 월평균 판매량 | ₩20,000,000 / ₩11,900 = 1,680단위 |
| 일평균 판매량 | 1,680 / 30일 = 56단위 |
| 일평균 테이블 수 | 56 / 2.8인분 = 20테이블 |

제조원가 항목에서 공시한 양념 1통은 100인분의 돼지갈비에 사용되며, 테이블당 사용되는 파김치는 쪽파 0.2단에 고춧가루 0.1근을 사용하여 만들어진다. 무쌈과 샐러드는 테이블당 각각 250g, 100g이 제공된다. 〈표 11-5〉는 쪽파, 고춧가루,

무쌈, 샐러드 등을 돼지양푼갈비 1세트로 환산한 재료의 양과 금액을 나타낸 것이다.

〈표 11-5〉 돼지양푼갈비세트 환산 소요재료 정보

| | 테이블당 사용량 | 1인분당 사용량 | 단위당 원가 |
|---|---|---|---|
| 쪽파 | 0.2단 | 0.07단 | ₩7,000/단 |
| 고춧가루 | 0.1근 | 0.036근 | ₩16,666/근 |
| 무쌈 | 250g | 89g | ₩4,000/kg |
| 샐러드 | 100g | 36g | ₩9,000/kg |

〈표 11-5〉의 쪽파, 고춧가루, 무쌈, 샐러드를 포함하여 돼지양품갈비세트에 필요한 단위당 변동원가를 계산하면 〈표 11-6〉과 같다. A음식점의 돼지양푼갈비세트 1단위의 단위당 변동원가는 5,095원이다.

〈표 11-6〉 돼지양푼갈비세트 단위당 변동원가

| 구 분 | 단 위 | 금 액 |
|---|---|---|
| 돼지생갈비 | 200g | ₩1,700 |
| 소주 | 0.4병 | ₩520 |
| 맥주 | 0.2병 | ₩300 |
| 양념 | 1스푼 | ₩500 |
| 버섯 | 30g | ₩375 |
| 고춧가루 | 0.036근 | ₩600 |
| 쪽파 | 0.07단 | ₩420 |
| 무쌈 | 89g | ₩356 |
| 샐러드 | 36g | ₩324 |
| **단위당 변동원가** | | **₩5,095** |

A음식점의 돼지양푼갈비 1세트의 단위당 공헌이익은 판매가격 11,900원에서 단위당 변동원가 5,095원을 차감한 6,805원이며, 공헌이익률은 공헌이익을 판매가격으로 나눈 57%이다.

〈표 11-7〉 돼지양푼갈비세트 단위당 공헌이익

| 구 분 | 금 액 |
|---|---|
| 단위당 판매가격 | ₩11,900 |
| 단위당 변동원가 | ₩5,095 |
| **단위당 공헌이익** | **₩6,805** |
| **공헌이익률** | **57%** |

## 1.5 고정원가

A음식점은 주방장의 급여를 포함하여, 홀매니저, 아르바이트생에게 매달 고정적으로 급여가 지급된다. 이뿐 아니라 돼지양푼갈비를 만드는 데 재료원가를 포함하여 가스, 각종 주방기기, 설비시설 등이 사용되며 매달 임차료가 지급된다. 또한 돼지양푼갈비에 꼭 필요한 주재료는 아니지만 〈표 11-6〉에 명시된 재료 이외에 식초, 마요네즈, 마늘, 통깨 등 여러 가지 간접재료가 투입된다. 간접재료는 돼지양푼갈비 판매와 비례해서 발생하는 비용이 아니라 한번 사면 오래 사용하는 성격이 있기 때문에 고정원가로 분류하였다. 이를 정리하여 요약한 것이 〈표 11-8〉이다. 〈표 11-8〉을 보면 매월 발생하는 A음식점의 고정원가는 8,250,000원이다.

〈표 11-8〉 A음식점 고정원가

| 구 분 | 금 액 |
|---|---|
| 주방장 임금 | ₩2,000,000 |
| 홀매니저 임금 | ₩1,800,000 |
| 아르바이트생 임금 | ₩1,000,000 |
| 전기료 | ₩400,000 |
| 가스료 | ₩400,000 |
| 수도세 | ₩150,000 |
| 임차료 | ₩2,000,000 |
| 간접재료원가 | ₩500,000 |
| **총고정원가** | **₩8,250,000** |

## 1.6 손익분기점 분석

A음식점의 손익분기점 판매량은 고정원가 8,250,000원을 단위당 공헌이익 6,805원으로 나누면 1,212단위의 돼지양푼갈비세트가 판매되어야 한다. 이를 금액으로 환산하면 손익분기점 매출액은 14,426,900원이다.

손익분기점 판매량 = ₩8,250,000 / ₩6,805 = 1,212단위
손익분기점 매출액 = ₩8,250,000 / 57% = ₩14,426,900

즉, 손익분기점을 달성하기 위해 한 달간 판매해야 할 돼지양푼갈비세트는 1,212단위이다. 따라서 A음식점은 한 달에 돼지갈비 1,212인분, 소주 485병, 맥주 242병을 팔아야 손익분기점을 달성할 수 있고, 이때 최소 14,426,900원의 매출액을 달성해야 한다.

## 1.7 공헌이익계산서

A음식점의 월평균 매출액은 20,000,000원이다. 이를 토대로 공헌이익계산서를 작성해 보면 A음식점은 매월 3,190,400원의 이익이 발생하고 있다. 손익분기점 매출액이 14,426,900원을 달성했기 때문에 돼지양푼갈비세트 1단위를 추가로 판매할 때마다 6,805원의 이익이 증가함을 알 수 있다.

본 사례에서는 단일제품을 대상으로 A음식점의 돼지양푼갈비를 세트화 하여 손익분기점을 도출하였다. 이를 위해 원가항목을 변동원가와 고정원가로 분류하여 어떠한 원가가 변동원가의 성격을 갖고, 어떤 원가가 고정원가의 성격을 갖는지 예시를 보여준다. 수익성에 문제가 있는 기업들을 컨설팅해보면 기본적으로 변동원가와 고정원가의 성격을 모르기 때문에 수익성을 제대로 파악하지 못한다. 일반적으로 변동원가는 매출이 증가하면 함께 증가하고, 매출이 감소하면 비례적으로 감소한다. 그러나 고정원가는 매출과 상관없이 일정금액이 발생하기 때문에 매출이 감소해도 함께 줄어들지 않는다. 이는 바로 매출이 감소할 때 고정원가의 항

목이 수익성에 부정적인 영향을 미치게 된다. 근본적으로 경쟁력이 없어 매출이 감소하는 추세를 보인다면 바로 고정원가를 감소할 수 있는 방안을 고려해야 수익성이 개선될 수 있음을 상기해야 한다.

〈표 11-9〉 A음식점 공헌이익계산서

| 구 분 | 금 액 |
|---|---:|
| 매출액 | ₩20,000,000 |
| 변동원가 | ₩8,559,600 |
| **공헌이익** | **₩11,440,400** |
| 고정원가 | ₩8,250,000 |
| **영업이익** | **₩3,190,400** |

## 제 2 절 무한도전 '쩐의 전쟁' 사례분석

본절에서는 우리 주변에서 쉽게 접할 수 있는 TV프로그램 안에서 관리회계가 어떻게 녹아 적용되고 있는지를 살펴본다. 대표적으로 무한도전은 10년 이상 사랑받아 온 예능 프로그램이다. 무한도전 방영 편 중 '쩐의 전쟁'은 무한도전 멤버들이 하루 동안 각자 아이디어를 창출하여 실제로 돈을 벌기 위하여 개별적으로 비즈니스를 수행하는 것이다. 본절에서는 무한도전 〈쩐의 전쟁 1〉에서 정준하가 실시한 세 가지의 사업에 대해 관리회계 관점에서 살펴본다. 〈쩐의 전쟁 1〉에서 정준하는 하루 동안 구두닦이, 주먹밥, 초상화 사업을 진행하였다. 이 세 가지 사업들을 분석해서 당일 사업활동에 대한 분석을 하고 평가하고자 한다.

## 2.1 찐의 전쟁 당일 사업원가 추정

정준하가 실시한 구두닦이, 주먹밥 1, 주먹밥 2, 초상화의 당일의 사업활동들을 분석하기 위한 기초자료는 다음과 같다.

〈표 11-10〉 기초자료

| | 구두닦이 | 주먹밥 1 | 주먹밥 2 | 초상화 |
|---|---|---|---|---|
| 판매량 | 6 | 5 | 10 | 4 |
| 판매가 | 2,000 | 2,700 | 2,000 | 5,000 |
| 생산량 | 6 | 5 | 10 | 4 |
| 단위당 직접재료원가 | 0 | 0 | 0 | 80 |
| 단위당 직접노무원가 | 0 | 0 | 0 | 0 |
| 단위당 변동간접재료원가 | 0 | 2,303.3 | 2,303.3 | 0 |
| 총고정제조간접원가 | 5,400 | 0 | 0 | 5,500 |

### (1) 구두닦이 사업

정준하는 구두 한 켤레당 2,000원씩, 총 6명의 구두를 닦았다. 방송을 보면 구두닦이 사업에서는 직접재료원가와 직접노무원가, 변동제조간접원가는 발생하지 않는 것처럼 보이나 고정제조간접원가로 장갑, 수건, 구두를 담을 상자를 구입한 비용으로서 5,400원을 지출하였다. 실제로 구두를 닦기 위해서는 구두약, 구둣솔 등의 재료가 필요하며 구두를 닦는 데 정준하의 인건비가 소요되었다. 실제로는 직접노무원가, 직접재료원가 등이 발생하여 실제로 현금으로 지출한 비용은 5,400원이지만 발생한 총원가는 5,400원보다 높을 것이다.

### (2) 주먹밥 사업

정준하는 두 가지 종류의 주먹밥을 제조하여 생산하였다. 맨 처음에 주먹밥 5개를 제조해 13,500원에 모두 판매한 뒤, 다시 주먹밥 10개를 제조해서 20,000원에 판매하였다. 첫 번째로 만들어서 모두 판매한 주먹밥의 단위당 판매가격은 2,700원이 되고, 그 후에 제조한 주먹밥 2는 단위당 판매가격이 2,000원이 된다. 따라서 단위당 판매가격이 다르므로 맨 처음에 제조한 주먹밥은 '주먹밥 1'로, 그 후에 제조한 주먹밥은 '주먹밥 2'로 설정하여 분석한다.

'주먹밥 1'은 개당 2,700원에 5개를 제조해서 5개 모두를 판매하였다. 방송을 보면 주먹밥 1을 만들기 위해서 지출한 금액과 주먹밥 2를 만들기 위해 지출한 금액이 명확하게 제시되지 않고 함께 사용된 금액만이 제시되기 때문에 주먹밥을 만들기 위해 지출한 34,550원은 간접재료원가로 분류할 수 있다. 즉, 주먹밥을 만들기 위해 구입한 즉석밥, 참기름, 참치, 김 등은 직접재료원가이지만 추적이 불가능하기 때문에 간접재료원가로 분류한다. 간접재료원가를 주먹밥에 배부하기 위하여 개별원가계산의 제조간접원가배부율을 이용하여 주먹밥 1과 주먹밥 2에 배부한다. 즉, 주먹밥을 만들기 위해 지출한 총간접재료원가 34,550원을 주먹밥 총생산개수 15개(주먹밥 1, 2)로 나누면 배부율 값은 2,303.3원이 된다. 주먹밥 1개를 만드는 데 소요된 원가는 단위당 2,303.3원이다.

그러나 지출한 34,550원에는 위생장갑을 구입한 비용도 포함되기 때문에 제조경비가 발생했을 것이고, 정준하의 인건비가 지출되어야 한다. 즉, 재료원가를 제외한 노무원가, 제조경비는 발생하였으나 현금으로 지출하지 않은 것이다. 원가를 계산할 때 나타나는 주요 실수 중의 하나가 현금을 지급했느냐가 아니라 실제로 얼마만큼의 원가가 발생했는지를 고려하는 것이 무엇보다 중요하다.

방송을 보고 학습자들이 한번 같이 추정해 보자는 의미로 주먹밥 1과 주먹밥 2에는 직접재료원가, 직접노무원가, 고정제조간접원가는 발생하지 않은 것으로 가정한다.

### (3) 초상화 사업

정준화는 초상화를 총 4장 그려서 한 장에 5,000원으로 용역을 제공하였다. 단위당 직접재료원가는 종이 한 장당 80원으로 하고, 총고정제조간접원가는 연필, 의자 비용 등을 포함해서 5,550원으로 설정하였다. 물론 초상화 사업에서도 정준하의 직접노무원가는 발생하겠지만 포함하지 않았다.

## 2.2 쩐의 전쟁 변동원가계산 손익계산서

하루 동안 정준하가 벌어들인 수익은 총 65,500원이다. 이를 토대로 변동원가계산 양식의 공헌이익계산서를 작성해 보면 다음과 같다.

〈표 11-11〉 변동원가계산양식의 공헌이익계산서

| | | | |
|---|---|---|---|
| 매 출 | | | 65,500 |
| | 구두닦이 | 12,000 | |
| | 주먹밥 1 | 13,500 | |
| | 주먹밥 2 | 20,000 | |
| | 초상화 | 20,000 | |
| 변동매출원가 | 주먹밥 1 | | 11,516.5 |
| | 주먹밥 2 | | 23,033 |
| 변동판매관리비 | 초상화 판매를 위한 버스비 | | 1,000 |
| 공헌이익 | | | 29,950.5 |
| 고정제조원가 | 구두닦이 | | 5,400 |
| | 초상화 | | 5,350 |
| 기타비용 | 연습실로 이동하는 택시비 | | 11,950 |
| 순이익 | | | 7,190.5 |

〈표 11-10〉의 기초자료를 바탕으로 총매출액을 계산하면 구두닦이 사업으로 12,000원(2,000원×6켤레), 주먹밥 사업으로 총 33,500원(주먹밥 1 13,500원(2,700원×5개), 주먹밥 2 20,000원(2,000원×10개))의 수익을 창출하였고, 초상화 사업으로 20,000원(5,000원×4장)을 벌어 총매출액은 65,500원이다.

변동매출원가는 주먹밥 1의 변동간접재료원가인 11,516.5원과 주먹밥 2의 변동간접재료원가인 23,033원으로 총 34,549.5원이다.

변동판매관리비는 초상화를 판매하기 위해 이동한 버스비 1,000원이라 할 때 공헌이익은 총 29,950.5원이 된다.

고정제조원가는 구두닦이의 고정제조간접원가인 5,400원과 초상화의 고정제조간접원가인 5,350원으로 총 10,750원으로 구성된다. 그리고 기타비용은 '연습실로 이동하는 택시비' 11,950원으로, 최종적으로 순이익은 7,190.5원이 실현되었다.

## 2.3 쩐의 전쟁 사업별 손익분기점

앞에서 제시한 구두닦이, 주먹밥 1, 주먹밥 2, 초상화 사업활동들의 기초자료를 바탕으로 손익분기점을 계산해 보면 다음과 같다.

### (1) 구두닦이 사업 손익분기점

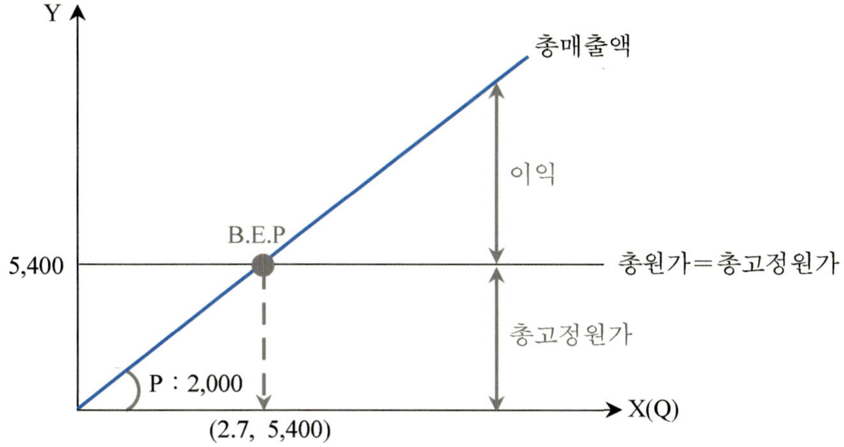


[그림 11-1] 구두닦이 사업 손익분기점

[그림 11-1]은 구두닦이 사업의 손익분기점이다. 당일 구두닦이 사업의 단위당 판매가격은 구두 한 켤레당 2,000원이므로, 총매출 그래프 식은 Y=2,000X로 도출할 수 있다. 그리고 총원가는 장갑, 수건 등의 장비를 구입하기 위해 지불한 고정제조간접원가로만 구성되어 있으므로, 총원가 그래프 식은 Y=5,400으로 도출된다. 두 식을 연립방정식으로 해를 구하면 판매량(X)은 총 2.7이 되므로, 최소 2.7켤레 이상 구두를 닦아야 한다. 손익분기점 관점에서 보면 정준하는 총 6켤레의 구두닦이 용역을 제공했으므로, 이익을 보고하게 되어 구두닦이 사업은 적절한 것으로 볼 수 있다.

### (2) 주먹밥 사업 손익분기점

총 15개의 주먹밥을 제조하여 판매하는 주먹밥 1과 주먹밥 2의 경우는 고정원가는 발생하지 않고 개별원가계산에 의해 변동원가만 발생한다고 가정하였을 때 그림을 그려 보면 [그림 11-2], [그림 11-3]과 같다.

[그림 11-2]를 보면 고정원가가 발생하지 않기 때문에 총매출액의 기울기가

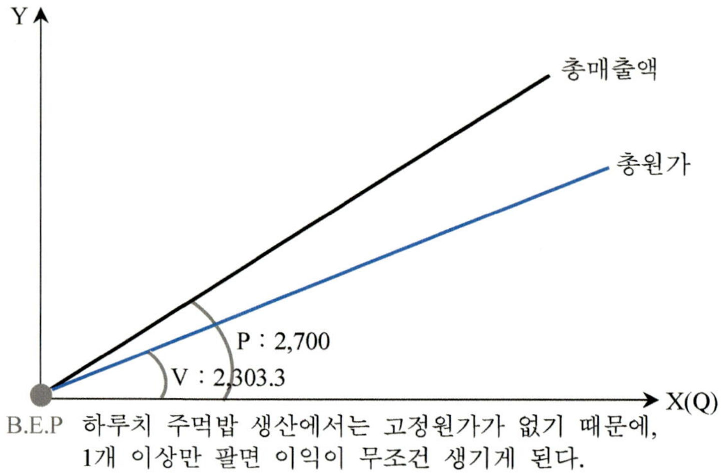


[그림 11-2] 주먹밥 1 사업 손익분기점

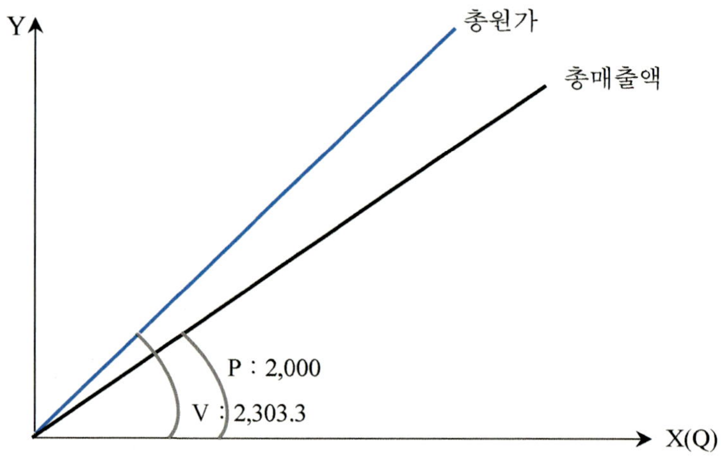


[그림 11-3] 주먹밥 2 사업 손익분기점

총원가의 기울기보다 커서 한 개를 팔지라도 이익이 창출된다. 즉, 주먹밥 1 사업은 판매가격이 개당 2,700원이고, 주먹밥 1은 고정원가가 존재하지 않고 변동원가만 존재하므로 총원가는 곧 총변동원가가 된다. 따라서 총원가 그래프의 기울기는 단위당 변동원가인 2,303.3이 된다. 그래프를 보면, 생산량(X)=0이 되는 부분부터 총매출 그래프의 기울기가 총원가 그래프의 기울기보다 크므로 주먹밥 1을 팔기만 하면 무조건 이익이 생긴다는 것을 알 수 있다. 따라서 주먹밥 1 사업은 타당했다고 볼 수 있다.

그러나 [그림 11-3]을 보면 주먹밥 2 사업은 단위당 판매가격이 개당 2,000원이고, 주먹밥 1과 마찬가지로 고정원가 존재하지 않고 변동원가만이 존재하므로 총원가는 곧 총변동원가가 된다. 따라서 총원가 그래프의 기울기는 단위당 변동원가인 2,303.3이 된다. 그래프를 보면, 생산량(X)=0이 되는 부분부터 총원가 그래프의 기울기가 총매출 그래프의 기울기보다 크므로 주먹밥 2를 팔기만 하면 무조건 손해를 본다는 것을 알 수 있다. 따라서 주먹밥 2 사업은 타당하지 않음을 알 수 있다.

### (3) 초상화 사업 손익분기점

초상화 사업의 경우 초상화 1장당 판매가격은 5,000원이므로, 총매출 그래프 식은

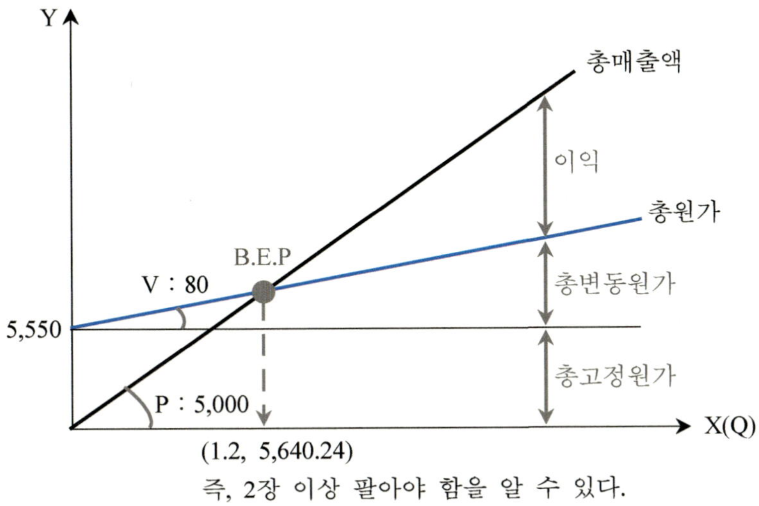


[그림 11-4] 초상화 사업 손익분기점

Y=5,000X가 된다. 그리고 총원가는 고정제조간접원가 5,550원과 단위당 직접재료원가는 80원이므로 총원가의 식은 Y=80X+5,550이 도출된다. 따라서 두 식을 연립방정식으로 풀어서 판매량(X)을 구하면 1.2장, 즉 2장 이상 팔아야 이익이 난다는 것을 알 수 있다. 정준하는 총 4장의 초상화 용역을 제공했으므로, 이익이 남게 되고 사업하기에 적절했다는 것을 알 수 있다.

## 2.4 쩐의 전쟁 사업평가

정준하의 구두닦이, 주먹밥, 초상화 사업활동을 살펴보았을 때 첫째, 주먹밥 사업에서 문제점을 찾을 수 있다. 주먹밥 사업의 문제는 한정된 재원을 가지고 주먹밥 재료구입시 너무 많은 금액을 지출했다는 것이다. 즉, 원재료 구입시 자재비용을 절감하지 못하여 원가가 지나치게 많이 발생하였다. 또한 주먹밥 2의 경우 가격측정을 제대로 설정하지 못하였기 때문에 판매를 하면 할수록 무조건 손실이 발생하는 구조이다. 즉, 정준하가 주먹밥 사업을 하루 동안 지속적으로 할 수 없었던 가장 큰 이유가 재원이 부족했기 때문이다. 초기에 투자금 대부분을 지출하면서 적정한 수익을 창출하지 못했기 때문이다. 규모의 경제가 적용되지 않으면 원가를 절감한다는 것이 현실적으로 그 얼마나 어려운 일인지 보여주는 사례이다. 이러한 경우 원가우위전략이 아닌 제품의 차별화전략을 부각하여 현실적인 가격을 반영할 수 있도록 조정해야 함을 알 수 있다. 예를 들어, 주먹밥을 먹으면 머리가 총명해진다는 스토리를 부여하는 것이 요즘 마케팅에서 적용되고 있는 판매전략을 접목한 것이다.

둘째, 주먹밥뿐 아니라 구두닦이, 초상화 용역 모두 책정한 가격이 비현실적이다. 보통 초상화의 가격은 5천원이 아니라 그 이상의 수준이며 구두를 닦는 가격도 2천원보다 높기 때문이다. 가격을 어떻게 책정하느냐에 따라 수익성이 크게 달라지기 때문에 무엇보다 중요함을 알 수 있다.

셋째, 여러 가지 사업을 실시하면 위험에 대한 포트폴리오가 될 수 있다. 그러나 여러 가지의 사업을 진행하기보다는 선택과 집중에 의해 초기 투자비용을 최소화하면서 수익을 가장 많이 창출할 수 있는 아이템을 선정하는 것이 무엇보다 중요함을 알 수 있다. 만약 제일 처음으로 정준하가 주먹밥을 만드는 것이 아니라 구두를 닦거나 초상화 사업에 집중하였다면 자본금을 증가시켜 더 좋은 결실을 얻었을 수 있을 것이다.

## 제3절 기회원가 사례분석

우리는 하루에 삼시세끼를 즐긴다. 유달리 아침이나 점심과 달리 저녁은 어디서 무엇을 먹을까, 누구를 만나서 먹을까라는 것을 직장인이라면 쉽게 고민하는 사항이다.

미혼남녀의 경우 근무지가 도시에서 떨어진 곳에 소재한 기업들이나 일부 대기업 등은 사원들의 복지혜택차원에서 아침, 점심, 저녁 모두를 회사에서 제공하는 경우가 있다. 특히, 혼자서 오랫동안 자취를 해온 직장인이나 학생의 경우 저녁밥이 항상 걱정이고 금전적인 부분도 부담으로 작용할 수 있다.

본 사례에서는 우리가 쉽게 고민하는 저녁밥을 외부에서 먹었을 때 1년에 얼마의 비용이 발생되는지 추정해 보고, 역으로 이 금액을 절감하여 다른 어떤 기회원가가 발생하는지 예를 제시한다.

우리가 주변에서 쉽게 접할 수 있는 메뉴인 국밥을 기준으로 계산해 보면 다음과 같다. 일반적으로 국밥 한 그릇에 7,000원이고, 소주 한 병에 3,000원이다. 정상적인 사회생활을 하거나 인간관계를 유지하고 있다면 보통 혼자서 저녁을 먹기보다는 동료나 친구와 함께 하길 원한다. 2명이 만나서 국밥과 간단하게 소주 한 병을 먹는다고 가정해서 계산해 보면 다음과 같이 저녁을 한 번 먹을 때마다 17,000원의 비용이 발생한다. 즉, 한 끼 식사에 17,000원이 필요하다.

$$7{,}000\text{원(국밥값)} \times 2\text{(사람수)} + 3{,}000\text{원(소주가격)} = 17{,}000\text{원 발생}$$

이것을 1년 단위로 계산해 보면 1년은 52주이고 365일이다. 회사 구내식당에서 저녁을 복리후생으로 제공하는 경우 저녁밥을 일주일에 1회, 2회, 5회를 회사에서 먹었을 때 절감되는 금액은 다음과 같다.

(1) 회사에서 저녁밥을 일주일에 1회 먹었을 때
 17,000원(1회)×52＝884,000원

(2) 회사에서 저녁밥을 일주일에 2회 먹었을 때
 34,000원(2회)×52＝1,768,000원

(3) 회사에서 저녁밥을 일주일에 5회 먹었을 때
 85,000(5회)×52＝4,420,000원

회사에서 저녁밥을 일주일에 1회 먹었을 때에는 1년에 884,000원을 절감할 수 있고, 일주일에 2회 먹는다면 1,768,000원을, 일주일에 5회 먹으면 4,420,000원을 절감할 수 있다.

1년 동안 일주일에 1회 이상을 회사에서 저녁밥을 먹으면 중국, 일본, 가까운 동남아(88만원 상당) 등의 해외여행이 가능하다. 즉, 일주일에 1회에 해당하는 기회원가가 가까운 동남아 여행이라 볼 수 있다. 만약 일주일에 2회 이상을 회사에서 저녁밥을 해결한다면 괌, 발리, 싱가포르(176만원 상당) 등의 해외여행이 1년 1회 무료인 것이다. 주 5일 이상을 회사에서 저녁밥을 먹는다면 보통 우리가 멀고도 먼 여행이라고 느끼는 유럽여행(442만원 상당)을 무료로 할 수 있는 것과 동일하다. 직장인이라면 회사에서 제공하는 저녁이나 점심이 무심코 너무 당연한 것이나 금전적으로 낮은 것이라 인식할 수 있으나 이와 같이 계산적으로 산출해 보면 기업이 임직원에게 제공하는 복리후생은 무시할 수 없는 사항이다.

사내식당에서 제공하는 한 끼의 식사를 이처럼 해외여행이라는 기회원가로 측정해 볼 수 있는 것이다.

# 찾아보기


ㄱ

가공원가(conversion cost) 199
간접노무원가 198
간접비 319
간접원가(indirect cost) 196
간접재료원가 197
감가상각누계액 71, 87
감가상각비 87
개발비 72, 91
개별법 79
개별원가 196
개별원가계산(job-order costing) 213
건물 71
검증가능성 43
경비 319
경영자 15
계속기록법 78
계속기업(going concern) 44
계속기업(going concern)의 가정 40
계정식 124
계획(plan) 191
고정원가(fixed cost) 200, 339
공공기관 15
공정가치(fair value) 145
공통원가 196
공헌이익(Contribution Margin) 233
공헌이익률(CM Ratio) 234
과대배부액 223, 225
과소배부액 223, 225
관련원가(Relevant Cost) 202
관리비(administrative expenses) 133
관리회계(managerial accounting) 19, 191
국제회계기준(IFRS) 46
국제회계기준위원회(IASB) 46
규칙중심의 회계(rule-based accounting) 48
금융부채(financial liabilities) 100
금융비용(finance costs) 133, 135
기간원가(period cost) 198
기말재고자산 78
기발생원가(Sunk Cost) 201
기초원가(prime cost) 198
기초재고자산 78
기타비용(other expenses) 133
기타수익(other income) 130
기타제조간접원가 198
기타포괄손익 124

기타포괄손익누계액 111
기회원가(Opportunity Cost) 202

ㄴ

내부수익률(IRR) 314
노무비 319, 335
노무원가 203
능률차이 285

ㄷ

단기매매금융자산 68, 145
단기매매금융자산평가손실 149
단기투자자산처분손실 135
단위당 공헌이익(Unit CM) 234
당기순이익 122
당기제품제조원가 204
당기총제조원가 204
당좌비율(quick ratio) 161
당좌자산(quick assets) 66
대손 82
대손상각비(bad debts expenses) 82
대손충당금 70
대여금 68
대차대조표 등식 21
대차대조표(balance sheet) 59
듀퐁시스템(Du pont System) 173
듀퐁시스템(Du pont System) 295

ㄹ

레버리지 분석(leverage analysis) 162
로열티수익 132

ㅁ

만기보유금융자산 66
매도가능금융자산 66
매몰원가 201
매입채무 101
매출액(sales) 129, 141
매출액영업이익률 170
매출액이익률 171
매출액이익률(ROS) 296, 298
매출액총이익률 170
매출원가(cost of goods sold) 132, 133, 316
매출채권 69, 81
매출채권잔액비율법 82
매출채권회전기간 168
매출채권회전율 168
매출총이익(gross profit) 123, 316
매출할인 141
목적적합성(relevance) 42
무형자산(intangible assets) 67, 90
미국 회계학회 13
미래 경제적 효익 64
미래가치(Future Value) 308
미수금 69
미수수익 142
미지급금 101
미지급비용 146
민감도 분석(sensitivity analysis) 248

ㅂ

발생기준(accrual basis) 39, 45, 127
배부차이 223

법인세비용(income tax expense) 133
법인세비용차감전순이익 123
법정적립금 110
변동원가(variable cost) 199
보고(reporting) 13
보고식 124
보통주(common stock) 109
부채(Liabilities) 20, 99
부채비율(debt ratio) 162
불리한 차이(unfavorable variance) 278
비관련원가(Irrelevant Cost) 202
비교가능성 43
비금융부채(non financial liabilities) 100
비용(expense) 132, 135, 193
비유동부채(non-current liabilities) 99
비유동자산 66
비제조원가(nonmanufacturing cost) 198

**ㅅ**

사업결합(business combination) 92
사채 102, 104, 107
사채상환손실 135
산업재산권 72, 91
선급금 69
선급비용 148
선수금 102
선수수익 102, 144
선입선출법(FIFO) 80
설비자산 71
세후이익 242
소모품 70
소모품비용 147
소비차이 285
소유주지분(owner's equity) 108
손익계산서 21, 121, 125
손익분기점 매출액 240
손익분기점 233, 237
수익(revenues) 129
수익·비용 대응의 원칙 137
수익성 분석(profitability analysis) 169, 318
수탁책임(stewardship responsibility) 14
순매출액 141
순이익 298
순자산(net assets) 20, 108
순현재가치(Net Present Value : NPV) 311
시간차이(Time Variance) 283
시장이자율(market interest rate) 104
식별(identification) 13
실제배부율 218
실제원가계산(actual costing) 218, 268, 273
실지재고조사법 78
실현주의원칙(realization principles) 130

**ㅇ**

안전여유(Margin Safety) 243
안전여유율(Margin of Safety Ratio) 244
역사적 원가주의(historical cost principle) 40
연결재무제표 48, 50
연금(annuity) 309
연령분석법 83
영업권(goodwill) 71, 91, 92
영업이익(operating profit) 123, 317

영업활동(operating activities) 17
영업활동 129
예외에 의한 관리 287
예측가치(predictive value) 42
우선주(preferred stock) 109
원가(cost) 193, 233
원가대상(cost objects) 193
원가배분(cost allocation) 196
원가-조업도-이익 분석 233
원가행태(cost behavior) 199
원가회계(cost accounting) 192
원칙중심의 회계 47
유동부채(current liabilities) 99
유동비율(current ratio) 160
유동성 분석(liquidity analysis) 160
유동자산 65
유리한 차이(favorable variance) 278
유형자산(property, plant and equipment) 67
유형자산 84
유형자산처분손실 135, 147
유형자산처분이익 143
은행계정조정표 73
의사결정(decision making) 191
이익(Profit) 233
이익잉여금(retained earnings) 20, 110
이자보상비율 164
이자비용 135
이해가능성(understandability) 44
인식(recognition) 127
일반적으로 인정된 회계원칙 18, 44
임의적립금 110

ㅈ

자기자본이익률(return on equity) 172
자본(equity) 20, 108
자본금(capital stock) 108
자본변동표 112
자본비용(Cost of Capital) 304
자본잉여금 109, 112
자본조정 110
자산(Assets) 20, 64
작업원가표(job-cost sheet) 213
잔여이익(Residual Income) 304
잔여지분(residual equity) 108
잡손실 135
재고자산 69, 76
재고자산회전기간 167
재고자산회전율 167
재공품(work in process) 204
재료비 319
재료원가(Material Cost) 203
재무보고를 위한 개념체계 39
재무비율 159
재무상태표 59
재무상태표 등식 60
재무제표 분석 159
재무활동(financing activities) 17
재무회계(financial accounting) 18
재무회계기준위원회(FASB) 46
적시성 43
전달(communication) 13
정률법 89
정부 15

정상원가계산(normal costing) 218, 222, 268
정액법 88
제조간접비 319
제조간접원가 197, 222, 284
제조경비 203
제조원가(manufacturing cost) 197, 319
제조원가명세서 204
제품보증충당부채 103
제품원가(product cost) 198
조업도(Volume) 233
조업도차이 286
종업원 15
주주지분(stockholders' equity) 108
중요성(materiality) 42
직접노무원가(direct labor cost) 197, 282
직접비 319
직접원가(direct cost) 196
직접재료원가(direct material cost) 197

**ㅊ**

차이분석(variance analysis) 271, 278
차입금 101
차입금의존도 163
채권자 15
초과수익력 92
총비용 298
총자산 298
총자산이익률 172, 295
총자산회전기간 166
총자산회전율(total assets turnover) 166, 298
총포괄이익 124
충당금설정법 83
충당부채(provisions) 100
충실한 표현(faithful representation) 42
측정(measurement) 13

**ㅌ**

토지 70
통제(control) 191
퇴직급여채무 102
투자자 15
투자자산(long-term investment) 67
투자활동(investing activities) 17

**ㅍ**

판매가능상품액 78
판매비(selling expenses) 132
판매비와 관리비 133
평균법 80
포괄손익계산서 111, 121, 125
표준수량 270
표준예정배부율 275
표준원가(standard cost) 267, 269
표준원가계산 268, 273
표준제조간접원가 275
표준직접노무원가 275
표준직접재료원가 274
표준허용시간 284

**ㅎ**

한국채택국제회계기준(K-IFRS) 44, 49
한국회계기준원 49

할인발행 104
할증발행 104
현금기준(cash basis) 39, 128
현금및현금성자산 67, 72
현금비율(cash ratio) 161
현금흐름 318
현재가치(Present Value) 307
화폐의 시간가치(time value of money) 307
확인가치(feedback value) 42
활동성 분석(activity analysis) 166
회계 13
회계공준(accounting postulates) 39
회계등식(Accounting Equation) 21, 60
회계의 기본가정 39
회계정보 18
회계정보의 질적특성 41

## 기타

identification 13
ROI 도표 298
ROI 분석 295
ROI(return on investment) 173

## 저자소개

**구 정 호** 성균관대학교 경영학 박사
현, 금오공과대학교 경영학과 교수

[논문]
"회계원리에 적용한 활동중심의 교수 - 학습 러닝"
"원가의 하방경직성에 대한 정보 유용성"
"보험업에서의 TDABC 이론과 실제" 외 다수

**기업사례 중심의 회계학**

2015년 12월 15일 제1판 1쇄 발행
2020년 3월 10일 제2판 1쇄 인쇄
2020년 3월 15일 제2판 1쇄 발행

저 자 구 정 호
발행인 권 영 섭
발행처 (주)신 영 사
경기도 파주시 심학산로 12(출판문화단지)
등 록 : 1988. 5. 2 / 제406-1988-000020호
전 화 : 031-946-2894(代)
F A X : 031-946-0799
e-mail : sys28945@naver.com

저자와의 협의하에 인지생략

정가 **17,000**원

ISBN 978-89-5501-727-4